Vorsicht!!!

Dieses Buch enthält ein Glücksvirus, das beim Lesen
unbeabsichtigt aufgenommen werden kann. Dieses Virus
ist hochinfektiös und nicht heilbar!

Die Luft war erfüllt vom süßlichen Duft der Mandelblüte, und durch die dicken alten Mauern des Klosters drangen leise Choralgesänge. Eine friedvolle Stille lag über dem abgelegenen Bergkloster der Franziskanermönche. Die Abendsonne spendete den Mönchen, die vor dem Kloster ihrer Gartenarbeit nachgingen, immer noch angenehme Wärme.

Plötzlich durchschnitt ein lautes Zischen die harmonische Idylle, dann folgte ein gigantischer Aufschlag. Sekunden später eilten die Männer aus dem Inneren des Klosters aufgeregt nach draußen. In weniger als einem Kilometer Entfernung stiegen Rauch und Staub auf. Offenbar war ein Flugzeug abgestürzt. Die Männer rannten kurz entschlossen zur Absturzstelle. Als sie näher kamen, blendete sie ein unglaublich helles pulsierendes Licht. Doch sie spürten keine Hitze und rochen auch kein Feuer. Darüber sehr verwundert, blieben die Männer stehen.

Der Wind verwehte den Staub und gab für einen Moment den Blick auf die Absturzstelle frei. Die Mönche staunten nicht schlecht, als sie sahen, dass ihr Flugzeug eine mattschwarze, metallene, immer noch hell pulsierende Kugel von mindestens zwanzig Metern Durchmesser war. Das war kein Flugzeug und auch kein Meteorit! Langsam beschlich sie die Ahnung, dass dieses Objekt womöglich gar nicht von der Erde stammte. War diese Kugel wirklich abgestürzt, oder war sie gelandet? Ängstlich traten sie näher heran.

Plötzlich ertönte ein lautes metallenes, kreischendes Geräusch. Ein zwei Meter breites Kugelsegment begann sich zu öffnen. Jetzt stand es definitiv fest: Es gab Insassen im Inneren der Kugel. Die Tür öffnete sich mit ruckartigen, mühsamen Bewegungen. Die Mönche starrten gebannt auf den Eingang. Als die Tür sich vollständig geöffnet hatte, sahen sie, dass ein kleines humanoides Wesen, das offenbar verletzt war, versuchte, aus der Kugel zu kriechen. Keiner traute sich zunächst, einen Finger zu rühren. Alle blieben wie angewurzelt stehen und blickten voller Angst und Neugier auf das Wesen.

»Bitte, helft mir!«, bat das Wesen plötzlich in korrektem Latein und brach daraufhin zusammen.

Die Mönche eilten ihm sofort zu Hilfe. Vier Männer trugen das bewusstlose Wesen gemeinsam ins Kloster. Die anderen betraten das Innere der Kugel, um nach weiteren Überlebenden zu suchen. Doch für die drei anderen Wesen, die sie noch im Raumschiff fanden, kam jede Hilfe zu spät.

Einer der Mönche war Arzt. Er versuchte im Krankenzimmer des Klosters verzweifelt, die Verletzungen des Wesens zu behandeln, doch er war ratlos.

Das Wesen kam wieder zu sich und schaute den Arzt kraftlos an. »Ich danke dir, dass du bereit bist, mir zu helfen.«

»Aber ich weiß nicht, was ich tun kann. Du hast sicher irgendwelche inneren Verletzungen. Doch deine Organe sind vollkommen anders als die der Menschen. Kannst du mir sagen, was ich tun kann?«

»Du kannst gar nichts tun. Eure Technik ist dafür nicht ausgerichtet. Du musst mich zurück in die Kugel bringen und mich dort behandeln«, erklärte das Wesen mit letzter Kraft und verlor erneut das Bewusstsein.

»Ich werde sofort dafür sorgen, dass man dich dorthin bringt«, versprach der Arzt und lief zum Abt des Klosters, um ihm mitzuteilen, dass das Wesen in sein Raumschiff zurücktransportiert werden müsse.

Der Abt hatte unterdessen den Vatikan benachrichtigt und die Order bekommen, nichts zu tun, ohne die Sicherheitsbeauftragten vorher informiert zu haben. Die Mönche sollten sicherstellen, dass keine Fremden das Raumschiff zu sehen bekämen. Den Außerirdischen sollte man, so gut es ging, verarzten und dann abwarten, bis die Beauftragten des Vatikans da wären.

Als der Abt das Anliegen des Arztes hörte, griff er zum Telefonhörer und rief den Chef der Sicherheitsbeauftragten an, die bereits zu ihnen unterwegs waren, und erklärte ihm die Sachlage.

»Das werden Sie nicht tun!«, war seine aggressive Antwort. »Sie werden das Wesen nicht an sein Schiff heranlassen!«

»Aber dann stirbt es!«, wandte der Abt ein.

»Ich habe meinem Befehl nichts mehr hinzuzufügen. Sie

werden nichts tun, bis wir da sind! Haben Sie mich verstanden?!«, rief der Sicherheitsbeauftragte energisch.

Der Arzt, der das Wesen behandelt hatte, war sehr aufgebracht und riss dem Abt den Telefonhörer aus den Händen: »Hören Sie, Sie Sesselfurzer! Ich werde nicht zulassen, dass das Wesen wegen Ihrer Borniertheit stirbt. Wir werden es jetzt in sein Schiff bringen, und wenn Sie sich auf den Kopf stellen.«

»Sie tun überhaupt nichts, sonst werden Sie mich kennen lernen!«, drohte er aggressiv.

»Glauben Sie, ich lasse mich von Ihnen einschüchtern? Sie können mich mal!«

Daraufhin knallte der Arzt den Telefonhörer auf die Gabel. Ohne den Abt noch einmal um Genehmigung zu bitten, verließ er das Büro und ging zurück zu dem Wesen. Er hatte als Arzt den Schwur geleistet, Leben zu bewahren. Und das würde er jetzt auch tun. Ganz egal, was das für Folgen für ihn hätte.

Beim Wesen angekommen, sprach er ein paar der anderen Mönche an. »Kommt, helft mir! Wir müssen es zurück in sein Schiff bringen.«

Während sie das Wesen aus dem Zimmer heraustrugen, kam ihnen der Abt in Begleitung von vier Mönchen entgegen. »Legt es wieder aufs Bett! Wir dürfen das nicht«, erklärte er und gab mit einer Handbewegung zu verstehen, dass die Mönche das Wesen wieder in sein Zimmer bringen sollten.

»Es stirbt, wenn wir es nicht tun!«, sagte der Arzt in einem Tonfall, der den Ernst der Lage sehr deutlich zum Ausdruck brachte.

»Wer sagt denn, dass es wirklich so schwer verletzt ist?!«, zweifelte der Abt. »Vielleicht will es nur in sein Raumschiff, um zu fliehen?«

»Habt Ihr noch alle Tassen im Schrank, Ehrwürdiger Vater? Ist dieses Wesen unser Gefangener? Es stirbt! Das sieht doch ein Blinder.«

»Bitte, komm mit nach draußen!«, bat der Abt.

Als die beiden das Zimmer verlassen hatten, flüsterte er dem Arzt leise etwas zu. Dieser war jedoch nicht mehr zu beruhigen. »Mir ist egal, ob sie das Kloster schließen!«, schrie er. »Wir können uns doch nicht erpressen lassen. Ein Leben steht auf dem Spiel!«

»Tut mir leid!«, erwiderte der Abt. »Das Wesen bleibt hier!«

»Wenn Sie das tun, werde ich dafür sorgen, dass die ganze Welt davon erfahren wird. Ich werde auch dafür sorgen, dass man Sie persönlich für den Tod des Wesens verantwortlich machen wird«, drohte der Arzt.

Der Abt gab den vier Mönchen, die mit ihm gekommen waren, ein Zeichen. Diese überwältigten den Arzt und brachten ihn weg. »Du lässt mir leider keine andere Wahl. Ich muss dich unter Arrest stellen!«

»Das werden Sie noch bereuen!«, schrie der Arzt verzweifelt und wütend, als sie ihn wegschleiften.

Drei Monate später in einem Truckstop in New York

»Hey, Rachel! Wann werden wir es endlich tun?«, machte sie ein Trucker blöde an. Der Typ tauchte regelmäßig einmal die Woche hier auf, um sie anzugraben.

Mit nichts auf der Welt konnte man Rachel mehr aufregen als mit einer derartigen Anmache. Sie hatte die Nase gestrichen voll von solchen Typen. Doch irgendwie zog sie sie an wie das Licht die Motten. Ein Freund hatte ihr im betrunkenen Zustand einmal gesagt, dass sie eine ganz besondere Ausstrahlung habe. So ein bisschen nuttig, meinte er. Sie war sich dessen zuvor nicht bewusst gewesen, und schon gar nicht war es ihre Absicht, doch die Worte ihres Freundes erklärten einiges. Im Laufe der Zeit hatte sich bei ihr ein immenses Potenzial an Wut aufgestaut, das sie jedes Mal fast zum Platzen brachte, wenn ein Mann unverschämt wurde.

Bedingt durch ihre »besondere« Ausstrahlung war sie schon zwei Mal fast vergewaltigt worden. Nur durch den Kampfsport, den sie seit Jahren betrieb, konnte sie sich aus diesen Situationen befreien. Die Erinnerungen an die Vergewaltigungsversuche saßen ihr aber immer noch tief unter der Haut. Leider konnte Rachel nicht umhin, mit solchen

Primitivlingen wie dem Trucker in Berührung zu kommen. Sie studierte Philosophie und musste sich ihren Lebensunterhalt als Kellnerin in diesem Truckstop verdienen.

Als sie zur Theke zurückging, kam sie erneut an dem betrunkenen Trucker vorbei. »Jetzt komm doch mal, Mäuschen! Ich weiß doch, dass du es auch willst!«

Der Trucker wurde handgreiflich. Er griff ihren Arm und zog sie zu sich heran. »Du hast gerade einen großen Fehler begangen!«, dachte Rachel sauer und täuschte vor zu stolpern. Dabei goss sie dem Trucker den heißen Kaffee, den sie in der Hand hielt, direkt in den Schritt. Als dieser entsetzt nach unten schaute, zog sie den Ellenbogen mit einem kurzen, aber heftigen und dennoch unscheinbaren Ruck nach oben und traf den Trucker genau am Kinn. Dieser ging sofort k.o.

»Ich glaube, deinem Freund ist schlecht geworden!«, erklärte sie dem Mann, der neben dem ohnmächtigen Trucker saß. Der andere hatte überhaupt nicht mitbekommen, was wirklich geschehen war. Es ging alles viel zu schnell.

Rachel hatte im Laufe der Jahre ihre Kampfkunst weit entwickelt. Solche Leute wie der Trucker jagten ihr schon lange keine Angst mehr ein.

Am Abend desselben Tages saß Rachel im Rechenzentrum ihrer Universität und arbeitete an ihrer Doktorarbeit. Sie war an diesem Abend gut vorangekommen. Noch ein paar Wochen, und sie würde es geschafft haben. Sie wäre nicht mehr einfach nur Rachel, die Kellnerin. Nein, »Dr. Rachel Hillard« würde im Telefonbuch stehen. Sie dachte mit

Stolz an diesen Titel, denn sie wusste, dass sie ihn sich hart erarbeitet hatte.

Ihr Vater hielt es für eine ihrer üblichen Spinnereien, als sie ihm sagte, sie würde Philosophie studieren. Er war sicher, dass sie das Studium nach ein paar Wochen wieder schmeißen würde. Rachel hatte schon so viel angefangen und gleich darauf wieder aufgegeben. Ihrem Vater wäre es am liebsten gewesen, sie hätte sich einen anständigen Mann gesucht und eine Familie gegründet. Doch seine Tochter wollte ja immer etwas Besseres sein.

Zu gerne hätte sie ihm jetzt ihren Doktortitel unter die Nase gerieben. Doch leider war er im letzten Jahr gestorben. Sein Tod hatte ihr nicht sonderlich viel ausgemacht. Für sie war ihr Vater fast ein Fremder gewesen. Auch bei ihrem Studium hatte er sie in keiner Weise unterstützt. Sie wollte nicht tun, was er für richtig hielt, also gab es auch kein Geld von ihm. Daher hatte sie keine andere Wahl gehabt, als zu jobben. Die Arbeit als Kellnerin war keine leichte Sache, wenn man ihre Ausstrahlung auf die Trucker berücksichtigte. Doch auch im Rechenzentrum ihrer Uni wurde sie von diesem Fluch nicht verschont. Ein Assistent, der die Doktoranden betreute, hatte ein Auge auf sie geworfen.

Als sie nach getaner Arbeit noch ein bisschen im Internet surfen wollte, kam dieser Assistent gerade aus seinem Büro.

»Hallo, Rachel. Na, wie läuft's?«

»Was willst du?«, fragte sie forsch.

»Warum denn gleich so aggressiv? Ich wollte doch nur ein paar Worte mit dir quatschen«, meinte er vorwurfsvoll.

»Dein Quatschen kenne ich. Also, was willst du von mir?«

»Wenn ich mich nicht irre, bist du wieder im Internet! Du weißt, dass das nicht erlaubt ist. Dir ist klar, dass ich meinen Job los bin, wenn die merken, dass ich dich hier surfen lasse! Findest du nicht, dafür könntest du ein bisschen netter zu mir sein?«

»Ich kann mir schon vorstellen, was du unter nett sein verstehst!«, erwiderte sie in einem abfälligen Tonfall.

»Es muss ja nicht oft sein. Ich wäre schon völlig zufrieden, wenn du einmal in der Woche mit mir ausgehen würdest«, meinte er beschwichtigend.

»Vergiss es! Lieber Thomas. Ich weiß, wie dein Ausgehen aussieht. Lass dir mal eine Hormonspritze geben, die deinen Trieb in Ordnung bringt!«

»Das war wirklich nicht nett, Rachel. Ich brauche doch nur ein wenig Zärtlichkeit und körperliche Zuwendung, sonst nichts.«

»Dann kauf dir einen Dackel.«

»Also, gehst du jetzt mit mir aus oder nicht?«, bohrte Thomas penetrant und vorwurfsvoll nach.

»Letzteres!«

»Findest du das fair?! Du surfst auf meine Kosten im Internet, aber an eine Gegenleistung denkst du nicht.«

Dieser Assistent ging ihr schwer auf die Nerven. Und nicht nur ihr! Er versuchte es bei jeder Frau. Durch Rachels besondere Ausstrahlung lief er jedoch hinter ihr her wie hinter einer läufigen Hündin. Sie hatte sich in den letzten Monaten schon fast daran gewöhnt, dass sie jeden Tag auf die primitivste Weise von ihm angebaggert wurde. Dafür ließ er sie abends, wenn niemand sonst mehr da war, im Internet surfen. Zu Hause konnte sie sich keinen Computer leisten, und so blieb nur die Uni für ihr kleines Hobby.

Rachel war sehr angetan von den verschiedenen Online-Spielen im Internet, die sie mit den unterschiedlichsten Menschen auf der ganzen Welt zusammenbrachten. Eines Abends stieß sie auf ein besonderes Spiel. Sie war sofort von seinem Namen fasziniert: »Mysterio«, denn sie hatte viel übrig für die Welt des Unerklärlichen. Ungewöhnlich ergriffen las sie die Spieleinleitung zu Mysterio.

WARNUNG: Betritt Mysterio nicht leichtfertig! Es ist ein Schritt, den du nicht mehr rückgängig machen kannst. Tritt nur ein, wenn du reinen Herzens und ohne Furcht bist! Bedenke jeden deiner Schritte! Nichts, was du hier tust, wird ohne Folgen bleiben. Du wirst die Welt verändern. Jede Entscheidung, die du hier triffst, wird von nun an dein Leben bestimmen. Die Macht von Mysterio ist unbegrenzt. Geh sorgsam damit um, sonst richtet sie sich gegen dich! Du hast die Möglichkeit, dich mit anderen Spielern zu beraten. Doch wenn du eine Entscheidung getroffen hast, wird keine Macht der Welt diesen Schritt wieder rückgängig machen können. Du kannst dich jetzt noch einmal entscheiden, ob du Mysterio wirklich betreten willst oder ob du lieber vergisst, von Mysterio jemals gehört zu haben.

Rachel konnte es sich nicht erklären, aber als sie diese Warnung las, lief es ihr eiskalt den Rücken herunter. Sie wusste natürlich, dass dies nur ein Spiel war und dass man das Spiel mit dieser Einleitung vermutlich nur interessant machen wollte, doch dieses Wissen schien ihre Gefühle nicht sonderlich zu beeinflussen. Sie überlegte für einen Moment tatsächlich, ob sie Mysterio nicht lieber vergessen sollte. Doch bei ihrer Kampfkunst hatte sie gelernt, der Angst offen ins Auge zu blicken. Deshalb klickte sie entschlossen den Schriftzug »Mysterio« an.

»Du hast deine Entscheidung getroffen! Herzlich willkommen! Ich bin der Spielmacher von Mysterio. Du sollst jetzt deine erste Aufgabe erhalten. Die Aufgabe lautet: Was wäre, wenn du für einen einzigen Wunsch allmächtig wärst? Doch überlege dir gut, was du dir wünschst! Dein Wunsch könnte in Erfüllung gehen!«

Das seltsame mulmige Gefühl in ihr meldete sich erneut zu Wort. Sie konnte es nicht verstehen, aber es war, als ob irgendetwas in ihr panisch schreien würde: »Tu es nicht, Rachel! Um Himmels willen, lauf weg, solange du noch kannst!«

Sie ignorierte dieses Gefühl erneut. Was sollte hier schon Schlimmes passieren?! Es war doch nur ein Spiel!

»Was muss ich jetzt also tun?«, fragte sie den Spielmacher.

»Es gibt zwei Bedingungen, die erfüllt sein müssen, damit dein Wunsch angenommen werden kann.

1. Dein Wunsch muss sich auf dich selbst beziehen.

2. Er muss sensorisch definit sein.

Natürlich darfst du dir nicht wünschen, unendlich viele Wünsche zu haben. Du hast einen einzigen Wunsch. Du kannst dich mit anderen Spielern beraten, um ihn zu definieren.«

»Was genau meinst du mit sensorisch definit?«, wollte Rachel wissen.

»Das musst du selbst herausfinden«, erklärte der Spielmacher. »Das ist Teil des Spiels.«

Rachel fiel auf, dass die Worte »andere Spieler« im Erklärungstext des Spielmachers farbig unterlegt waren. Sie klickte den Hyperlink an und erhielt daraufhin eine ellenlange Liste von Namen, deren Träger wohl alle die gleiche Aufgabe zu bewältigen hatten. Viele dieser Namen waren in einer anderen Farbe dargestellt. Man konnte dadurch unterscheiden, wer sich bereits mit einem anderen Spieler unterhielt und wer noch frei war.

Rachel war verblüfft. Noch nie hatte sie ein Spiel gesehen, bei dem die Anzahl der Spieler so groß war. Das waren ja Tausende! Und die sollten alle vom Spielmacher persönlich koordiniert werden?! Das konnte kein Programm sein, mit dem sie zuvor geredet hatte. Der Spielmacher hatte viel zu gezielt auf ihre Fragen geantwortet. Es musste sich bei ihm um eine reale Person handeln. Wie um alles in der Welt stellte er es an, mit so vielen Menschen gleichzeitig zu kommunizieren? Rachel vermutete, dass diese Liste genauso gut nur ein Bluff sein konnte. Wie auch die Warnung, die ihr seltsamerweise so einen Schrecken eingejagt hatte. Sie klickte spontan einen der Namen an, die als frei markiert waren. Ein Privatchat öffnete sich sofort, und es meldete sich ein Mann namens Richard zu Wort.

»Hallo Rachel! Es freut mich, dass du mich ausgewählt hast«, begrüßte er sie.

»Hallo Richard! Hast du auch die Aufgabe, einen Wunsch zu definieren?«

»Ich soll mir überlegen, was ich mir wünschen würde, wenn ich allmächtig wäre.«

»Hast du schon eine Antwort?«, fragte sie neugierig.

»Ich dachte, ich hätte eine. Doch dann habe ich mit Ralf gechattet. Jetzt bin ich mir nicht mehr so ganz sicher.«

»Was hattest du dir denn gewünscht?«

»Ich dachte an ewiges Leben.«

»Und warum bist du wieder davon abgekommen?«, wollte Rachel wissen.

»Wegen der Frage, die mir Ralf gestellt hat.«

»Verrätst du mir diese Frage?«

»Er bat mich, mir vorzustellen, der Teufel persönlich würde mir ein Angebot machen. Er bietet mir das ewige Leben. Er will dafür auch nicht meine Seele, er will einfach nur meine glücklichen Gefühle. Wenn ich also den Handel eingehe, werde ich bis in alle Ewigkeit keine glücklichen Gefühle mehr haben können.«

»Auf diesen Handel würde ich auch nicht eingehen«, stellte Rachel fest.

»Bei welchem Wunsch würdest du denn Ja sagen? Was wäre denn zum Beispiel, wenn der Teufel dir eine Milliarde Dollar bieten würde? Würdest du es tun?«

»Sicher nicht!«, erkannte Rachel sofort.

»Und was wäre, wenn er dir die Liebe des tollsten Mannes der Welt anbieten würde? Unglaublich tollen Sex gibt es natürlich inklusive. Du könntest diesen Menschen aber leider nicht lieben, denn Liebe ist ja ein Glücksgefühl. Den Sex könntest du natürlich auch nicht genießen, denn dein Genuss gehört ja ebenfalls dem Teufel.«

»Natürlich würde ich nicht darauf eingehen«, meinte Rachel.

»Was wäre, wenn er dir einen Vertrag anbieten würde, der dir die Weltherrschaft bringt? Würdest du unterschreiben? Oder würdest du bei Ruhm und Ehre schwach werden? Du könntest der angesehenste und berühmteste Mensch der ganzen Welt sein. Der Teufel könnte dich natürlich auch von all deinen Krankheiten befreien. Du wärst bis an dein Lebensende kerngesund. Genießen könntest du deine Gesundheit natürlich nicht. Denn du weißt ja, Genuss ist ein Glücksgefühl. Oder würdest du unterschreiben, wenn er dir Schönheit anbieten würde? Du könntest die schönste Frau der Welt sein. Dafür müsstest du dem Teufel nur deine Glücksgefühle abtreten.«

»Und was hätte ich dann noch von alledem?!«, wandte Rachel nachdenklich ein.

»Na gut, dann bekommst du jetzt ein wirklich geniales Angebot vom Teufel: Er bietet dir unbegrenzte magische Kräfte. Alle deine Wünsche, egal wie groß sie sind, werden augenblicklich Wirklichkeit – alle bis auf einen natürlich! Du kannst dir keine glücklichen Gefühle wünschen, denn die gehören ja dann alle dem Teufel! Aber bis auf diese Kleinigkeit wärst du allmächtig. Du kannst also alles haben, was du dir jemals erträumt hast, nur eben keine glücklichen Gefühle. Würdest du diesen Vertrag unterschreiben?«

»Sicher nicht!«, erkannte Rachel nachdenklich.

»Und warum nicht?«, hakte Richard nach.

»Ein Leben ohne Liebe, ohne Freude, ohne Glück?! Für nichts auf der Welt würde ich darauf verzichten. Welchen Sinn sollte das Leben dann noch haben?«

»Das habe ich mich auch gefragt. Und dennoch kann ich mich nicht dazu durchringen, meinen allmächtigen Wunsch dafür zu verwenden, mir glückliche Gefühle zu wünschen.«

»Und warum nicht?«

»Ich weiß nicht. Vom Kopf her leuchtet es mir schon ein, aber soll das Glücklichsein wirklich so wichtig sein? Das würde ja bedeuten, dass es mir immer nur um mein Glück ginge. Und das kann ich mir irgendwie nicht vorstellen.«

»Das wäre egoistisch, oder?!«

»Irgendwie schon«, bestätigte Richard Rachels Vermutung.

»Ich denke nicht, dass es das wäre. Ein glücklicher Mensch hat von Natur aus das Bedürfnis, anderen Menschen etwas Gutes zu tun. Wenn jemand rücksichtslos wird, liegt das sicher nicht an der Liebe, die dieser Mensch für andere Menschen empfindet.«

»Vielleicht hast du Recht, Rachel. Ich glaube, ich werde trotzdem noch eine Weile darüber nachdenken müssen.«

»Tu das. Und ich gehe jetzt zum Spielmacher und teile ihm meinen Wunsch mit. Ich danke dir, dass du mir dabei geholfen hast. Jetzt weiß ich nämlich, was ich will. Mach's gut, Richard. Ich wünsche dir noch viel Spaß mit Mysterio.«

»Den wünsche ich dir ebenfalls. Vielleicht treffen wir uns ja mal wieder. Würde mich freuen!«

»Mich auch. Bis dann!«

Rachel klickte sich zurück auf die Startseite von Mysterio. »Ich habe die Antwort gefunden«, teilte sie dem Spielmacher mit.

»Wie lautet dein Wunsch?«, wollte dieser wissen.

»Ich will für alle Zeit glücklich sein!«

»Das ist ein guter Wunsch! Er bezieht sich auf dich selbst und erfüllt damit die erste Bedingung. Leider ist er noch nicht sensorisch definit.«

»Aber was bedeutet das denn?«, fragte Rachel nach.

»Das musst du wie gesagt selbst herausfinden. Du kannst dein Spiel fortsetzen. Wenn du willst, bestimme ich für dich deinen nächsten Gesprächspartner. Er heißt Jochen, ist Deutscher und ist genauso weit wie du.«

Rachel beschloss, auf jeden Fall weiterzuspielen und den Vorschlag des Spielmachers anzunehmen. Solch intensive Überlegungen über ihre Wünsche hatte sie in ihrem Leben bisher noch nie angestrengt. Sie freute sich auf die nächste Runde und klickte auf den Namen Jochen. Es öffnete sich erneut ein Privatchat.

Mit diesem Jochen verstand sich Rachel richtig gut. Er hatte irgendwie die gleiche Art und Weise wie sie selbst, an ein Problem heranzugehen. Es dauerte nicht lange, da merkten die beiden, dass ihr Wunsch nach Glück viel zu schwammig war. Daraufhin beschlossen sie, sich die Mühe zu machen, einmal konkret zu definieren, was sie unter dem Glücklichsein überhaupt genau verstanden. Das könnte womöglich der Punkt sein, der die zweite Bedingung erfüllen würde.

»Woran würden wir eigentlich erkennen können, dass wir glücklich sind?«, warf Jochen ein.

»Ich will sehr viel Freude in meinem Glücklichsein.«

»Ich glaube, mir ist Freude noch zu wenig. Ich brauche mehr Kick. Euphorie würde da schon eher passen.«

»Das ist gut!«, stimmte Rachel nachdenklich zu. »Doch Euphorie alleine ist mir irgendwie zu wenig. Mein Glück müsste gleichzeitig genussvoll, lustvoll und liebevoll sein.«

»Rachel, das ist es!«, meinte Jochen begeistert. »Ich bin ganz sicher: Jetzt weiß ich, was ich will. Ich will euphorische, lustvolle Liebe erleben. Es war schön, mit dir zu reden. Aber jetzt muss ich zum Spielmacher. Mach's gut.«

Rachel war neugierig, was der Spielmacher zu diesem Wunsch sagen würde. Sie beschloss, selbst auch damit zu ihm zu gehen. Doch sie musste sich noch ein wenig gedulden. Jochen hatte sich direkt zum Spielmacher in den Privatchat befördert, sodass dieser infolgedessen besetzt sein musste. Sie klickte trotzdem schon mal den Link an und fand sich unerwarteterweise sofort beim Spielmacher wieder. Jochen musste sich in letzter Sekunde wohl doch wieder anders entschieden haben.

»Das ist schon ganz gut«, schrieb der Spielmacher, als Rachel ihm ihren Wunsch mitteilte, »aber er ist immer noch nicht sensorisch definit. Du kannst weiterspielen, wenn du willst. Es wartet eine Spielerin auf dich, die ihren Namen mit Vanessa angegeben hat.«

Rachel fackelte nicht lange und klickte den Namen Vanessa an. Vanessa hatte zwar nicht den gleichen Wunsch nach euphorischer, lustvoller Liebe, aber sie wusste, was sensorisch definit bedeuten sollte. Vanessas Wunsch war es, permanent Lebenslust zu erleben. Nachdem die beiden sich über ihre Wünsche ausgetauscht hatten, erklärte Vanessa, was mit sensorisch definit gemeint war.

»Dein Wunsch muss so formuliert sein, dass ihn ein anderer Mensch genau nachvollziehen kann. Du musst ihn mit Begriffen beschreiben, die man sehen, hören, riechen oder fühlen kann. Sensorisch bedeutet, dass du diesen Wunsch mit deinen Sinnen wahrnehmen kannst.«

»Wenn ich sage, euphorische, lustvolle Liebe, dann müsste das doch jeder nachvollziehen können?«

»Jeder Mensch erlebt diese Emotionen etwas anders. Wenn du genau beschreiben kannst, wie sich diese Emotionen in deinem Körper anfühlen, hast du die Aufgabe erfüllt.«

»Das ist ganz schön schwierig! Wie fühlt sich denn Liebe im Körper an?«

»Du kannst dich Schritt für Schritt an dieses Körpergefühl herantasten. Wo in deinem Körper vermutest du denn die Liebe?«

»In meinem Herzen, denke ich. Nein, wenn ich mich nicht irre, dann ist es mein gesamter Brustkorb.«

»Was genau fühlst du denn im Brustkorb?«

»Es ist eine sehr schöne Energie.«

»Diese Beschreibung ist nicht sensorisch definit. Ist diese

Energie leicht oder schwer? Ist sie weit oder eng? Versuche, sie mit solchen Begriffen zu beschreiben!«

»Ich fühle ein leichtes Kribbeln. Und Weite. Und eine sanfte Zugbewegung, als ob mein Brustkorb nach vorne gezogen würde.«

»Fühlst du sonst noch irgendetwas?«

»Wenn du mich so direkt fragst, es fühlt sich an, als würde sich mein Herz nach vorne hin irgendwie öffnen. Das ist toll, Vanessa. Je länger ich mich auf diese Gefühle konzentriere, desto stärker kann ich sie wahrnehmen.«

»Rachel, ich denke, das müsste es sein. Dein Wunsch ist sensorisch definit.«

»Ich habe doch noch gar keinen richtigen Wunsch.«

»Wünsch dir doch einfach, dieses Körpergefühl permanent zu erleben.«

»Das werde ich tun. Ich danke dir Vanessa. Soll ich dir jetzt auch helfen, deinen Wunsch zu definieren?«

»Du hast mir bereits geholfen, Rachel. Den Rest schaffe ich allein. Gehe ruhig zum Spielmacher. Du bist sicher schon ganz ungeduldig.«

»Danke, Vanessa. Es war sehr schön, mit dir zu reden.«

Rachel klickte sich wieder zum Spielmacher. Dieses Mal hatte sie Glück. Er akzeptierte den Wunsch, die Körpergefühle permanent erleben zu wollen, die sie mit Vanessas Hilfe herausgefunden hatte.

»Du hast jetzt die letzte Chance, das Spiel abzubrechen. Wenn du es nicht tust, wird dein Wunsch erfüllt. Doch bedenke, die Erfüllung dieses Wunsches wird nicht mehr rückgängig gemacht werden können. Wie ist deine Entscheidung?«

Rachel erklärte noch einmal, dass dies ihr Wunsch sei, und er wurde ihr erfüllt. Und als sie an diesem Abend nach Hause ging, hatte sie immer noch diese schönen Gefühle in ihrer Herzgegend. Ihr gesamter Brustkorb war weit, und eine unsichtbare Kraft schien sie dort nach vorne zu ziehen. Gleichzeitig fühlte sich ihr Herz offen an. Sie wunderte sich darüber, dass diese Gefühle immer noch so stark waren. Für einen Moment jagte ihr ein seltsamer Gedanke durch den Kopf: »Was ist, wenn das Spiel diese schönen Gefühle verursacht hat? Was ist, wenn ich von dem Spiel abhängig werde?«

Rachel wunderte sich über sich selbst. Noch nie zuvor hatte sie Angst gehabt, von irgendetwas abhängig zu werden. Sie war eigentlich sicher, sich gut unter Kontrolle zu haben. Doch an diesem Abend hatte sie Schwierigkeiten, ihre Bedenken zu zerstreuen. Ihr Verstand konnte ihr hundert Mal sagen, dass das mit der Abhängigkeit Unsinn war. Ihre Gefühle schienen sich vom Verstand nicht beeindrucken zu lassen. Schließlich schlief sie mit gemischten Gefühlen ein.

Als sie am nächsten Morgen aufwachte, waren die Gefühle des Spiels verschwunden. Sie bemerkte es sofort und war regelrecht erleichtert. Am letzten Abend hatte sie es nicht mehr geschafft, sich hundertprozentig davon zu überzeugen, dass sie von Mysterio nicht abhängig werden würde. Doch jetzt, wo ihre Gefühle wieder normal waren, musste sie darüber lachen.

Als sie an diesem Abend an ihrer Doktorarbeit weiterschreiben wollte, hatte sie Schwierigkeiten, sich auf ihr Thema zu konzentrieren. Sie dachte immer wieder an Mysterio. Sie war unsagbar neugierig, wie es weitergehen würde mit dem Spiel. Schließlich wurde ihre Neugier so stark, dass sie beschloss, ihre Arbeit aufzuschieben und ins Internet zu gehen. Sie rief das Spiel auf und landete wieder auf der Startseite von Mysterio, auf der sie am Vortag mit dem Spielmacher gesprochen hatte. Dieses Mal sah sie jedoch verändert aus. Die Warnung, die ihr gestern so einen Schrecken eingejagt hatte, war verschwunden. Stattdessen stand auf dem Bildschirm eine Frage: »Willst du deinen Computer an die Technologie von Mysterio anpassen?«

Sie verstand nicht, was das bedeuten sollte, und antwortete vorsichtshalber einfach mit »Ja«. Im gleichen Moment wurde der Bildschirm schwarz.

»Was soll denn das jetzt?!«, sprach sie ihren verwunderten Gedanken laut aus. Als das Spiel wieder erschien, zeigte der Bildschirm eine tropische Insel, die mit dem Namen »Mysterio« überschrieben war.

»Das ist ja stark!«, sagte sie erneut laut. Was sie besonders faszinierte, war die Bildqualität. Der Eindruck war derselbe wie beim Blick durch ein Fenster. Sie sah, wie die Wellen sich am Strand brachen und wie die Palmen sich im Wind bewegten. Alles wirkte absolut echt. Und auch die Musik, mit der das Spiel unterlegt war, hörte sich an, als befände sich Rachel in einem echten Konzertsaal. Wie um alles in der Welt konnten die kleinen Lautsprecher ihres Computers solch einen gigantischen Sound produzieren?!

Was Rachel jedoch noch mehr zu schaffen machte, war die euphorische, lustvolle Liebe, die sie sich am Vortag gewünscht hatte und die sie nun wieder ganz stark in ihrem Brustkorb spürte. Und zwar genau seit sie das Spiel begonnen hatte. Warum ausgerechnet jetzt?

Auf dem Bildschirm war die Einladung zu lesen, nach Mysterio zu kommen, um das nächste Spiel zu beginnen. Rachel nahm diese Einladung sehr aufgewühlt an. Daraufhin zeigte der Bildschirm den Landeanflug auf die Insel. Beim Anblick dieser Bilder hatte Rachel das Gefühl, tatsächlich zu schweben. Am Ende ihres Fluges setzte sie an einem wunderschönen Strand sanft auf und sah eine menschliche Gestalt auf sie zukommen. Es war eine seltsame Person. Rachel konnte weder erkennen, ob sie jung oder alt, noch, ob es Mann oder Frau war. Sie sah irgendwie aus wie eine ältere, reife Frau mit einem jugendlichen Wesen, aber gleichzeitig auch wie ein junger Mann mit weisen Gesichtszügen. Noch nie zuvor hatte Rachel eine Person gesehen, die so eine seltsame Wirkung auf sie gehabt hätte. Das Bild war gestochen scharf, an der Auflösung des Monitors konnte es also nicht liegen, dass sie die Person nicht einzuschätzen vermochte. Es war vielmehr ihre unbeschreibliche Ausstrahlung, die sie verwirrte. Die Person kam näher und sprach Rachel über den Bildschirm an.

»Hallo, Rachel, ich bin dein Spielmacher. Ich möchte dir zunächst gratulieren, dass du es in die zweite Runde geschafft hast.«

»Was meinst du mit geschafft?«, fragte sie verwirrt.

»Die erste Runde war ein Eingangstest. Du hast ihn bestanden.«

»Ich wusste gar nichts von einem Eingangstest. Worin bestand denn dieser Test?«, wollte sie wissen.

»Das ist jetzt nicht mehr wichtig. Lass uns lieber das nächste Spiel beginnen. Was müsste in deinem Leben geschehen, damit du die Weite in deiner Brust, den Zug nach vorne und die Offenheit deines Herzens immer spüren könntest?«

»Du willst wissen, was mich glücklich machen würde?! Das ist leicht: Wenn ich jetzt richtig reich werden würde, das wäre schon mal ein guter Anfang.«

»Dein Wille geschehe«, lächelte der Spielmacher. »Es gibt einige Menschen hier auf der Insel, die dir bei deinem Wunsch behilflich sein können. Ich werde dich mit ihnen in Kontakt bringen.«

Plötzlich bemerkte Rachel, dass sie für einen Moment vergessen hatte, dass dies nur ein Spiel war. Sie fühlte sich, als ob der Spielmacher jetzt tatsächlich dafür sorgen würde, dass sie reich würde. Dabei wusste sie ganz genau, dass dies Unsinn war, aber das Gefühl war so stark, dass sie sich das die ganze Zeit klarmachen musste.

Der Spielmacher hatte in der Zwischenzeit einen Gesprächspartner für sie ausgewählt. Es war ein Mann namens Markus. Sie klickte diesen Namen mit ihrer Maus an. Sofort begann sie wieder zu schweben. Die Musik des Spiels wurde plötzlich von Windgeräuschen ersetzt. Rachel wurde regelrecht schwindelig, während sie auf den Bildschirm schaute. Sie konnte sich gegen das Gefühl kaum wehren, dass sie wirklich flog. Abrupt schüttelte sie den Kopf und fasste ihren Körper an. »Das kann doch alles nicht wahr sein! Was geschieht hier bloß?!«, dachte sie verunsichert.

Rachel schaute sich um und nahm den Raum des Rechenzentrums wahr. Das ließ die Illusion zu fliegen für einen Moment verschwinden. Als sie jedoch wieder auf den Bildschirm schaute, kam das Gefühl zurück und war schon nach wenigen Sekunden stärker als je zuvor. Schließlich setzte sie auf einem schönen, weißen Strand auf. Ein Mann kam auf sie zu. Das musste dann wohl Markus sein.

»Du siehst sehr hübsch aus, Rachel«, begrüßte er sie.

»Kannst du mir beschreiben, wie ich in diesem Programm dargestellt werde?«, fragte sie neugierig.

»Na so, wie du aussiehst. Du bist etwa 1,70 cm groß, hast langes, blondes Haar und eine tolle Figur.«

Sie war total erschrocken über diese Antwort. Woher wusste er, wie sie in echt aussah? »Du hast gut geraten, gratuliere!«, sagte sie unsicher.

»Ich habe nicht geraten. Ich sehe dich«, kam die unglaubwürdige Antwort.

»Wenn du mich wirklich siehst, dann sage mir doch einmal, was ich jetzt mache!«

»Du nimmst den Daumen in den Mund«, antwortete Markus augenblicklich.

Rachel wurde kreidebleich. Dieser Mann hatte Recht. Wie konnte das sein? Zufall? Sie hätte so viele verschiedene Dinge tun können. Oder war hier eine versteckte Kamera und das Ganze ein abgekartetes Spiel mit dem Fernsehen?!

»Markus, ist das hier ein Witz? Du kannst mich doch nicht wirklich sehen!«, fragte sie fassungslos.

»Ich sehe dich so, wie du mich siehst. Doch, wenn du gestattest, lass uns zu deinem Wunsch kommen. Du bist ja nicht zum Vergnügen hier.«

»Verdammt noch mal«, dachte sie. »Natürlich bin ich zum Vergnügen hier. Das ist doch alles nur ein Spiel!«

Rachel war total verwirrt. Aber wenn dieser Markus unbedingt so tun wollte, als wäre das Spiel Realität, dann sollte er seinen Willen bekommen.

»Also, Markus. Ich will reich werden. Kannst du mir dabei helfen?«

»Natürlich. Wie viel Geld willst du?«, antwortete er trocken.

»Och, fünf Millionen Dollar würden schon genügen«, scherzte sie.

»Ich kann dir eine geben. Für die restlichen vier hole ich ein paar Freunde. Du musst aber etwas für mich tun.«

»Was soll ich tun?«

»Du musst mir genau beschreiben, wie das ist, wenn du dich freust.«

»Und dafür bekomme ich eine Million Dollar?«, fragte sie skeptisch, aber belustigt.

»Natürlich, warum nicht?!«

»Ein gutes Geschäft. Also, wenn ich mich richtig freue, ist

es, als hätte ich tausend Springmäuse im Bauch. Ich könnte dann die ganze Welt umarmen ...«

Sie beschrieb Markus eine ganze Weile, wie es sich für sie anfühlte, wenn sie Freude spürte. Dieser Markus spielte seine Rolle wirklich gut. Rachel hatte den Eindruck, dass er tatsächlich lernen wollte, Freude zu erleben. Er verhielt sich, als wäre dieses Gefühl für ihn völlig unbekannt. Genau genommen verhielt er sich eigentlich so, als würde er überhaupt keine Gefühle kennen. Rachel vergaß mit der Zeit vollkommen, dass in Wirklichkeit alles nur ein Spiel war. Sie bemerkte zunächst auch nicht, dass in ihr immer mehr Freude aufstieg, je länger sie darüber redete. Nach einer Weile schrieb sie, dass sie nun alles aufgeführt habe, was sie zur Freude sagen könne.

»Ich danke dir für deine Bemühungen. Wie möchtest du das Geld haben?«

Rachel hatte schon fast vergessen, dass ihre Bitte ja darin bestanden hatte, reich zu werden. Sie antwortete scherzeshalber, dass sie das Geld gerne per Banküberweisung zugestellt bekommen würde. Markus versicherte, das zu tun, und bat sie, einen Moment zu warten, damit er seine Freunde wegen der weiteren vier Millionen holen könne.

Alle wollten ihr jeweils eine Million geben, wenn sie ihnen erklären würde, wie sich Liebe, Lust, Genuss und Freundschaft anfühlten. Und das tat sie dann auch.

Rachel war noch immer erfüllt von der Freude, die durch die Erklärungen in ihr ausgelöst worden war, die sie Markus gegeben hatte. Doch jetzt kamen die vier anderen Gefühle auch noch irgendwie hinzu. Jedes Mal, wenn sie ein Gefühl beschrieb, wurde es in ihr ausgelöst und blieb wie die vorherigen erhalten. All diese Gefühle gleichzeitig in sich zu spüren war schier unglaublich. Nie zuvor hatte sie in ihrem Leben solch intensive Glücksgefühle gehabt. Sie geriet regelrecht in Ekstase. Ihr Nervensystem schien mit so vielen tollen Gefühlen gleichzeitig kaum fertigzuwerden. Sie kam an einen Punkt, an dem sie nicht mehr fähig war, weiter zu beschreiben, wie sich diese Gefühle anfühlen. Denn sie konnte vor lauter Gefühl nicht mehr denken. Auch bereitete ihr das Schreiben große Mühe. Sie fühlte sich wie im Vollrausch. Rachel hörte daraufhin einfach auf zu schreiben und gab sich ihren Gefühlen hin. Sie war in einer völlig neuen verzauberten Welt und bekam von ihrer tatsächlichen Umgebung nichts mehr mit. Als sie nach einer ganzen Weile wieder zu sich kam, waren die ekstatischen Glücksgefühle abgeklungen. Auf dem Bildschirm war wieder die Startseite von Mysterio zu sehen. Rachel wurde aufgefordert, anzugeben, ob sie die Anpassung an die Technologie von Mysterio rückgängig machen wolle. Sie bejahte diese Frage, ohne richtig zu begreifen, was sie eigentlich tat.

Plötzlich stürzte der Computer ab. Sie schaltete ihn aus, in der Hoffnung, dass dann wieder alles normal sein würde. Doch dem war nicht so. Der Bildschirm blieb schwarz.

»So ein Mist!«, dachte sie. »Jetzt muss ich dem Assistenten Bescheid sagen. Das hat mir gerade noch gefehlt.«

Als der Assistent den schwarzen Bildschirm sah, machte er ein Gesicht, als ob etwas sehr Schlimmes passiert sei.

»Was hast du denn mit dem gemacht, Rachel? Ich glaube nicht, dass die Universität das so einfach hinnehmen wird, was du da angestellt hast. Der Computer ist hinüber, so viel ist sicher. Ich muss das melden. Es sei denn, du kämest mir ein bisschen entgegen. Wenn du willst, können wir gleich in mein Büro gehen und die Sache regeln, oder wir melden es im Sekretariat. Die werden jedoch bestimmt darauf bestehen, dass du den Computer bezahlst. Also, wie sieht es aus mit uns beiden?«

Rachel ergriff beherzt Thomas' Ohr und drehte es herum. Dieser krümmte sich vor Schmerz. »Du linke Bazille! Glaubst du wirklich, ich wäre so blöd, darauf reinzufallen? Bring jetzt den Computer in Ordnung und verzieh dich wieder in dein Büro.«

»Ist ja gut, Rachel. Ich habe doch nur Spaß gemacht«, beschwichtigte er sie und machte sich an die Arbeit.

Mit dem Computer war eine Menge passiert. Seine Festplatte war komplett gelöscht worden, und der Assistent hatte jetzt wirklich allerhand zu tun. Er musste die gesamte Software neu aufspielen und außerdem noch alle Daten, die vorher auf der Festplatte waren. Er wollte von Rachel genau wissen, was sie gemacht hätte. So aus Versehen konnten ja wohl nicht alle Daten gelöscht worden sein. Sie erzählte ihm die Geschichte mit der Umwandlung des Computers in die Technologie von Mysterio.

»Willst du mich auf den Arm nehmen?! Was hast du in echt gemacht?«

»Ich habe die Wahrheit gesagt«, beteuerte sie. »Er ist abgestürzt, als ich das Spiel beenden wollte. Ich kann mir das alles auch nicht erklären.«

Ein bisschen tat es ihr jetzt doch leid, dass der Assistent so viel Arbeit mit dem Computer hatte. Aber es ging ihr nach diesem Spiel viel zu gut, als dass sie sich darüber ernsthaft Gedanken machen wollte. Noch immer spürte sie die schönen Gefühle, die durch Mysterio in ihr ausgelöst worden waren. Sie waren zwar nicht mehr so stark wie während des Spiels, aber stark genug, um sich damit fast high zu fühlen.

Und obwohl Rachel in den darauffolgenden Tagen keine Zeit hatte weiterzuspielen, hielten diese Gefühle konstant an. Gelegentlich kam ihr erneut der Gedanke in den Sinn, von dem Spiel abhängig werden zu können. Doch sie weigerte sich, darin ein echtes Problem zu sehen. Sie wollte sich auch keine Gedanken mehr darüber machen, wie das Spiel es fertiggebracht hatte, sie dieses Glück erleben zu lassen. Es war einfach so, wie es war.

Ein paar Tage später ging sie zur Bank, um eine Überweisung zu machen. Dabei dachte sie scherzeshalber, dass sie einmal nachschauen könnte, ob die fünf Millionen schon auf ihrem Konto wären. Sie war fast ein bisschen aufgeregt, als sie ihre Kundenkarte in den Drucker steckte, um ihren Kontostand ausdrucken zu lassen. Als der Drucker die Kontoauszüge herausgab, glaubte sie ihren Augen nicht zu trauen. Ihr Herz begann zu rasen. Auf ihrem Konto waren tatsächlich fünf Millionen Dollar eingezahlt worden!

»Das gibt es doch nicht!«, sagte sie fassungslos zu sich selbst. »Habe ich jetzt Wahnvorstellungen?!« Sie lief völlig aufgelöst zu einem Bankschalter und gab dem Mann hinter dem Schalter ihren Auszug. »Welcher Kontostand steht da?«, fragte sie ihn dabei aufgebracht.

Der Mann sah sie verblüfft an und sagte ganz leise, dass etwas mehr als fünf Millionen Dollar auf ihrem Konto seien.

Rachel war völlig durcheinander. Ohne ein Wort zu sagen, nahm sie ihren Auszug und verließ die Bank. Was hatte das zu bedeuten? War das legal, was hier ablief? Was würde passieren, wenn das Spiel von einem Computerhacker in das Internet eingespielt worden wäre, der ihr dieses Geld illegal auf ihr Konto transferiert hätte? Was sollte sie jetzt tun? Das Geld nehmen und untertauchen? Sich damit ein schönes Leben machen? Was wäre mit ihrem Studium? Die ganze Arbeit wäre umsonst gewesen. Nein, es wäre zwar verlockend, endlich einmal viel Geld zu besitzen, doch deswegen würde sie nicht gleich ihr gesamtes Leben aufgeben. Aber vielleicht würde sie wegen dieser Sache im Gefängnis landen!? Sie beschloss, zur Bank zurückzugehen und die Falschbuchung zu melden.

Der Bankangestellte, der sie bediente, konnte allerdings keinen Fehler feststellen. Auf den ersten Blick sah alles so aus, als ob die Transaktionen echt seien. Das Geld kam aus verschiedenen Ländern von insgesamt fünf verschiedenen Absendern. Die konnten ja nicht alle gleichzeitig denselben Fehler gemacht haben! Der Bankangestellte erklärte, es werde ein paar Tage dauern, bis alle Transaktionen überprüft seien. In der Zwischenzeit komme das Geld auf ein Zwischenkonto, das für Rachel vorerst gesperrt sei.

Rachels gute Gefühle waren durch dieses Ereignis verschwunden. Stattdessen hatte sie jetzt Angst, dass sie durch das Geld auf ihrem Konto mächtigen Ärger bekommen würde. Sie hatte ja von Anfang an das Gefühl gehabt, dass mit diesem Spiel etwas nicht in Ordnung sei. Hätte sie doch nur auf ihr Gefühl gehört!

Rachel schwor sich in diesem Moment, nie wieder Mysterio zu spielen. Und sie erzählte nur einem einzigen Menschen etwas von dem Spiel: ihrer Freundin Sonja, mit der sie zusammen ein Apartment gemietet hatte. Sonja ging zur gleichen Universität. Rachel und sie vereinbarten Stillschweigen, da sie Angst hatten, gesetzlich belangt zu werden, wenn sie andere Menschen auf das illegale Spiel aufmerksam machten. Doch Sonja konnte ihre Neugier nicht zügeln.

Am nächsten Tag brachte sie den Assistenten des Rechenzentrums dazu, sie im Internet surfen zu lassen. Sie suchte eine ganze Weile, bis sie Mysterio endlich gefunden hatte. Dort bekam sie die gleiche Aufgabe wie Rachel. Doch Sonja hatte keine Lust, diese dämliche Frage nach dem allmächtigen Wunsch zu beantworten. Sie gab mit der Tastatur ein, dass sie um Geld spielen wolle. Unmittelbar nachdem sie das geschrieben hatte, erklärte der Spielmacher von Mysterio das Spiel für verloren. Sonja versuchte weiterzuspielen, bekam aber keine Antwort mehr. Sie beendete Mysterio und wollte das Spiel dann erneut aufrufen. Doch die entsprechende Seite im Internet war jetzt plötzlich leer. Wie konnte das sein? Sie hatte doch vor einer Minute noch gespielt.

Sie suchte wie eine Verrückte, aber das Spiel war weg. Der Server, den sie aufrief, meldete immer nur: »File not found!«, was bedeuten musste, dass das Spiel nicht mehr existierte. Sonja verstand die Welt nicht mehr. Nach einer Weile sah sie ein, dass es keinen Zweck hatte. Offenbar musste jemand das Spiel genau in dem Moment gelöscht haben, in dem sie es beendet hatte.

Sonja erzählte Rachel nichts von ihrem heimlichen Versuch. Sie hatte ein schlechtes Gewissen, ihre beste Freundin hintergangen zu haben. Doch sie hatte der Versuchung einfach nicht widerstehen können.

Während die nächsten Tage vergingen, spürte Rachel immer stärker das Verlangen, spielen zu wollen. Sie hatte sich geschworen, nie wieder mit Mysterio weiterzumachen, doch sie sehnte sich unglaublich nach den tollen Gefühlen, die sie beim Spielen hatte. Immer öfter musste sie daran denken. Jeden Morgen wachte sie auf und dachte sofort an das Spiel. Jeden Abend ging sie zu Bett und konnte dann nicht einschlafen, weil sie immer nur daran dachte, dass sie sich jetzt ganz toll fühlen könnte, wenn sie nur wenigstens einmal kurz spielen würde. Ihr Drang zu spielen wurde von Tag zu Tag größer. Die normalen Dinge des Alltags begannen sie immer weniger zu interessieren. Nach ein paar Tagen war Rachel regelrecht depressiv geworden. Sie kam kaum noch aus dem Bett, hatte keinen Appetit und konnte sich nicht mehr dazu motivieren, an ihrer Doktorarbeit weiterzuarbeiten. Die Angst, von Mysterio tatsächlich abhängig geworden zu sein, wurde allmählich zur Gewissheit.

Eines Nachts träumte Rachel, wie der Spielmacher sie mit magischer Stimme rief: »Komm zu mir! Du musst spielen. Du kannst nicht aufhören.« In diesem Traum konnte sie dem Ruf des Spielmachers nicht widerstehen. Sie hatte ihren freien Willen an das Spiel verloren und musste tun, was der Spielmacher wollte. Sie hatte keine andere Wahl und konnte sich nicht dagegen wehren, sosehr sie es auch versuchte.

Als sie am Morgen nach diesem Traum erwachte, wusste sie, dass sie Hilfe brauchte. Es war mehr als nur Verlangen, was sie spürte. Sie fühlte sich wie eine Drogensüchtige auf Entzug. Sie hasste und liebte dieses vermaledeite Spiel gleichzeitig.

Am selben Morgen erhielt sie einen Anruf von ihrer Bank. »Ms Hillard, ist es Ihnen möglich, heute Morgen gegen zehn Uhr in unserer Bank vorbeizukommen?«, fragte die nette Stimme am Telefon.

Rachel spürte, dass sie ganz schön tief in der Tinte saß. Nicht genug, dass sie diese blöden Entzugserscheinungen hatte, jetzt musste sie auch noch zur Polizei. Was sollte sie denen bloß erzählen? Die Wahrheit würden sie wohl kaum glauben. Und wenn sie dann tatsächlich verurteilt würde, wäre alles auf einen Schlag zunichte gemacht, was sie sich das ganze Leben lang aufgebaut hatte. Mit einer Vorstrafe würde sie als Philosophin mit Sicherheit niemals einen Fuß auf den Boden bekommen.

Rachel war Punkt zehn in der Bank, wie die Stimme am Telefon es verlangt hatte. Der Bankangestellte, der sie angerufen hatte, kam ihr gleich entgegen. »Bitte hier entlang,

Ms Hillard.« Er führte sie in ein Büro, das hinter den Schaltern lag, an denen sie normalerweise abgefertigt wurde. »Bitte setzen Sie sich. Möchten Sie einen Kaffee oder sonst irgendetwas?«

»Nein, danke«, sagte Rachel ungeduldig.

»Nun«, begann der Bankangestellte. »Ihr Konto weist einen Kontostand von fünf Millionen Dollar auf.«

»Ich habe das wirklich nicht gewollt«, begann sich Rachel zu verteidigen. »Ich dachte, das sei alles nur ein Spiel. Nie hätte ich geglaubt, dass die so weit gehen würden.«

»Ich weiß zwar nicht, wovon Sie genau sprechen, aber offenbar hat es Ihnen fünf Millionen Dollar eingebracht. Die Transaktionen waren allesamt in Ordnung. Wir haben alles sehr sorgfältig überprüft. Sie sind rechtmäßige Besitzerin des Geldes.«

»Aber das kann nicht sein! Sie müssen etwas übersehen haben! Die hatten ja noch nicht einmal meine Kontonummer.«

»Also wissen Sie doch, woher das Geld kommt?«, fragte der Bankangestellte lächelnd.

»Nicht wirklich«, erklärte Rachel. »Ich habe über das Internet mit ein paar Menschen kommuniziert. Die scheinen mir tatsächlich das Geld geschickt zu haben. Das gibt es doch nicht.«

»Wie dem auch sei. Ich möchte Ihnen ein paar Vorschläge unterbreiten, wie Sie dieses Geld wirklich gewinnbringend anlegen können. Gerade momentan haben wir ein interessantes Angebot.«

»Bevor Sie weiterreden, muss ich erst einmal verdauen, dass ich jetzt wahrhaftig Millionärin bin. Deshalb mache ich mich wohl besser auf den Weg. Vielleicht komme ich morgen wieder. Aber zuerst will ich einmal meinen Freunden davon erzählen.«

»Gut, wenn Sie morgen wiederkommen, fragen Sie bitte nach mir. Mein Name ist Miller.«

»Okay, Mr Miller. Bye, bye.«

»Bye, Ms Hillard. Und nicht vergessen, Miller.«

Rachel wusste momentan nicht, was sie als Erstes tun sollte. Sie konnte sich noch gar nicht richtig über das viele Geld freuen, denn ihr saß immer noch der Schrecken in den Knochen, dass sie geglaubt hatte, vielleicht ins Gefängnis zu müssen. Ganz langsam begann sie sich zu beruhigen.

Als Erstes wollte sie ihrer Freundin Sonja alles erzählen. Die machte sich nämlich ohnehin Sorgen. Rachel wusste, dass Sonja eine Vorlesung hatte. Sie fuhr mit ihrem Wagen zur Universität. Sonja und sie durchliefen denselben Studiengang. Und da sie fast die gleichen Kurse belegten, wusste Rachel, wo sie Sonja finden würde. Sie wollte Sonja sogar aus einer Vorlesung herausholen, denn sie konnte einfach nicht warten, bis die Vorlesung zu Ende war.

Auf dem Weg zur Universität stieg in Rachel erneut der Drang auf, Mysterio weiterzuspielen. Je näher sie dem Gebäude kam, desto stärker wurde dieses Verlangen. Sie begann darüber nachzudenken, ob sie nicht noch einmal kurz im Rechenzentrum vorbeischauen sollte, bevor sie zu Sonja ging. Doch Sonja war jetzt wichtiger, oder doch nicht? Rachel schwankte noch ein paar Mal hin und her, entschied sich aber letztendlich doch für Sonja.

Sie fand ihre Freundin in einer langweiligen Vorlesung und setzte sich auf den freien Platz neben ihr. »Sonja, ich muss dir etwas erzählen. Kommst du mit raus?« Sonja nickte und packte sofort ihre Sachen zusammen.

Als sie den Vorlesungssaal verlassen hatten, wollte Sonja aufgeregt wissen, was los sei. »Was ist denn bitte so wichtig, dass du mich aus einer Vorlesung rausholst, Rachel?«

»Das Geld, es gehört tatsächlich mir!«, erklärte Rachel euphorisch.

»Das ist nicht dein Ernst!«

»Doch, die Bank hat es überprüft. Es ist alles ganz legal abgelaufen. Ich bin jetzt Millionärin. Ich kann es selbst noch gar nicht richtig glauben.«

»Wie kann das sein? Es überweist dir doch nicht wirklich jemand fünf Millionen Dollar, nur weil du diesen Leuten ein paar Gefühle erklärt hast. Das kann ich nicht glauben.«

»Wenn ich es dir doch sage. Die Bank hat alles sorgfältig geprüft. Ich weiß ja auch nicht, wieso die fünf Spieler von Mysterio das gemacht haben. Aber es ist Tatsache. Ich besitze fünf Millionen!«

»Wenn das wirklich stimmt, will ich auch spielen!«, erklärte Sonja ungeduldig.

»Ich wollte dir gerade vorschlagen, dass wir zusammen ins Rechenzentrum gehen und Mysterio aufrufen.«

»Worauf warten wir dann noch? Los, gehen wir! Aber lass uns keinem anderen Menschen davon erzählen. Es sollte nicht jeder erfahren, dass man in diesem Spiel so viel Geld gewinnen kann. Und auch sonst solltest du niemandem von deinem Reichtum erzählen, sonst hast du bald keine ruhige Minute mehr.«

Die beiden gingen ins Rechenzentrum, um zu spielen. Doch der Assistent des Rechenzentrums kam ihnen abwinkend entgegen. »Es ist gerade kein Computer frei«, sagte er.

»Was soll das?! Die Hälfte der Plätze ist leer!«, antwortete Rachel aufgebracht.

»Ja, aber gleich soll ein Kurs kommen«, rechtfertigte sich der Assistent.

Die beiden glaubten ihm kein Wort. Thomas konnte nicht gut lügen. Ein Blinder mit Krückstock erkannte, wenn Thomas ihm einen Knopf an die Backe nähen wollte.

»Es gäbe da noch eine Möglichkeit ...«, fuhr Thomas schließlich fort. »Allerdings wäre es eine reine Goodwill-Aktion von mir, wenn ich das tun sollte. Euch ist hoffentlich klar, dass ich so etwas nicht ohne Gegenleistung machen kann?!«

Rachel kapierte sofort, was er wieder einmal probieren wollte. Sie zwinkerte Sonja zu. »Glaubst du, du kannst es auch mit zwei Frauen gleichzeitig aufnehmen?«, fragte sie schelmisch.

Thomas begann übers ganze Gesicht zu strahlen. Wenn er keine Ohren gehabt hätte, wäre sein Grinsen einmal rundum gegangen. Sie betraten gemeinsam sein Büro und schlossen die Tür hinter sich ab. Thomas begann sich auszuziehen. Als er gerade seine Krawatte geöffnet hatte, schnappte Rachel sich urplötzlich seinen Arm und legte Thomas mit einem Polizeigriff auf den Schreibtisch. Sonja nahm die Krawatte und fesselte seine Hände damit. Danach ergriff sie das Telefonkabel und fesselte seine Füße. Gemeinsam banden Rachel und sie schließlich seine Hände und Füße zusammen, dann legten sie den Assistenten behutsam auf den Boden. Zu guter Letzt bekam er noch einen Knebel in den Mund. »So, das wär's. Ich denke, das sollte deinen Trieb ein wenig dämpfen«, meinte Rachel. »Vielleicht überlegst du es dir das nächste Mal genauer, bei wem du dein Spielchen ausprobieren willst?!«

Der Assistent versuchte zu antworten, doch mit dem Knebel im Mund war kein Wort zu verstehen. Die beiden Frauen verließen das Büro und schlossen die Tür hinter sich zu. Es musste ja nicht jeder sehen, was sie mit dem Assistenten gemacht hatten. Sie wollten ihn sowieso anschließend wieder befreien, aber erst nachdem sie Mysterio aufgerufen hatten. Es sollte nur ein kleiner Denkzettel sein.

Sie setzten sich also an einen freien Computer, und Sonja begann sich einzuloggen. Mit gemischten Gefühlen rief sie die Seite auf, wo Mysterio zu finden sein sollte. Sie hoffte inbrünstig, dass das Spiel wieder da sein würde. Doch ihre Hoffnung wurde nicht erfüllt.

»So ein Mist, das Spiel ist gelöscht worden.«

»Das kann ich mir nicht vorstellen. Lass mich mal versuchen!«, bat Rachel. Doch sosehr sie es herbeiwünschte, das Spiel war nicht aufrufbar. »Das gibt es doch gar nicht!«, rief sie mit einem aggressiven Unterton in der Stimme. »Es muss doch da sein! Ich gehe hier nicht eher weg, bis ich das Spiel gefunden habe!«

»Rachel, es hat keinen Sinn. Das Spiel ist weg!«, erwiderte Sonja.

»Es darf aber nicht weg sein!«, bemerkte sie extrem aggressiv.

»Was ist mit dir los, Rachel? So kenne ich dich ja gar nicht! Komm, wir versuchen es ein anderes Mal wieder!«

»Lass mich! Ich muss das Spiel finden. Es kann nicht weg sein«, antwortete sie hysterisch.

»Rachel, hör mir zu! Rachel, du sollst mir zuhören!«, schrie Sonja sie an. »Das Spiel ist weg! Akzeptiere es!«

In diesem Moment brach Rachel in Tränen aus. Sie hatte das Gefühl, dass in ihrem Leben noch nie etwas so Schlimmes passiert sei. Sie war völlig verzweifelt. »Ich kann ohne das Spiel nicht mehr leben, Sonja«, stammelte sie unter Tränen.

»Rachel, beruhige dich! Du hast doch das Geld, was willst du denn noch?«

Aber Rachel war nicht in der Lage, Sonja eine Antwort zu geben. Mit den Nerven am Ende, heulte sie wie ein Schlosshund.

»Um Himmels willen, Rachel. Die letzten Tage müssen einfach zu viel für dich gewesen sein. Los, wir ziehen jetzt los und kaufen alles ein, was du dir schon immer gewünscht hast! Vergiss dieses blöde Spiel! Du brauchst es jetzt nicht mehr. Du bist Millionärin!«

Sonja zerrte sie regelrecht aus dem Rechenzentrum. Als

sie draußen waren, bohrte sie nach, was Rachel denn schon immer gerne haben wollte. Unter Tränen stammelte diese fast unverständlich: »Einen italienischen Sportwagen!«

»Sollen wir einen kaufen gehen?«, fragte Sonja euphorisch.

»Ich weiß nicht. Meinst du wirklich?«

»Natürlich! Geld hast du doch mehr als genug. Los, wir gehen uns wenigstens einmal einen anschauen! Du kannst ja immer noch überlegen, ob du ihn willst oder nicht«, schlug Sonja vor.

Die beiden setzten sich in Rachels alten Wagen und fuhren in die Stadt. Rachel wusste genau, wo sie hinmusste. Sie hatte sich die besagten italienischen Wagen schon öfter durch die Schaufensterscheibe angeschaut.

»Los, gehen wir rein!«, meinte Sonja, als sie vor der Scheibe standen.

Als sie den Ausstellungsraum betraten, kam ihnen sofort ein Verkäufer entgegen. Er musterte die beiden von oben bis unten und meinte dann: »Meine Damen, was kann ich für Sie tun?«

»Ich interessiere mich für einen Lamborghini. Den da zum Beispiel. Was kostet der?«, fragte Rachel interessiert.

»Ich denke, dass dieses Stück Ihren Geldbeutel etwas überlasten dürfte«, antwortete der Verkäufer arrogant. »Sind Sie sicher, dass Sie wirklich hier einen Wagen kaufen wollen?«

»Wenn Sie mir keinen verkaufen wollen, kann ich auch woanders hingehen«, entgegnete Rachel taff.

»Sie meinen es ernst, oder?!«, fragte der Verkäufer leicht verunsichert.

»Ich möchte diesen Wagen hier kaufen, jetzt sofort, und auch gleich mitnehmen«, erklärte Rachel entschlossen.

»Dies ist ein Lamborghini Diablo. Er hat einen Preis von über zweihunderttausend Dollar.«

»Okay, den kaufe ich«, entschied Rachel.

»Rachel«, flüsterte Sonja ihr zu, »du musst handeln! Du kannst doch nicht einfach den ersten Preis akzeptieren, den er dir sagt.«

»Ich habe gesagt, ich will ihn haben!«, erklärte Rachel erneut dem Verkäufer. »Machen Sie ihn fertig! Ich möchte ihn gleich mitnehmen. Meinen alten Wagen können Sie gleich hierbehalten.«

»Dann kommen Sie bitte mit«, bat der Verkäufer und führte die beiden in sein Büro. »Wie gedenken Sie zu zahlen?«, wollte er dort wissen.

»Ich zahle per Scheck.«

»Ich möchte Sie um Verständnis bitten, aber einen Scheck über solch einen Betrag kann ich, ohne mich rückversichert zu haben, nicht annehmen. Wenn Sie einverstanden sind, dann unterschreiben Sie bitte diese Vollmacht. Ich werde sofort jemanden zu Ihrer Bank schicken, um Ihren Scheck überprüfen zu lassen. Aber, ich warne Sie. Wenn Sie mich hier auf den Arm nehmen, werden Sie diese Überprüfung bezahlen müssen.«

»Werden Sie nicht unverschämt!«, wehrte Rachel sich. »Schicken Sie Ihren Boten los! Wir wollen nicht den ganzen Tag hier verplempern.«

»Nun gut, wie Sie wollen. Es wird etwa eine halbe Stunde

dauern. Möchten Sie so lange hier warten? Wie wäre es mit einem Kaffee?«

»Kaffee ist okay«, entschied Rachel.

Der Verkäufer verhielt sich weiterhin, als wüsste er genau, dass der Scheck nicht gedeckt sei. Er ließ die beiden nicht aus den Augen. Rachel versuchte sich sein Gesicht vorzustellen, wenn er schließlich erfahren würde, dass sie den Wagen tatsächlich bezahlen konnte. Sie schaute Sonja an und erkannte, dass ihre Freundin das Gleiche dachte. Die beiden freuten sich auf diesen Moment.

Schließlich kam der Bote wieder, der zu Rachels Bank gefahren war. Er gab dem Verkäufer einen Zettel. Dieser stand auf einmal auf, wie von der Tarantel gestochen, und ging auf die beiden Frauen zu.

»Es tut mir schrecklich leid, dass ich so misstrauisch war. Aber Sie glauben ja nicht, was ich hier schon alles erlebt habe«, versuchte er sich zu entschuldigen.

»Sie sollten die Leute nicht nach ihrer Kleidung beurteilen. Da kann man ganz schön ins Fettnäpfchen treten«, erwiderte Rachel überheblich, aber innerlich grinsend. Es tat so gut, sich auf diese Weise einmal so richtig danebenzubenehmen.

»Sie haben Recht. Es tut mir leid«, entschuldigte sich der Verkäufer noch einmal. »Möchten Sie mit dem Wagen erst noch eine Probefahrt machen? Sie können sich dafür so lange Zeit nehmen, wie Sie wollen. Wenn Sie möchten, fahre ich auch gerne mit. Es gibt da einige sehr wichtige Dinge, die Sie wissen sollten. Ein Lamborghini ist nicht einfach nur ein Auto. Sie haben immerhin vierhundertfünfzig Pferdestärken unter der Haube.«

»Nein, danke«, lehnte Rachel ab. »Machen Sie ihn fertig und geben Sie mir die Papiere! Mehr ist nicht notwendig.«

Der Verkäufer verhielt sich weiterhin wie ein Untertan gegenüber seiner Königin. Zwanzig Minuten später saßen die beiden Frauen im neuen Wagen. Als Rachel den Schlüssel umdrehte, war sie zunächst erschrocken von dem gigantischen Motorengeräusch. Sie war schon mit vielen Wagen gefahren, sogar schon einmal mit einem Truck. Aber dieses Auto jagte ihr einen gehörigen Respekt ein. Als sie anfuhr, machte der Wagen einen Satz wie ein Känguru. Beim zweiten Versuch klappte es etwas besser. Zwar quietschten immer noch die Reifen, aber Rachel fuhr immerhin. Als ihre Anspannung etwas nachgelassen hatte, ließ sie einen Freudenschrei los und trat aufs Gaspedal. Der Wagen zog ab wie eine Rakete. Nun waren Rachels schlechte Gefühle endgültig verschwunden. Sie war total aufgedreht.

»Los, Sonja. Wir gehen uns jetzt etwas Schickes zum Anziehen kaufen. Du bist natürlich eingeladen. Du kannst kaufen, was du willst und so viel du willst.«

»Meinst du das ernst?«

»Natürlich! Du bist meine beste Freundin. Ich möchte heute mit dir feiern.«

Die beiden fuhren durch die Stadt und parkten ihren Lamborghini direkt vor den teuersten Läden, egal, ob da Parkplätze waren oder nicht. Wenn Rachel mit ihrem alten Wagen dort gehalten hätte, wäre sie innerhalb von fünf Minuten abgeschleppt worden. Doch nun kam sofort jemand aus dem Geschäft und hielt den beiden die Tür auf. Sonja und Rachel ließen sich bedienen wie Königinnen. Sie kauften ein, was das Zeug hielt. Nach ein paar Stunden hatten sie genug. Sonja wollte nur noch nach Hause und den Tag in Ruhe zu Ende gehen lassen. Also fuhr Rachel sie heim.

Als sie dort ankamen, fiel ihr plötzlich ein, dass sie Thomas, den Assistenten, ganz vergessen hatten. Wie konnte das passieren?! Der arme Kerl musste immer noch gefesselt auf dem Boden in seinem Büro liegen. Oder noch schlimmer: Jemand hatte ihn gefunden und die Polizei gerufen. Das war Freiheitsberaubung, was Sonja und sie da gemacht hatten. Darauf stand Gefängnis! Rachel fuhr so schnell sie konnte in die Universität.

Thomas lag immer noch zusammengeschnürt in seinem Büro. Rachel befreite ihn sofort, immer darauf bedacht, eventuelle Angriffe seinerseits bereits im Keim ersticken zu können. Sie rechnete damit, dass er mit Recht eine Scheißwut auf sie haben würde. Doch er war stattdessen ganz friedlich. Er musste geweint haben. Seine Augen waren aufgequollen und sein Gesicht nass. Rachel tat es schrecklich leid, dass sie ihn einfach vergessen hatten. Auch hatte sie Angst, dass er sie anzeigen würde.

Sie nahm ihn noch am Boden liegend in die Arme und bat ihn um Verzeihung. Thomas konnte gar nichts sagen. Er war völlig fertig. Er begann wieder leise zu weinen. Es tat Rachel unsagbar leid, was sie mit dem armen Kerl gemacht hatten. So ein schlechter Mensch war er wirklich nicht. Im

Grunde genommen konnte er keiner Menschenseele etwas zu Leide tun. Er war halt nur ein wenig penetrant, wenn er auf Frauen traf.

Rachel hielt ihn bestimmt noch eine halbe Stunde im Arm, bis er sich beruhigt hatte. Er blieb friedlich und meinte schließlich, er wolle jetzt nach Hause gehen. So traurig hatte Rachel ihn noch niemals zuvor erlebt. Vielleicht war er ja tatsächlich in sie verliebt, und was sie ihm angetan hatte, hatte ihm jetzt das Herz gebrochen. Genau so sah er aus. Rachel wusste es zu diesem Zeitpunkt noch nicht, aber es sollte das letzte Mal gewesen sein, dass sie Thomas lebend gesehen hatte.

Als er weg war, spürte sie sich plötzlich wieder magisch vom Computer angezogen. »Vielleicht ist das Spiel ja doch wieder da«, dachte sie hoffnungsvoll. Es war, als ob sie eine Stimme hörte, die immerzu nach ihr rief und sie aufforderte, nach Mysterio zu kommen. Sie dachte wieder daran, wie der Spielmacher ihr sagte, ihr Wunsch nach euphorischer, lustvoller Liebe würde nun erfüllt werden. Jetzt sah es fast so aus, als hätte er wahr gemacht, was er versprochen hatte. Rachel konnte immer noch nicht so ganz glauben, dass dies alles Wirklichkeit sein sollte.

Sie vermutete, dass ihre Hoffnung unsinnig war, doch sie wollte sich auf jeden Fall Gewissheit verschaffen. Daher loggte sie sich ins Internet ein und rief die Startseite von Mysterio auf. Sie traute ihren Augen kaum: Das Spiel war wieder da! Kein Anzeichen, dass es jemals gelöscht gewesen war.

Völlig außer sich vor Freude wurde sie plötzlich wieder von den tollen Glücksgefühlen durchflutet, die sie beim letzten Spiel gespürt hatte. Sie verstand nicht, wie das kam, fühlte sich aber seltsamerweise sehr geborgen und wie zu Hause.

Mysterio stellte ihr zu Beginn wieder die Frage nach der Umwandlung ihres Computers. Rachel wollte alles wieder genauso machen wie das letzte Mal und bejahte diese Frage erneut. Daraufhin wurde der Bildschirm schwarz. Als das Spiel wieder startete, befand sie sich im Landeanflug auf die Insel Mysterio. Der Spielmacher kam auf sie zu. Wieder war Rachel nicht in der Lage zu beurteilen, wie alt der Spielmacher war. Oder war es vielleicht doch eine Spielmacherin?

»Wir sind schon ein gutes Stück vorangekommen«, erklärte der Spielmacher. »Die nächste Frage lautet: Was würde in dir lang anhaltende Liebe auslösen?«

Rachel wusste auf diese Frage sofort eine Antwort: »Ich müsste meinen Seelenpartner finden. Den Mann, der für mich bestimmt ist. Ich glaube ganz fest daran, dass dieser Mann existiert.«

»Woran würdest du diesen Mann erkennen?«, wollte der Spielmacher wissen.

»Ich würde es einfach wissen, wenn ich ihm begegne«, antwortete sie.

»Woher würdest du es wissen?«, hakte der Spielmacher nach.

»Ich würde es spüren. Da bin ich ganz sicher. Ich würde

die Verbindung zwischen uns spüren. Vom ersten Augenblick an, in dem ich ihn sehen würde, wüsste ich, dass er es ist.«

»Ich werde dir jetzt einen Körper zeigen«, schlug der Spielmacher vor. »Wir werden diesen Körper gemeinsam verändern, bis du ihn als deinen Seelenpartner erkennst.«

»Okay, fangen wir an«, rief sie amüsiert.

Auf dem Bildschirm erschien eine menschliche Gestalt. Sie war ähnlich unkonkret wie das Bild des Spielmachers. Das Einzige, was man erkennen konnte, war, dass es sich um eine männliche Person handelte. Rachel sagte dem Spielmacher, dass ihr Seelenpartner sehr liebevoll sein würde. Daraufhin sah sie, wie sich das Bild des Mannes auf eine unbeschreibliche Weise veränderte. Sie konnte nicht klar nachvollziehen, was genau anders wurde, aber der Mann, der jetzt zu sehen war, hatte tatsächlich eine liebevolle Ausstrahlung.

Rachel war aufs Neue entzückt von diesem Spiel. Als Nächstes gab sie an, dass der Mann verständnisvoll und tolerant sein müsste. Außerdem sportlich und attraktiv. Und natürlich sehr lebensfroh und immer zu jeder Schandtat bereit. Ja, und sehr erotisch, das war ganz wichtig. Weiterhin müsste er auch Mysterio spielen, genau wie sie.

Das Bild ihres Traumpartners war jetzt ziemlich konkret geworden, aber irgendetwas fehlte noch. Rachel sagte als Letztes, dass ihr Herz sich öffnen würde, wenn sie ihrem Seelenpartner gegenüberstünde. Das wäre eigentlich das Hauptmerkmal, an dem sie ihn erkennen würde. Alles andere wäre gar nicht so wichtig.

Als sie das angab, wurde das Bild des Mannes plötzlich gestochen scharf und deutlich. Es sah aus wie auf einem Foto. Rachel fühlte sich zu diesem Mann sehr stark hingezogen. Ihr Herz öffnete sich tatsächlich, und Liebe stieg in ihr auf. Sie hielt sich zwar selbst für verrückt wegen dieser Gefühle, genoss sie aber trotzdem aus vollen Zügen. Sie sah sich den Mann viele Minuten lang an. Zu gerne hätte sie sich sein Bild ausdrucken lassen, doch das funktionierte leider nicht.

Nach einer Weile erklärte sie dem Spielmacher, dass sie das Spiel beenden wolle. Sie wollte nach Hause gehen und schlafen. Ein langer Tag lag hinter ihr. Als sie das eingegeben hatte, wollte der Spielmacher abschließend wissen, ob sie die Umwandlung an die Technologie von Mysterio wieder rückgängig machen wollte. Dieses Mal gab sie »nein« ein, denn sie wollte nicht, dass das Spiel wieder alle Daten auf der Festplatte löschte. Sie schaltete den Computer stattdessen ganz normal aus und ging nach Hause.

Als sie an einem Münztelefon vorbeikam, klingelte dieses plötzlich. Sie hob verwundert den Hörer ab. »Herzlichen Glückwunsch! Sie haben soeben eine Reise nach Hawaii gewonnen. Die Sache hat jedoch einen Haken: Sie müssen in 2 Stunden am Flughafen sein.«

Rachel war live bei einem Radiosender. Völlig überrascht und aufgeregt sagte sie zu. Nach Hawaii hatte sie schließlich immer schon einmal gewollt. Warum also nicht gleich jetzt? Sie wollte nur noch schnell nach Hause fahren und ihre Sachen packen. Doch unterwegs blieb sie im Stau stecken. Es ging keinen Meter vorwärts. Kurzerhand parkte sie ihren Wagen und rannte zur U-Bahn. Sie hatte Glück, denn sie erwischte sofort eine Bahn und war eine Viertelstunde später zu Hause.

Sonja schlief schon. Rachel versuchte, so leise wie möglich ihren Koffer zu packen. Sie hatte nicht mehr viel Zeit. In einer knappen Stunde musste sie am Flughafen sein. Sie packte daher nur das Nötigste ein. Sie würde sich einfach in Hawaii alles kaufen, was sie brauchte.

Nicht einmal zehn Minuten später verließ sie eilig die gemeinsame Wohnung. In der Eile hatte sie vergessen, Sonja einen Zettel hinzulegen, damit sie Bescheid wüsste, wo sie war. Doch egal, sie könnte die Freundin ja einfach von Hawaii aus anrufen.

Am Flughafen angekommen ging alles ganz schnell. Während Rachel eincheckte, wurde sie vom Radiosender interviewt. Der Moderator wollte wissen, wie sie sich jetzt fühlte, und fragte sie eine Menge belangloses Zeug. Zehn Minuten später war Rachel diesen Quälgeist aber endlich los. Sie wurde zu dem Gate gebracht, an dem ihr Flugzeug bereitstand. Sie flog erster Klasse, was sie sehr aufregend fand. Als Studentin war sie an Luxus nicht gewöhnt, deshalb genoss sie es jetzt doppelt. Zwar hätte sie diese Reise mittlerweile ganz bequem selbst zahlen können, doch die Freude über den Gewinn fühlte sich trotzdem besonders toll an.

Am Morgen erreichte das Flugzeug schließlich Hawaii. Rachel fühlte sich wie im Paradies. Ein bisschen erinnerte die Insel sie im Landeanflug an Mysterio. Für einen Moment dachte Rachel sogar, dass diese Reise vielleicht ein Fehler gewesen sein könnte. Möglicherweise verfügten die Hotels dort ja nicht über Computer mit Internetanschluss, sodass sie im Urlaub kein Mysterio spielen könnte. Das wäre schlimm gewesen. Andererseits sollte das Internet in guten Hotels eigentlich Standard sein, beruhigte sie sich.

Rachel hatte eine Rundreise gewonnen, die sie sogar mit echten Kahunas zusammenbringen sollte. Sie hatte schon viel über diese Kahunas gelesen und freute sich sehr auf das Kennenlernen dieser spirituellen Menschen.

Als Erstes wurde sie in einem Fünf-Sterne-Hotel in der Nähe des Flugplatzes untergebracht. Sie genoss den Luxus in diesem Hotel, wo sie sogar einen eigenen Whirlpool im Badezimmer hatte. Am ersten Tag sollte sie in diesem Hotel bleiben. Danach würde es eine Woche lang kreuz und quer über die verschiedenen Inseln gehen.

Rachel verlebte einen wunderschönen Tag am Strand und setzte sich am Abend in die hoteleigene Bar. Dort wurde ein nettes Kabarettprogramm angeboten. Sie folgte dem Verlauf der Show, bis sie plötzlich das Gefühl hatte, beobachtet zu werden. Auf der anderen Seite des Saals machte sie einen Mann aus, der sie mit seinem Blick zu taxieren schien. Aus der Entfernung und in der schwachen Beleuchtung während der Show hatte dieser Mensch sehr viel Ähnlichkeit mit dem Mann, den sie sich auf Mysterio gebastelt hatte! Sie erschrak fürchterlich, als sie dies bemerkte. Als der Mann erkannte, dass sie ihn anschaute, drehte er sich um und verließ den Raum.

Rachel stand auf und ging trotz der laufenden Show quer durch den Raum. Durch ihr Aufstehen passierte es, dass sie von den Schauspielern auf der Bühne mit in die Show einbezogen wurde. »Hey, da haben wir ja eine Freiwillige!«, rief eine der Akteurinnen. »Ja, Sie! Kommen Sie doch bitte einmal zu uns hoch! Keine Angst, wir tun Ihnen nichts. Kommen Sie! Bitte! Einen Applaus für unsere Freiwillige!«

Rachel war klar, dass sie sich jetzt auf jeden Fall zum Affen machen würde. Doch irgendwie fühlte sie sich von der applaudierenden Menge gezwungen, dort rauf zu gehen.

»Wie ist Ihr Name?«, fragte die Frau mit dem Mikro.

»Ich heiße Rachel.«

»Also, Rachel. Es ist schön, dass Sie diesen vielen Menschen da unten zeigen wollen, dass es gar nicht so schwer ist, Hula zu tanzen.«

»Oh Gott«, dachte Rachel. »Was Schlimmeres hätte mir wirklich nicht passieren können!«

»Kommen Sie! Es ist ganz leicht. Machen Sie einfach nur nach, was ich tue.«

Rachel versuchte es und ahnte dabei bereits, dass sie sich schrecklich blamieren würde. Glücklicherweise kannte sie hier kein Mensch. Nach ein paar Minuten durfte sie die Bühne zu ihrer Erleichterung schon wieder verlassen.

»Einen Applaus für unsere Tänzerin!«, hörte sie die Schauspielerin sagen, als sie von der Bühne ging.

Leider war der Mann verschwunden, der ihrem Seelenpartner ähnlich sah. Sie hoffte, ihn bis zur Abreise am nächsten Tag noch einmal wiederzusehen.

Als sie in dieser Nacht einschlief, überkam sie ein tiefes Gefühl von Liebe zu ihrem Seelenpartner. Sie wünschte sich so sehr, diesem Mann wirklich zu begegnen. Vermutlich war diese große Sehnsucht auch dafür verantwortlich gewesen, dass sie geglaubt hatte, der Mann in der Bar sähe ihrem Seelenpartner ähnlich. Bestimmt war es so, dachte sie, denn einen derart großen Zufall konnte es doch nicht geben.

Am nächsten Tag sollte ihre Rundreise beginnen. Sie hielt beim Frühstück Ausschau nach dem Mann von letzter Nacht, sah ihn jedoch nirgends. Ihr ging durch den Kopf, dass sich ihr Leben ganz schön verändert hatte, seit sie mit dem Spiel angefangen hatte. Ihr Doktortitel interessierte sie kaum noch. Sie hatte das Gefühl, ein ganz anderer Mensch geworden zu sein. Jetzt suchte sie schon nach ihrem Seelenpartner! Für einen Moment zweifelte sie, ob sie das alles wirklich gut finden sollte.

Nach dem Frühstück ging ihre Rundreise los. Von jetzt an hatte sie eine Reisebegleitung. Es war eine einheimische Frau. Sie war sehr nett und erklärte Rachel alles, was sie wissen wollte. Rachel war angetan von der ruhigen und liebevollen Art dieser Frau ihr gegenüber. Bisher hatte sie immer geglaubt, dass es auf Hawaii nur schöne Strände gäbe und sonst nichts. Doch was sie dank ihrer Begleiterin erlebte, ließ sie nicht mehr aus dem Staunen herauskommen. Diese Insel war fürwahr eine Insel der Liebe. Die Einheimischen, die hier lebten, waren von so einem wunderbaren Zauber umgeben, dass Rachel sich wirklich zu fragen begann, was sie selbst in New York zu suchen hatte.

Am Abend kamen sie an Rachels neuem Hotel an. Hier würde sie die nächsten beiden Nächte verbringen. Ihre Begleiterin verabschiedete sich und ließ sie allein. Rachel hatte das Gefühl, jetzt ein wenig Ruhe zu brauchen. Sie ging auf ihr Zimmer und legte sich aufs Bett.

Es war eine wunderschöne laue Nacht. Nach einer Weile trat Rachel noch einmal auf den Balkon hinaus, um die Abendluft zu genießen. Von hier aus hatte sie einen faszinierenden Blick auf den Strand. Zwischen Palmen hindurch sah sie den Mond im Meer aufblitzen.

Als sie einen Mann am Strand entlanggehen sah, erschrak sie. War das nicht wieder ihr Traummann? Es war zwar viel zu dunkel, um ihn wirklich erkennen zu können, doch sie wollte der Sache auf den Grund gehen. Sie rannte, so schnell es ging, die Treppen hinunter und lief zum Strand. Doch leider war der Mann schon nicht mehr da. Nur ein paar Verliebte gingen im Mondschein spazieren.

Rachel ging wieder auf ihr Zimmer und versuchte zu schlafen. Doch es fiel ihr schwer. Unentwegt musste sie an ihren Seelenpartner denken. Sie fragte sich die ganze Zeit, ob dieser Mann tatsächlich existierte. Doch was sollte sie tun, wenn er wirklich hier auf der Insel war? Sie konnte ihn ja nicht einfach ansprechen und sagen: »Hey, du bist doch mein Seelenpartner. Ich habe dich mit einem Computer gebastelt. Du gehörst jetzt mir!«

Aber wenn er hier wäre, dürfte sie diese Chance auch nicht ungenützt verstreichen lassen. Vielleicht wäre dies die einzige Möglichkeit, ihn jemals zu treffen. Mit diesen

Gedanken, Befürchtungen und Hoffnungen schlief sie an diesem Abend schließlich spät ein. Als sie am Morgen aufwachte, fühlte sie sich wie gerädert. Die Ungewissheit, ob es ihren Seelenpartner tatsächlich gab, zehrte schwer an ihren Nerven.

Nach dem Frühstück ging die Führung weiter. Rachels Reisebegleiterin zeigte ihr die interessantesten einheimischen Geschäfte, in denen handgefertigte Schmuckstücke verkauft wurden. Rachel kaufte alles, was ihr gefiel. Die Leute hier waren so nett, dass sie ihnen etwas Gutes tun wollte. Sie brauchte die Sachen zwar nicht, wollte sie aber verschenken.

Am Abend desselben Tages ging sie an den Strand, um sich den Sonnenuntergang anzuschauen. Eine Weile spazierte sie am Meer entlang, dann setzte sie sich in den Sand und genoss mit geschlossenen Augen die sanfte Meeresbrise. Plötzlich erschrak sie. Ein Mann stand direkt neben ihr.

»Oh, entschuldigen Sie, ich wollte Sie nicht erschrecken«, sagte er einfühlsam.

Rachel glaubte zu träumen. Der Mann, den sie sich gebastelt hatte, stand leibhaftig vor ihr.

»Verstehen Sie das bitte nicht als eine billige Anmache. Aber, kennen wir uns nicht irgendwoher?«, fragte er verwundert.

»Spielen Sie Mysterio?« Rachel erschrak selbst, als sie ihn das so direkt fragte. Er würde doch gar nicht verstehen können, was sie wollte. Bestimmt würde er sie für verrückt halten.

»Ja, ich spiele Mysterio«, erklärte er fasziniert. »Kennen Sie das Spiel auch? Das finde ich toll. Ich habe bisher noch niemanden getroffen, der das Spiel kannte.«

Rachel stand verwirrt auf und gab dem Mann aufgeregt die Hand. »Ich heiße Rachel. Es freut mich, Sie kennen zu lernen.«

»Ich bin Aaron.«

Die beiden setzten sich und redeten eine ganze Weile über belangloses Zeug. Keiner von beiden traute sich, dem anderen persönliche Fragen zu stellen. Doch eines wurde für Rachel bei diesem Smalltalk bereits klar: Dieser Aaron war wirklich der Mann, den sie sich mit Mysterio geschaffen hatte. Er hatte alle Eigenschaften, die sie dem Spielmacher angegeben hatte. Was sie jedoch am meisten beeindruckte, war, dass sich ihr Herz tatsächlich augenblicklich geöffnet hatte, als sie ihn zum ersten Mal sah. Und ihre Zuneigung sollte sich mit jeder Minute um ein Vielfaches steigern.

Auch Aaron war sichtlich angetan von Rachel. Er rätselte insgeheim immer noch, wo sie sich schon einmal begegnet sein könnten, denn sie war ihm so vertraut, als ob er sie schon seit Ewigkeiten kennen würde. Er war sich nicht sicher, aber für Augenblicke hatte er das Gefühl, er sei ihr in seinen eigenen Träumen begegnet.

Die beiden unterhielten sich sehr lange. Es war bereits spät in der Nacht geworden, doch keiner wollte das Gespräch beenden. Unabhängig voneinander war ihnen klar, dass sie sich verliebt hatten. Die laue, romantische Nacht schien auch wie dafür geschaffen. Und diese Insel erst recht.

Am frühen Morgen küssten sie sich endlich. Beide wollten das schon seit Stunden, hatten sich jedoch nicht getraut, die Initiative zu ergreifen. Jetzt, wo es endlich so weit war, spürte Rachel eine ungeheure Müdigkeit. Sie legte sich in Aarons Arm und genoss das herrliche Rauschen des Meeres. Mit der Zeit wurde ihr immer klarer, dass sich mit der letzten Nacht ihr gesamtes Leben verändert hatte. Es war nicht nur ein Urlaubsflirt. Sie spürte genau, dass sie mit Aaron zusammenbleiben würde. Sie würde mit ihm leben, da war sie sich ganz sicher. Bis zu diesem Zeitpunkt hatte sie noch nie wirklich mit einem Mann zusammenleben wollen. Doch bei Aaron genügte ihr diese eine Nacht, um absolut sicher zu sein. Und sie spürte, dass Aaron genauso dachte. Sie sagte ihm, dass sie ihn liebte.

Aaron sah ihr tief und liebevoll in die Augen und stellte dann eine unglaubliche Frage: »Willst du mich heiraten?«

Rachel stand völlig neben sich. Sie hörte, wie ihre innere Stimme rief, dass dies unmöglich wahr sein konnte. Wie war dieser Mann nach den wenigen Stunden fähig, sie zu fragen, ob sie ihn heiraten wolle?

Während sie darüber nachdachte, hörte sie sich plötzlich ergriffen sagen: »Mehr als alles andere auf der Welt.«

Was war passiert?! Sie hatte soeben einem Mann das Jawort gegeben, den sie kaum kannte. Was war bloß mit ihr geschehen? Sie war total durcheinander. Für einen Moment dachte sie, dass ihre Übermüdung vielleicht diese Reaktion verursacht hätte. Doch dann spürte sie ganz deutlich, dass sie Aaron wirklich liebte und mit ihm leben wollte. Sie hatte richtig entschieden, auch wenn dies sicherlich niemand würde nachvollziehen können.

»Aaron, lass uns hier auf der Insel heiraten!«, schlug sie glücklich vor.

»Am liebsten sofort!«

»Meine Reisebegleiterin wird uns sicher weiterhelfen.«

Die beiden standen auf und gingen zum Hotel zurück. Sie hatten gerade noch Zeit fürs Frühstück, dann kam auch schon die Reisebegleitung. Während des Essens sahen sie sich immer wieder verliebt an. Es war klar, dass keiner von beiden seine Entscheidung noch einmal überdenken wollte. Sie waren sich ganz sicher: Sie waren füreinander bestimmt.

Rachel erzählte Aaron beim Frühstück von ihrem letzten Spiel mit Mysterio. »Der Spielmacher zeigte mir das undefinierbare Bild eines Mannes. Er sagte, ich solle erklären, woran ich meinen Seelenpartner erkennen würde. Ich gab viele verschiedene Dinge an. Mit jeder Angabe wurde das Bild des Mannes deutlicher. Ich weiß nicht, wie ich es dir sagen soll, aber der Mann, der am Ende auf dem Bildschirm zu sehen war, warst du.«

»Du meinst, er hatte meine Charaktereigenschaften?«, fragte Aaron amüsiert.

»Er war voll und ganz du«, erwiderte Rachel fasziniert. »Er sah genauso aus wie du. Bis ins Detail. Du erschienst allerdings erst richtig auf dem Bildschirm, als ich angab, mein Seelenpartner würde sicherlich auch Mysteriospieler sein und mir augenblicklich das Herz öffnen, wenn ich ihn sähe.«

»Wie kann das sein? Ich habe niemals ein Bild von mir

eingescannt. Wie konnte das Spiel wissen, wie ich aussehe?«, fragte Aaron verwirrt.

»Ich finde es noch unglaublicher, dass ich dich hier auf Hawaii bei meiner gewonnenen Reise getroffen habe. Glaubst du, dass das etwas mit dem Spiel zu tun hat?«

»Jedenfalls glaube ich nicht an so große Zufälle. Irgendetwas Übersinnliches ist hier im Spiel, da bin ich mir sicher.«

»Du glaubst wirklich an etwas Übersinnliches?!«

»Ich wüsste nicht, wie ich das Ganze sonst erklären könnte.«

»Es sind noch ganz andere Dinge geschehen, seit ich spiele. Ich habe bis jetzt nur einem einzigen Menschen davon erzählt. Aber ich habe bei meinem vorletzten Spiel fünf Millionen Dollar gewonnen.«

»Du machst Scherze!?«, fragte Aaron skeptisch.

»Ich weiß, es hört sich unglaublich an, aber das Geld ist auf meinem Konto.«

»Aber wer gibt dir fünf Millionen Dollar? Und für was?«

»Ich konnte es zunächst selbst nicht glauben. Ich habe nur ein paar Leuten erklärt, wie sich verschiedene Gefühle anfühlen. Alle haben mir dafür jeweils eine Million auf mein Konto überwiesen.«

»Das Spiel muss ich nachholen, sobald ich wieder zu Hause bin«, meinte Aaron amüsiert. »Und das ist wirklich die Wahrheit? Du hast mich jetzt sicher nicht auf den Arm genommen?«

»Es ist die Wahrheit. Ganz ehrlich!«, beteuerte sie glaubhaft.

»Nun, bei mir sind auch schon viele seltsame Dinge passiert, aber so etwas noch nicht.«

»Was ist denn bei dir geschehen, was du mit Mysterio in Verbindung bringst?«

»Zum Beispiel diese Reise. Ich habe mir vor ein paar Tagen gedacht, dass ich wieder einmal ein paar Tage Urlaub vertragen könnte. Doch mir fehlte das Geld. Am nächsten Tag rief mich ein Freund an. Er musste seine Reise kurzfristig absagen und hat sie mir für den halben Preis verkauft. Eigentlich hatte ich gar keine Zeit für Urlaub. Aber er hat so lange an mich hingeredet, dass ich schließlich zugesagt habe. Wenn ich gewusst hätte, dass du mir hier begegnest, hätte ich ihm den doppelten, ach, was sag ich, den zehnfachen Preis gezahlt.«

»Danke für das Kompliment!«

»Das war kein Kompliment. Das war die Wahrheit!«

»Du bist süß.«

Die beiden küssten sich und redeten noch eine ganze Weile über die seltsamen Ereignisse, die passierten, seit sie Mysterio spielten.

»Rachel, ich bin froh, dass ich endlich einmal mit jemand über das Spiel reden kann. Ich hatte schon Angst, dass man mich für verrückt hält. Aber ich glaube wirklich, dass Mysterio kein normales Spiel ist. Es muss irgendeine Art Magie sein.«

»Ich habe mich bisher sehr bemüht, das Spiel logisch und wissenschaftlich zu betrachten, aber du hast Recht. Wenn ich ehrlich bin, dann glaube ich schon lange, dass hier etwas nicht mit rechten Dingen zugeht. Ich hatte zu Anfang große Angst vor dem Spiel.«

»Wieso Angst?«, fragte Aaron verwundert.

»Ich kann mich ehrlich gesagt gegen das Gefühl nicht wehren, dass der Spielmacher kein Mensch ist.«

»Was denn dann?«, hakte er verwundert nach.

»Ich habe das Gefühl, dass er ein Geist ist, der aus irgendeinem Grund durch das Spiel Kontakt zu Menschen sucht.«

»Was sollte er denn damit bezwecken wollen?«

Rachel lief es plötzlich eiskalt den Rücken herunter, als er das fragte. »Vielleicht will er uns erst einmal abhängig machen, und wenn er das geschafft hat, nimmt er Besitz von uns!«

Aaron lachte: »Ich glaube, du siehst dir zu viele schlechte Filme an.«

»Hast du noch nicht bemerkt, dass du von dem Spiel abhängig bist?«

»Ich freue mich immer sehr auf das Spiel. Aber abhängig bin ich deswegen bestimmt nicht«, meinte Aaron.

»Ich hatte bereits richtige Entzugserscheinungen. Sogar nachts im Traum habe ich gehört, wie Mysterio nach mir gerufen hat. Ich werde das dumme Gefühl nicht los, dass es ein böser Geist sein könnte, der uns etwas antun will!«

»Rachel, beruhige dich. Es gibt keine bösen Geister. Wenn es so wäre, dann hätte er uns schon längst etwas antun können.«

Doch Aarons Worte konnten Rachel nicht beruhigen. Sie

musste sofort an verschiedene Filme denken, in denen die bösen Geister zunächst immer ganz freundlich waren und den Menschen halfen – bis diese sich schließlich auf den Geist verließen und sich immer mehr mit ihm verbanden. Am Ende übernahm er ganz die Kontrolle über diese Menschen und verübte in deren Körper die fürchterlichsten Gräueltaten. Bisher hatte sie solche Filme nur als Fiktion betrachtet und sich darüber nicht weiter Gedanken gemacht. Doch nun schien ihr das alles Realität werden zu können, und sie schaffte es nicht mehr, ihre Angst im Zaum zu halten. Aaron konnte sagen, was er wollte. Sie beschloss erneut, nie wieder zu spielen, egal wie stark es sie dazu drängen würde. Bis jetzt hatte der Geist ihr noch geholfen. Doch irgendwann würde der Zeitpunkt kommen, wo er zuschlagen würde.

Es dauerte eine Weile, bis sie sich wieder beruhigen konnte. Aaron machte sie darauf aufmerksam, dass ihre Reisebegleitung sicher schon warten würde. An die Hochzeit wollte er sie jetzt nicht unbedingt erinnern, um sie auf andere Gedanken zu bringen.

Sie gingen nach draußen und trafen die Reisebegleitung vor dem Hotel. Diese hatte nichts dagegen einzuwenden, dass Aaron sich anschloss. An diesem Tag sollte es zu den Kahunas gehen. Einer dieser Männer hatte eingewilligt, mit Touristen zu reden. Rachel sollte ihn am Fuße eines Hügels treffen. An jener Stelle war die Insel vom Tourismus noch völlig unberührt. Man konnte nur zu Fuß oder mit dem Geländewagen dorthin gelangen. Und auch dann nur, wenn man sich auskannte.

Rachel und Aaron waren sehr gespannt auf den Kahuna. Sie warteten bereits eine halbe Stunde, als er endlich kam. Als der Mann sie sah, blieb er wie angewurzelt stehen. Irgendetwas schien nicht zu stimmen. Wahrscheinlich war es deshalb, weil er nur zwei Leute erwartet hatte und nun Aaron mit dabei war, dachte Rachel.

Nach ein paar Sekunden kam der Kahuna näher. Er musterte Rachel und Aaron sehr eindringlich. Daraufhin bat er die Reisebegleiterin zu gehen. Niemand verstand, was das zu bedeuten hatte. Bis der Kahuna die beiden schließlich ansprach. »Ich danke euch, dass ihr mir die Ehre erwiesen habt, zu mir zu kommen. Mein ganzes Leben habe ich davon geträumt, dies zu erleben.«

»Was soll denn das jetzt?«, dachte Rachel. »Wieso verhält sich der Kahuna so seltsam?« Sie sprach ihn direkt darauf an: »Die Ehre ist ganz unsererseits. Doch sage mir, was an uns so Besonderes sein soll.«

»Ihr braucht euch nicht zu verstecken«, erwiderte der Kahuna. »Ich werde niemandem etwas davon sagen. Ich sehe eure Aura und kann erkennen, dass ihr nicht von hier seid.«

»Natürlich sind wir nicht von hier«, antwortete Rachel verwirrt. »Ich komme aus New York, und Aaron stammt aus Fort Myers, Florida. Wir sind Touristen.«

»Lasst uns ehrlich zueinander sein! Von welchem Stern kommt ihr wirklich?«

»Du hältst uns für Außerirdische? Du meinst das jetzt ganz im Ernst, oder?«, vergewisserte sich Rachel.

»Ich weiß es. Ich sehe es. Warum tut ihr immer noch so, als ob ihr Menschen wärt? Ihr habt von mir nichts zu befürchten. Ich werde niemandem sagen, dass ich euch gesehen habe.«

»Aber wir sind keine Außerirdischen. Wieso bist du dir denn so sicher, dass wir keine Menschen sind?«, fragte Rachel verwirrt.

»Ich habe in meinem ganzen Leben noch niemals eine Aura gesehen, die der euren ähnlich war«, erklärte der Kahuna. »Ihr habt nicht die Aura der Menschen. Eure gesamte Energiestruktur ist anders.«

Rachel und Aaron sahen sich fragend an. Machte dieser Kahuna jetzt einen Scherz mit ihnen? Doch wenn nicht, was hatte ihre Aura dermaßen verändert? Rachel schoss sofort der Gedanke durch den Kopf, dass nur Mysterio dafür verantwortlich sein konnte. Vielleicht waren sie bereits von dem Geist besetzt worden? Und wahrscheinlich war dieser Geist ein Außerirdischer?

Sie erzählte dem Kahuna von dem Spiel und davon, was für äußerst seltsame Dinge geschehen waren, seit sie es spielten. Der Kahuna hörte sich alles sehr aufmerksam an. Als Rachel fertig war, bat er die beiden mitzukommen. Er wollte sie zu seinem Vater und Ausbilder bringen. Normalerweise hatte dieser zwar keinen Kontakt zu Fremden, doch in diesem Fall würde er mit Sicherheit eine Ausnahme machen.

Rachel und Aaron liefen mit dem Kahuna eine ganze Weile durch den Dschungel. Schließlich kamen sie an eine Hütte, die auf einer kleinen Lichtung neben einem wunderschönen Wasserfall stand. Noch bevor sie dort ankamen, öffnete sich die Tür der Hütte, und ein Mann kam heraus. Es war ein sehr alter Hawaiianer. Das musste der Vater des Kahunas sein.

Als sie näher kamen, bemerkten die beiden, dass auch dieser Mann sie lange und sehr genau musterte. Schließlich sagte er etwas zu seinem Sohn. Rachel und Aaron verstanden nicht, was er meinte, denn er sprach nur die einheimische Sprache. Sein Sohn übersetzte. »Mein Vater hat erkannt, dass ihr keine Außerirdischen seid. Er sagt, dass aber trotzdem etwas an euch nicht von dieser Welt ist.«

Als der Kahuna das sagte, rutschte Rachel fast das Herz in die Hose. Das konnte doch nur bedeuten, dass der Geist sie beide tatsächlich schon besetzt hatte.

»Mein Vater sagt, dass eure Chakras, eure Energiezentren, so stark sind, dass sie sich alle gegenseitig durchdringen. Normalerweise sind die einzelnen Chakras nicht viel größer als eine Hand. Doch bei euch haben sie einen Durchmesser von mehr als einem Meter.«

»Ist das nun gut oder schlecht?«, fragte Aaron.

»Das kann ich nicht sagen«, antwortete der Kahuna. »Ich werde meinen Vater fragen, ob er darüber Genaueres weiß.«

Der Vater des Kahunas sah Aaron lange an. Er stellte über seinen Sohn die Frage, ob er Aaron an der Stirn berühren dürfe. Aaron bejahte natürlich. Der alte Mann legte daraufhin seine Hand auf Aarons Stirn und schloss die Augen. Er redete mit seinem Sohn, was dieser gleich für Aaron und Rachel übersetzte.

»Mein Vater sagt, dass er noch nie ein Stirnchakra von solcher Reinheit berührt hat. Du müsstest eine unglaubliche Wahrnehmungsfähigkeit haben. Er sagt, dass in jedem deiner Chakras die gesamten Energiequalitäten der anderen Chakras vorhanden sind. So etwas hat er noch nie erlebt. Er kann sich jedoch vorstellen, dass dies sehr gut ist. Er spürt nichts, was ein unangenehmes Gefühl in ihm auslösen würde. Im Gegenteil. Er fühlt sehr viel Liebe und Schönes.«

»Kann dein Vater auch einmal bei mir fühlen?«, bat Rachel. Sie hoffte inbrünstig, dass er ihr sagen würde, dass sie nicht von einem bösen Geist besetzt sei.

Der alte Mann legte seine Hand auf ihre Stirn. Gleich darauf nahm er sie wieder weg und legte sie ihr auf den Bauch.

»Mein Vater sagt, dass deine Energie anders ist als die von deinem Begleiter. Er hat das Gefühl, dass du alles durchdringen könntest, was für uns fest ist.«

»Was bedeutet das?«, fragte Rachel verwirrt.

»Er sagt, dass du über die Materie frei verfügen kannst. Du weißt dies nur noch nicht.«

»Was ist mit dem Geist? Bin ich besessen?«, fragte sie noch einmal direkt.

»Mein Vater kann keinen Hinweis auf eine Besessenheit finden. Er sagt nur, dass auch du eine Energie ausstrahlst, die in ihm sehr viel Liebe hervorruft. Er fühlt sich um Jahre jünger durch deine Energie.«

Und in der Tat. Rachel hatte tatsächlich den Eindruck, dass der alte Mann jetzt jünger aussah. Sollte das wirklich an ihrer Energie liegen? Oder war das alles nur ein gelungener Gag für die Touristen?

»Mein Vater hat gerade gesagt, dass deine Energie die feste Materie verändert. Und zwar zum Positiven. Du müsstest heilen können.«

»Dann ist das doch kein böser Geist, der diese Dinge in uns hervorgerufen hat?«, stellte Rachel fest.

»Mein Vater kann sich nicht vorstellen, dass ein böser Geist diese Macht haben sollte. Er glaubt, dass ihr direkt mit Gott in Kontakt steht. Er bittet euch, ihn zu segnen.«

Rachel und Aaron schauten sich verwundert an. Es gab keinen Zweifel, der alte Mann meinte es ernst. Rachel nahm langsam ihre Hand und legte sie dem alten Mann auf die Stirn, so wie er das zuvor bei Aaron gemacht hatte. Der alte Mann schloss die Augen. Daraufhin sackte er in sich zusammen und fiel zu Boden. Rachel erschrak fürchterlich. Doch der alte Mann stand sofort wieder auf und ließ über seinen Sohn verkünden, dass es ihm gut gehe. Es sei nur ein wenig zu heftig gewesen, sodass sein Kreislauf nicht mehr stabil bleiben konnte. Jetzt sei aber alles wieder okay. Er sagte weiter, dass er eine leuchtende Erscheinung gesehen habe, als Rachel ihm die Hand auf die Stirn legte. Es war ein wunderbares höheres Wesen, das er gesehen hatte. Und er glaubte, dass dies das Wesen sei, das für die Veränderungen bei Rachel und Aaron verantwortlich sein musste. Ein böser Geist sei es aber mit Sicherheit nicht.

Er bat auch Aaron, seine Hand auf seine Stirn zu legen. Doch zuvor wollte er sich setzen. Aaron tat das Gleiche wie

Rachel. Nach einer Minute nahm er die Hand wieder weg. Der alte Mann ließ ihnen ausrichten, dass er durch Aarons Energie die gesamte Welt von außen gesehen habe. Er sagte, dass der Tag nahe sei, an dem die Menschheit auf eine höhere Bewusstseinsebene gehoben würde.

Rachel und Aaron wussten nicht, was sie von all dem halten sollten. Die beiden Kahunas gebärdeten sich, als seien die beiden lebende Götter.

Der Sohn des alten Kahunas wollte jetzt ebenfalls von den beiden gesegnet werden. Auch er schien danach nicht mehr der gleiche Mensch zu sein.

Rachel hatte das Bedürfnis, dem alten Mann die ganze Geschichte von Mysterio zu erzählen. Vielleicht könnte er etwas Licht in die Angelegenheit bringen. Mit gesundem Menschenverstand oder der Wissenschaft kam man hier nicht weiter.

Der alte Kahuna hörte sich alles in Ruhe an. Sein Sohn übersetzte simultan, was Rachel erzählte. »Mein Vater sagt, dass die Ereignisse, die euch so mystisch vorkommen, von euch selbst erschaffen wurden.«

»Wie denn das?«, wollte Rachel verwundert wissen.

»Ihr selbst seid Schöpfer eurer eigenen Realität.«

»Wie kommt er darauf, dass wir so etwas können?«, fragte Rachel zweifelnd.

»Das ist nicht nur bei euch so. Alle Menschen gestalten ihre Realität selbst«, erklärte der Kahuna. »Das ist ein fester Bestandteil unserer Weltanschauung. Hast du dich denn noch nie über die vielen kleinen Zufälle gewundert, die in deinem Leben immerzu geschehen? Dass du beispielsweise an jemand denkst und im gleichen Augenblick klingelt das Telefon und derjenige ist dran? Oder dass du an jemand denkst, den du schon seit vielen Jahren nicht mehr gesehen hast, und am nächsten Tag triffst du ihn? Ist dir denn noch nie aufgefallen, dass du immer dann, wenn du begonnen hast, dich mit etwas Neuem zu beschäftigen, exakt die Menschen getroffen hast, von denen du etwas darüber erfahren konntest? Glaubst du wirklich, dass dies alles Zufall sein kann?«

»Und wie soll das genau funktionieren?«, fragte Rachel immer noch skeptisch.

»Wir benutzen ein Ritual, mit dem wir unsere Realität beeinflussen«, antwortete der junge Kahuna. »Wir versetzen uns in Trance und gehen in Gedanken zum allumfassenden Geist. Ihm sagen wir dann, was wir erleben wollen. Wir wissen seit Jahrhunderten, dass dieses Ritual funktioniert.«

»Und wie funktioniert es genau?«, fragte Aaron neugierig.

»Ich kann dich auf dieser Reise begleiten, wenn du das möchtest.«

Aaron wollte nichts lieber als das. Der Kahuna bat ihn, die Augen zu schließen und sich zu entspannen. »Der allumfassende Geist ist immer in dir. Er ist in jeder Zelle deines Körpers. Du bestehst aus ihm, und er besteht aus all dem, was ist. Spüre tief in dich hinein, und du wirst den allumfassenden Geist in dir finden. Er wartet auf dich im innersten Kern deines Wesens. Kannst du ihn fühlen?« Aaron nickte, was

Rachel mehr als verwunderte. »Öffne ihm dein Herz und deinen Geist, und danke ihm, dass er dir helfen möchte.« Aaron wirkte jetzt, als würde er tatsächlich diesem allumfassenden Geist danken. »Schaff dir nun eine Vorstellung davon, was du erleben möchtest, und lade diese Vorstellung mit all deiner Liebe auf. Geh ganz in die Vorstellung hinein und fühle dich, als ob sie bereits Realität ist. Fühle genau, wie es ist, diese Realität zu erleben. Fühle es in allen Einzelheiten, und dann übergib dem allumfassenden Geist deine mit Liebe aufgeladene und bereits erlebte Realität. Sende abschließend noch einmal deinen Dank für die Realisierung dieser Wirklichkeit und habe die Gewissheit, dass du damit alles getan hast, was notwendig war, um diese Realität zu erschaffen. Deine Arbeit ist erledigt. Jetzt ist der allumfassende Geist an der Reihe. Öffne dann wieder deine Augen und sei zurück mit uns im Hier und Jetzt.«

Während Rachel diese Prozedur verfolgte, fiel ihr auf, dass der Kahuna größten Wert darauf gelegt hatte, dass Aaron fühlte, was er fühlen würde, wenn das Ereignis bereits eingetreten wäre. Rachel wurde klar, dass sie mit Mysterio im Grunde genommen das Gleiche getan hatte. Sie hatte sich beispielsweise bei dem Spiel um ihr Geld tatsächlich so gefühlt, als würden ihr die fünf Millionen bereits gehören.

Immer noch konnte sie es nicht fassen, dass sie danach das Geld tatsächlich bekommen hatte. Doch dafür gab es wenigstens eine Erklärung. Aus irgendeinem Grund hatten ihr fünf Leute dieses Geld geschenkt. Sie konnte sich zwar nicht vorstellen, warum, aber die ganze Sache hatte nichts mit Magie zu tun. Doch das Zusammentreffen mit Aaron war nicht mehr mit normalem Menschenverstand zu erklären. Solch einen großen Zufall konnte es wirklich nicht geben. Da steckte mit Sicherheit irgendetwas Übersinnliches dahinter. Doch ob dies tatsächlich Magie war, wie der Kahuna behauptete, wagte Rachel nach wie vor zu bezweifeln. Sie glaubte eher an Vorsehung oder an übersinnliche Wahrnehmung oder an den bösen Geist, den sie noch nicht ganz vergessen hatte.

Aaron war in der Zwischenzeit wieder ins normale Leben zurückgekehrt. Er lächelte zufrieden, als er die Augen öffnete. »Das war toll. Ich hatte tatsächlich das Gefühl, beim allumfassenden Geist zu sein. Und du meinst wirklich, dass dies funktioniert?«, fragte er den Kahuna erfreut.

»Ich weiß, dass es funktioniert. Es hat bei mir schon hunderte Male funktioniert. Es kann höchstens passieren, dass du durch deinen Zweifel alles wieder rückgängig machst.«

»Wie ist das möglich?«, fragte Aaron unsicher.

»Weil alles, was du erlebst, nur eine Illusion ist. Du erlebst diese Illusion bloß als Wirklichkeit. In Wirklichkeit gibt es unendlich viele Wirklichkeiten. Du nimmst jedoch immer nur eine wahr, und die erlebst du dann. Du erlebst also immer deine Auswahl. Diese wird wiederum durch deine Gefühle beeinflusst, die von deinem Glauben verändert werden. Wenn du also glaubst, dass dies alles Unsinn war, dann wirst du das auch so fühlen. Infolgedessen wirst du die Realität wahrnehmen, auf die du deine Wahrnehmung gerichtet hast. Und das ist, durch die Gefühle des

Zweifels, eine Realität, die alles anders kommen lässt, als du es wolltest.«

»So langsam wird mir einiges klar«, sagte Aaron. »Rachel, unser Leben hat sich deshalb so gravierend verändert in der letzten Zeit, weil wir unsere Wahrnehmung durch das Mysteriospielen auf ganz andere Realitäten eingestellt haben. Zumindest bei mir kann ich klar nachvollziehen, dass ich immer genau das erlebt habe, was den Gefühlen entspricht, die ich beim Spielen hatte.«

»Wenn das wirklich stimmen sollte, dann stehen mir einige unangenehme Überraschungen ins Haus«, meinte Rachel sichtlich besorgt.

»Wieso denn das?«, wollte Aaron verwundert wissen.

»Wenn die positiven Gefühle meine Realität beeinflussen, dann werden es die negativen mit Sicherheit auch tun.«

»Das ist klar. Und weiter?«, hakte Aaron nach.

»Ich hatte vor ein paar Tagen sehr große Angst, ins Gefängnis zu müssen. Ich werde dir das Ganze später erzählen. Jetzt mache ich mir ein wenig Sorgen, dass das mit den Gefühlen und der Realität vielleicht wirklich stimmen könnte.«

»So schlimm wird es schon nicht werden. Und wenn es hart kommt, bin ich ja auch noch da«, versuchte Aaron sie zu beruhigen.

»Bemühe dich ab jetzt, auf das Positive zu schauen!«, meinte der Kahuna. »Vielleicht kannst du die Ereignisse damit noch abwenden.«

Der Kahuna wollte Rachel damit eigentlich beruhigen,

aber er jagte ihr leider nur noch mehr Schrecken ein. So, wie es aussah, war er sich sicher, dass etwas Negatives passieren würde. Rachel begann jetzt sich wirklich Sorgen zu machen. Sie überlegte schon, was alles an schlimmen Dingen passieren könnte. Sie dachte an die fünf Millionen und daran, dass damit vielleicht doch etwas nicht in Ordnung war. Dann fiel ihr der neue Wagen ein, den sie viel zu teuer gekauft hatte, und die vielen Kleider. Wenn sie das Geld wirklich zurückgeben müsste, dann würde sie diese Dinge mit Sicherheit nicht bezahlen können. Ruckzuck sah sie sich im Gefängnis sitzen.

»Rachel«, meinte Aaron einfühlsam. »Es wird schon alles gut werden. Ich verspreche es! Mach dir ab jetzt einfach schöne Gefühle. Wir haben doch beide Gründe genug, uns zu freuen. Wir haben uns. Mehr brauchen wir nicht. Wir werden heiraten. Denk lieber daran!«

»Es tut mir leid, dass ich diesen Tag so unromantisch gestaltet habe«, meinte Rachel besorgt. »Verzeih mir bitte! Was hältst du davon, wenn wir morgen in aller Feierlichkeit heiraten?«

Als die Kahunas von der Planung der Hochzeit hörten, wurden sie ganz lebendig. »Wollt ihr eine hawaiianische Hochzeit? Unser höchster Priester könnte euch trauen. Es wäre uns eine große Ehre, wenn wir die Hochzeit für euch ausrichten könnten.«

»Willst du?«, fragte Aaron begeistert.

»Und ob ich will!«

Sie beredeten alle Formalitäten und wurden anschließend

von dem Kahuna, der sie hergebracht hatte, wieder zurückgeführt. Ihre Reisebegleitung hatte die ganze Zeit gewartet. Für Rachel war das unfassbar. Zu Hause in New York würde so eine Person nicht mal fünf Minuten ausharren, und diese Frau wartete geduldig über drei Stunden lang.

Sie fuhren zurück ins Hotel. Auf dem Weg dorthin sagte Rachel ihrer Reisebegleitung, dass sich ihre Reisepläne geändert hätten. Zugleich lud sie sie zur morgigen Hochzeit ein. Die Begleiterin freute sich sehr über diese Ehre. Sie versprach, dass sie alles Nötige für Rachel und Aaron erledigen würde, damit die beiden weiterhin in ihrem Hotel bleiben konnten. In dem Hotel, wo sie sich kennen gelernt hatten.

Rachel und Aaron verbrachten ihre erste gemeinsame Liebesnacht miteinander. Es war genauso, wie Rachel das im Spiel angegeben hatte. Aaron war sehr liebevoll und zärtlich, aber gleichzeitig auch überaus leidenschaftlich und erotisch. Rachel dachte, dass sie auch in dieser Beziehung die richtige Wahl getroffen hatte.

Bedingt durch den Schlafmangel der letzten Nacht schliefen sie an diesem Morgen sehr lange. Fast hätten sie ihre eigene Hochzeit verschlafen. Als sie aufwachten, mussten sie sich sputen. Die Reisebegleiterin wartete schon unten vor dem Hotel. Mit ziemlich zerzausten Haaren kamen die beiden schließlich herunter. Rachel hätte nicht gedacht, dass sie einmal mit solch einer Frisur heiraten würde. Doch als sie an dem Ort der Feierlichkeiten ankamen, schleppten mehrere junge Frauen sie erst einmal in eine Hütte. Dort wurde Rachel geschminkt und frisiert. Die Frauen zogen ihr außerdem die Kleider aus und hüllten sie in eine traditionelle hawaiianische, prunkvolle Tracht.

Rachel fand das alles sehr aufregend. Sie wusste ja nicht, was auf sie zukommen sollte. Als sie fertig angekleidet und geschminkt war, sah sie fast aus wie eine Hawaiianerin. Die Hochzeitsfeier konnte beginnen. Rachel verließ zusammen mit den anderen Frauen die Hütte.

Draußen waren eine Unmenge Menschen versammelt. Männer und Frauen blieben getrennt. Die Männer hatten auf der einen Seite auf dem Boden Platz genommen, die Frauen auf der anderen. Rachel wusste nicht, wie es weitergehen sollte. Sie wurde inmitten der Frauen, die sie angekleidet hatten, auf den Platz gebracht. Plötzlich aber verschwanden sämtliche Frauen, und sie stand allein in der Mitte des Geschehens. Alle Augen waren auf sie gerichtet. Was würde jetzt passieren?

Trommeln ertönten. Man gab ihr zu verstehen, dass sie tanzen sollte. Rachel war das alles sehr peinlich. Sie erinnerte sich an den Abend im ersten Hotel, wo sie auch Hula tanzen musste, zur allgemeinen Volksbelustigung. Sie hätte nicht gedacht, dass dies so schnell wieder geschehen würde. Aber es blieb ihr nichts anderes übrig. Sie musste tanzen.

Als sie begann, fingen alle Leute an zu klatschen. Rachel schaute in die Runde, um zu sehen, ob sich Aaron auch gut amüsieren würde. Sie erblickte ihn, wie er dasaß und lachte. Das war zu viel! Sie tanzte auf ihn zu und streckte ihm ihre Hand entgegen. Wenn sie sich hier schon zum Affen machen musste, dann sollte auch er nicht ungestraft davonkommen. Sie zog Aaron auf die Tanzfläche und merkte, dass sie von nun an nicht mehr der alleinige Mittelpunkt des Geschehens war. Aaron war nicht besonders begabt, was das Hulatanzen betraf, um es gelinde auszudrücken. Doch als er damit anfing, kamen gleich eine Menge Leute dazu und tanzten voller Freude mit. Alle gratulierten Rachel und Aaron.

Was den beiden in diesem Moment noch nicht bewusst war: Sie hatten die Hochzeitszeremonie bereits hinter sich. Dies wurde ihnen erst klar, als der Hohepriester auf den Platz kam und sie segnete. Die Zeremonie hatte offenbar darin bestanden, dass Rachel Aaron tanzend umwarb und dieser mit seiner Teilnahme am Tanz sein Einverständnis gab. Als die beiden das realisierten, küssten sie sich erst einmal leidenschaftlich. Es war alles viel zu schnell gegangen. Jetzt waren sie Mann und Frau.

Die Hochzeitsfeier dauerte noch den ganzen Tag an. Rachel und Aaron wollten irgendwann gehen, doch man ließ sie nicht weg. Man erklärte ihnen, dass sie nicht ins Hotel gehen könnten, bevor sie nicht die Ehe vollzogen hätten. Sonst wäre die Ehe ungültig. Sie wurden in eine Hütte begleitet, die innen sehr schön geschmückt war. In der Mitte dieser Hütte fanden sie ein Bett vorbereitet. Die Zeremonie war also noch nicht zu Ende. Während die Feier draußen weiterging, wurde die Tür hinter den beiden geschlossen.

Als sie am nächsten Morgen aufwachten, feierten die Leute vor der Hütte immer noch. Sie wurden sehr herzlich begrüßt, als sie herauskamen. Die Leute schauten die beiden so anzüglich an, dass Rachel vor Scham ganz rot wurde. Offenbar ging man hier sehr viel öffentlicher mit dem Thema Sexualität um.

Erst gegen Mittag verließen Rachel und Aaron die Feier. Sie kehrten in ihr Hotel zurück und verbrachten noch ein paar sehr romantische, verliebte und lustvolle Tage auf Hawaii.

Rachel wollte nach ihrer Rückkehr in New York ganz schnell ihre Doktorarbeit fertig schreiben und dann zu Aaron hinunter nach Fort Myers fahren. Ein paar Wochen würde sie dafür jedoch noch brauchen. Aaron wollte daher am nächsten Wochenende nach New York kommen.

Rachel fühlte schon Sehnsucht nach Aaron, bevor ihr Flugzeug überhaupt gestartet war. Sie tröstete sich mit dem Gedanken an das baldige Wochenende. Als sie in New York ankam, hatte sie keine Lust, mit der U-Bahn nach Hause zu fahren. Ihr Wagen stand noch irgendwo unterwegs, wo sie ihn wegen des Staus geparkt hatte. Sie nahm sich ein Taxi, um ihn abzuholen.

Am späten Abend kam sie zu Hause an. Es war schon lange dunkel. Erst jetzt fiel Rachel auf, dass sie vollkommen vergessen hatte, Sonja anzurufen. Die würde jetzt bestimmt ganz schön sauer sein. Aber, wenn sie ihr erzählte, warum sie nicht angerufen hatte, würde sie es sicher verstehen können. Heiraten tut man schließlich nicht alle Tage. Da kann man schon einmal etwas vergessen.

Als Rachel die Wohnungstür aufschloss, kam ihr Sonja

direkt entgegen. »Wo bist du gewesen, Rachel? Und was hast du angestellt?«, fragte die Freundin panisch.

»Wieso angestellt? Ich war auf Hawaii. Ich wollte dich ...«

»Rachel, hier sind seltsame Dinge passiert«, fuhr ihr Sonja ins Wort. »In der Universität wurde das Rechenzentrum geschlossen, und der Assistent wurde in eine Irrenanstalt eingeliefert. Er hatte zuvor überall herumerzählt, dass ein Computer verhext sei. Und überall haben Beamte einer seltsamen Behörde, von der ich noch nie etwas gehört habe, nach dir gefragt. Sie wollten alles über dich wissen. Ich musste ihnen von dem Geld erzählen.«

»Was wollten diese Männer von mir?«, fragte Rachel aufgewühlt.

»Vielleicht hat es mit dem Geld zu tun? Ich bin mir nicht sicher. So richtig interessierte die das gar nicht, was ich ihnen über die fünf Millionen erzählt habe.«

»Aber was wollten die sonst?«

»Ich will dir keine Angst machen, Rachel. Aber ich glaube, sie wollten dich. Sie haben drei Tage und Nächte vor dem Haus im Auto gewartet. Ich habe ein sehr schlechtes Gefühl, was diese Männer angeht. Die waren mehr als nur unfreundlich. Rachel, du kannst mich für verrückt halten. Aber wenn die beiden nicht von einer offiziellen Behörde gewesen wären, hätte ich geschworen, dass es professionelle Killer waren. Ich bin zwar noch nie einem Killer begegnet, aber ich hatte das Gefühl, dass der eine mich am liebsten gleich umgebracht hätte. Dem möchte ich nicht noch einmal begegnen. Ich hatte eine Scheißangst, kann ich dir sagen. Es war so schlimm, dass ich in den drei Nächten kein Auge zugetan habe. Was hast du getan, Rachel, dass solche Leute hinter dir her sind?«

»Ich habe nichts Unrechtes getan! Das Einzige, was ich angestellt habe, war, den Assistenten zu fesseln. Und da warst du auch dabei. Wenn der Assistent uns angezeigt hätte, dann hätten sie nach dir ebenfalls gesucht.«

»Nein, Rachel. Es muss was ganz Schlimmes sein. Ich kann dir nur sagen, wenn du die beiden Männer gesehen hättest, wäre dir jetzt ganz schön elend zu Mute. Solche Polizisten kümmern sich mit Sicherheit nicht um irgendeinen Pupskram. Ich spüre genau, wenn die dich erwischen, geht es dir an den Kragen.«

»Sonja, bleib auf dem Teppich! Du machst mir Angst! So schlimm wird es schon nicht werden. Wenn es um die fünf Millionen geht, werde ich das Geld, das ich ausgegeben habe, schon irgendwie zurückzahlen.«

»Ich glaube nicht, dass es um das Geld geht. Sie wollten dich. Dich höchstpersönlich«, erklärte Sonja erneut.

In diesem Moment fuhr ein Wagen mit quietschenden Reifen vor ihrem Haus vor. Sonja lief zum Fenster und schaute hinaus. Aus dem Wagen stiegen die beiden Männer, die nach Rachel gesucht hatten, und rannten auf das Haus zu.

»Rachel, verschwinde!«, rief Sonja hysterisch.

»Ich kann doch nicht einfach abhauen«, wehrte sie sich.

»Los, Rachel!«, schrie Sonja wie eine Verrückte. »Ich spüre, dass du weg musst! Die tun dir was an. Ich fühle so etwas. Hau ab! Los!«

Rachel schnappte schnell ihre Tasche und lief die Treppe hoch. Das Herz klopfte ihr bis zum Hals. Sonja hatte ihr mit ihrer Hysterie ganz schön Angst eingejagt. Sie schwankte hin und her, ob sie vielleicht nicht doch besser zu den Männern runtergehen sollte. Während sie sich versteckte, hörte sie, wie die beiden Männer die Tür eintraten. Fünf Sekunden später rannte sie, so schnell sie konnte, die Treppe hinunter. Als sie an ihrer Wohnung vorbeilief, sah sie, dass einer der Männer Sonja geschnappt hatte und sie brutal verhörte. So etwas tat die Polizei nicht! Das waren keine Polizisten.

Voller Entsetzen rannte Rachel auf die Straße. Sie lief, bis sie fast zusammenbrach. Endlich sah sie einen Polizisten und rannte schnell zu ihm hin. »Helfen Sie mir! Zwei Männer sind hinter mir her«, schrie sie hysterisch.

»Beruhigen Sie sich! Wo ist das passiert?«, fragte der Polizist ruhig.

Rachel nannte ihm ihre Anschrift. Der Polizist ging zu seinem Wagen, um über Funk die Zentrale zu benachrichtigen. Plötzlich kamen die beiden Männer in ihrem Auto angefahren. Sie hielten direkt bei dem Polizisten und stiegen aus. Dann zeigten sie ihm ihre Ausweise und erklärten, dass Rachel ihnen entflohen sei.

»Glauben Sie denen nicht!«, schrie diese. »Das stimmt alles nicht.«

»Bleiben Sie ganz ruhig. Ihnen geschieht nichts«, erwiderte der Polizist beschwichtigend. Er machte keinerlei Anstalten, Rachel zu beschützen. Im Gegenteil. Er stand auf der Seite der beiden Männer. Plötzlich stieg er in seinen Wagen und fuhr weg.

Rachel hatte in diesem Augenblick das Gefühl, zum Tode verurteilt worden zu sein. Wieso tat der Polizist das? Sie schrie in ihrer Verzweiflung um Hilfe. Daraufhin hielt ihr einer der Männer den Mund zu. Was sie danach tat, geschah völlig unbewusst. Beim Üben ihrer Kampfkunst hatte sie genau diesen Ernstfall wieder und wieder simuliert. Ein potenzieller Vergewaltiger hielt ihr den Mund zu. Ohne zu überlegen, schlug sie dem Mann mit der Handkante gegen den Kehlkopf. Sie wusste, dass so ein Schlag tödlich sein könnte, doch für diese Überlegung hatte sie keinen Gedanken mehr frei. Sie war in absoluter Todesangst und reagierte wie ein Raubtier, das in die Enge getrieben wurde. Mit ungeheurer Aggressivität ging sie dann auf den anderen Mann los. Mit dieser Attacke hatten die beiden Männer nicht gerechnet. Rachel wusste genau, wo sie hinschlagen musste, um einen kräftigen Mann außer Gefecht zu setzen. In wenigen Sekunden hatte sie den zweiten Mann ebenfalls zusammengeschlagen. Sie drosch immer weiter auf die beiden ein, bis diese sich nicht mehr bewegten. Rachel konnte nicht eher damit aufhören, denn sie hatte Angst, dass einer der Männer seine Pistole ziehen und sie erschießen würde.

Dann lief sie weg, so schnell sie konnte. Sie wusste nicht, ob sie die beiden Männer umgebracht hatte. Offenbar steckten sie mit der Polizei unter einer Decke. Rachel konnte jetzt also unmöglich zur Polizei gehen. Sie hatte nur eine Chance: Sie musste versuchen, zu Aaron zu kommen, und dann mit ihm zusammen die Sache aufklären – oder für immer aus den USA verschwinden.

Rachel rannte zu der Stelle, wo sie ihren Wagen geparkt hatte, und hoffte inständig, dass die Männer ihn nicht gefunden hatten. Sie hatte Glück. Der Wagen war noch da. Sie stieg ein und wollte den Motor anlassen. Doch der sprang nicht an. Panisch schrie sie auf den Wagen ein, dass er anspringen solle. Und endlich tat er es. Sie rauschte mit quietschenden Reifen davon, dabei liefen ihr die Tränen übers Gesicht. Fast hätte sie noch einen Unfall gebaut. Mühsam riss sie sich am Riemen. »Ich muss langsam fahren! Ich darf jetzt auf keinen Fall auffallen!«, sagte sie laut zu sich selbst, um sich zu beruhigen.

Es war ein weiter Weg bis nach Fort Myers. Unterwegs würde sie ein paar Mal anhalten und tanken müssen. Sie hatte Angst, dass die Polizei nun überall nach ihr suchen würde. Womöglich hatte sie die beiden Männer umgebracht. Der Polizist hatte sie zusammen mit ihnen gesehen. Es war klar, dass die Polizei zwei und zwei zusammenzählen würde.

Rachel fuhr die ganze Nacht durch, wobei sie einmal tanken musste. Diese Karre verbrauchte das Benzin schneller, als man es nachfüllen konnte. Sie hatte Angst, dass man schon nach ihr suchen würde und dass der Tankwart darüber informiert war, was sie getan hatte. Dieser schaute sie auch ganz genau an. Aber wahrscheinlich wollte er nur sehen, wer in diesem protzigen Wagen drin saß. So ein Gefährt kam schließlich nicht jeden Tag vorbei.

Rachel fuhr, so schnell es ging, weiter, obwohl der Tankwart ständig versuchte, mit ihr ins Gespräch zu kommen. Am frühen Morgen musste sie dann schon wieder tanken. Es war bereits hell. Als sie bezahlt hatte, wurde gerade die Zeitung gebracht. Ein ganzes Paket wurde aus einem Lieferwagen vor die Tankstelle geworfen. Rachel nahm sich schnell eine Zeitung und lief weg. Sie hatte Angst, dass sie vielleicht auf der Titelseite sein könnte und der Tankwart sie erkennen würde, wenn sie die Zeitung bezahlte. Zum Glück blieb es unbemerkt, dass sie die Zeitung mitgehen ließ.

Rachel fuhr schnell los und schlug die Zeitung erst auf dem Highway auf. Sie war tatsächlich auf der Titelseite! Doch da stand nichts von den beiden Männern. Stattdessen wurde behauptet, sie habe ihre Freundin Sonja auf brutalste Art und Weise umgebracht! Man schrieb, sie habe den Verstand verloren und sei in höchstem Maße gefährlich. Warum schrieben die Zeitungen diese Lügengeschichten? Und hatten die beiden Männer Sonja tatsächlich etwas angetan?

Rachel konnte es nicht fassen. Vor zwei Wochen saß sie noch an ihrer Doktorarbeit, und nun war sie Amerikas meistgesuchte Verbrecherin. Wie konnte das passieren?!

Plötzlich sah sie hinter sich einen Streifenwagen mit Blaulicht, der immer näher kam. Sie bekam schreckliche Angst. Der Tankwart an der letzten Tankstelle musste sie im Nachhinein in der Zeitung erkannt und die Polizei angerufen haben. Aber vielleicht wollten die auch nur vorbeifahren?

»Jetzt nur die Ruhe bewahren, Rachel«, sagte sie sich. »Keine Panik. Das kriegen wir schon. Die wollen nichts von dir. Die fahren vorbei. Die fahren mit Sicherheit vorbei.«

Aber der Streifenwagen fuhr nicht vorbei. Er gab über Lautsprecher zu verstehen, dass Rachel rechts ran fahren sollte. Sie verlangsamte das Tempo und beschloss, sich der Polizei zu stellen. Sie hatte nichts von all dem getan, was man ihr vorwarf. Sicherlich war Sonja nichts zugestoßen, und damit würde sich die ganze Angelegenheit in Wohlgefallen auflösen. Sie redete sich ein, dass die Polizei ihr nichts tun würde.

Als sie jedoch noch einmal in den Rückspiegel schaute, erkannte sie, dass die beiden Männer von letzter Nacht den Wagen steuerten. Sofort gab sie Vollgas und brauste mit ihrem Lamborghini davon wie mit einer Rakete.

Rachel hatte Mühe, die Leistung dieses Wagens auf die Straße zu bringen. Sogar im vierten Gang drehten die Reifen noch durch. Die beiden Männer schossen plötzlich mit einer Maschinenpistole auf ihren Wagen, trafen aber nicht. Rachel schrie auf vor Erleichterung, als sie merkte, dass sie die Männer abgehängt hatte. Sie raste mit fast dreihundert Stundenkilometern über den Highway. Noch zwei Stunden in diesem Tempo, rechnete sie sich aus, und sie würde in Fort Myers bei Aaron sein. Doch so lange ging die Sache nicht gut. Nach einer halben Stunde sah sie von weitem eine Straßensperre. Kurzerhand machte sie eine Vollbremsung und wendete mitten auf dem Highway. Gegen die Fahrtrichtung fuhr sie auf dem Mittelstreifen zur nächsten Abfahrt zurück. Ein paar Mal stieß sie fast mit entgegenkommenden Fahrzeugen zusammen. Sie sah, wie sich hinter ihr einige Unfälle ereigneten.

Als sie zur Abfahrt kam, fuhr sie weiter entgegen der Fahrtrichtung vom Highway ab. Das war ihr Glück, denn die Gegenspur war von der Polizei in der Zwischenzeit gesperrt worden. Offenbar hatte man nicht damit gerechnet, dass sie auf der falschen Seite herunterkommen würde. Sie wurde natürlich in ihrem Lamborghini sofort gesehen. Die Polizeiwagen wendeten und verfolgten sie.

Rachel gab wieder richtig Gas. Sie fuhr wie eine Wahnsinnige zwischen den Autos auf der Straße hindurch. Erst jetzt bemerkte sie, was einen Sportwagen tatsächlich auszeichnete. Die Polizei hatte keine Chance, sie einzuholen. Doch sie wusste, dass dieser Wagen für sie gefährlich war. Er war einfach zu auffällig. Bald würden sie die Verfolgung mit einem Helikopter aufnehmen, und den würde sie nicht abhängen können.

Also bog sie in eine Seitenstraße ein und stellte den Wagen im Wald ab. Mittlerweile war sie in Florida. Das Gute an Florida war, dass die meisten Leute ihre Wagen nicht abschlossen. Sie ließen sogar oft den Schlüssel stecken. In New York wäre ein Wagen bei diesem Verhalten in spätestens zehn Minuten weg gewesen.

Rachel lief zu Fuß zu einem kleinen Haus, das am Waldrand stand. Vor der Tür stand ein alter Lieferwagen. Und, wie sie gehofft hatte, war der Wagen offen, und der Schlüssel steckte. Sie schnappte sich das Gefährt ohne zu zögern und verschwand mit qualmendem Auspuff. Auf den Highway konnte sie nicht mehr, da waren überall Straßensperren. Sie fuhr daher nur auf kleinen Landstraßen.

Als sie im nächsten Ort ankam, beschloss sie, sich ein unauffälligeres Auto zuzulegen. Sie beschloss, alle zwei Stunden einen anderen Wagen zu stehlen, damit man sie nicht so leicht finden würde. Sie kam mit ihrem Wagen an einem Einkaufszentrum vorbei. Dies war der ideale Platz, um einen neuen Wagen zu finden. Sie stellte den Lieferwagen ab und ging über den Parkplatz. Es war kaum zu glauben für eine Frau aus New York: Auf diesem Parkplatz standen eine ganze Menge Wagen mit laufendem Motor! Sie waren völlig unbewacht. Ihre Besitzer mussten den Motor angelassen haben, damit die Klimaanlage weiterlief.

Rachel stieg kurzerhand in einen der Wagen ein. In diesem Modell würde sie sicherlich die nächsten zwei Stunden nicht auffallen. Da sie nur Nebenstraßen nehmen konnte, kam sie jedoch nur sehr schleppend voran. Nach etwa zwei Stunden wurde es Zeit für den nächsten Wagen. Auch war in dem jetzigen das Benzin fast alle. Sie fuhr wieder zu einem großen Einkaufszentrum und besorgte sich einen anderen Wagen. Mittlerweile war sie schon fast da. Der Ort, an dem sie sich jetzt befand, hieß Port Charlotte. In etwa einer Stunde würde sie bei Aaron sein.

Nach etwas mehr als einer Stunde kam sie dann tatsächlich in Fort Myers an. Sie hoffte, dass Aaron zu Hause sein würde. Sie hatte keine Ahnung, was sie tun sollte, wenn er nicht da wäre!

Als sie das Haus von Aaron gefunden hatte, stellte sie ihren Wagen in einiger Entfernung ab und ging zu Fuß zurück. Aaron öffnete die Tür sofort, als sie klingelte. In diesem

Augenblick brach sie in Tränen aus. Sie hatte ihre Verzweiflung die ganze Zeit unterdrückt. Doch jetzt, wo Aaron da war, konnte sie ihre Gefühle nicht mehr im Zaum halten.

»Was ist passiert, Rachel?«, fragte er erschrocken.

Rachel war kaum fähig, ihm zu antworten. »Die haben ihr wahrscheinlich etwas angetan. Warum tun die so etwas?«, rief sie völlig aufgelöst.

»Rachel, wer hat wem etwas angetan?«

»Die beiden Männer haben möglicherweise Sonja umgebracht. Und jetzt wollen sie es mir in die Schuhe schieben.«

»Beruhige dich, Rachel! Wer sind die beiden Männer?«

»Sonja meinte, sie wären Polizisten. Aber so etwas tun Polizisten doch nicht, oder?«

»Und jetzt sind sie hinter dir her?«

»Ja, ich bin auf der Titelseite der Tageszeitung. Ich soll Sonja bestialisch ermordet haben. Aber das habe ich nicht.«

»Hast du eine Ahnung, warum sie dich wirklich suchen?«, wollte Aaron wissen.

»Ich weiß nur, dass es etwas mit dem Rechenzentrum in unserer Universität zu tun haben muss. Das ist nämlich plötzlich geschlossen worden, und daraufhin haben sie überall nach mir gefragt.«

»Rachel, hast du einen Computer von Mysterio umwandeln lassen?«, fragte Aaron panisch.

»Was hat denn das damit zu tun?«

»Hast du, oder hast du nicht?«, hakte Aaron nach.

»Ja, habe ich«, gab sie zu.

»Hast du diese Umwandlung auch wieder rückgängig gemacht?«, wollte Aaron weiterhin wissen.

»Nein, wieso?«

»Komm mit! Ich will dir etwas zeigen. Dieser Computer hier ist nicht von dieser Welt. Seine Technik muss der unseren um Jahrhunderte voraus sein. Sieh dir bitte einmal das Stromkabel genau an!« Rachel entdeckte das Stromkabel: Der Stecker war nicht in der Steckdose, sondern lag lose auf dem Boden, aber der Computer lief trotzdem! »Der läuft jetzt schon ohne Strom, seit ich aus Hawaii zurück bin.«

Rachel rastete daraufhin völlig aus. In ihrer Hysterie nahm sie den Computer und warf ihn zu Boden. »Wegen dir musste Sonja sterben!«, schrie sie verzweifelt.

Aaron versuchte, sie davon abzuhalten, den Computer zu zerstören. Er redete von diesem Computer, als sei er ein Teil von ihm. Rachel hatte das Gefühl, dass Aarons Begeisterung in Besessenheit ausartete. Sie flehte ihn an, nie wieder zu spielen. Mysterio war daran schuld, dass ihre Freundin vermutlich tot war. Aaron beruhigte sie und versprach ihr, nicht mehr zu spielen.

Doch nun musste Rachel sich verstecken, das war im Moment viel wichtiger als der Computer. Aaron riet ihr, sie solle sich erst einmal ausruhen. Er fragte sie, wo sie den gestohlenen Wagen hingestellt habe, denn er wollte ihn noch weiter wegfahren, damit man Rachel nicht so schnell ausfindig machen könnte. Ihm war klar, dass sie mit den vielen gestohlenen Wagen eine einfache Spur für die Polizei gelegt hatte.

Als Aaron das Haus verließ, fiel ihm sofort eine Polizeistreife auf, die durch die Straßen patrouillierte. Konnten sie Rachel so schnell gefunden haben? Während er weiterging, sah er, wie die Polizisten bereits von Haus zu Haus gingen und nach ihr fragten. Aaron lief schnell weiter. Von weitem erkannte er, dass sie Rachels Wagen bereits gefunden hatten. Also drehte er sich schnell um und ging zurück zu seiner Wohnung. Die Polizisten waren schon ganz in der Nähe. Es würde nicht mehr lange dauern, dann würden sie an seiner Tür klingeln. Sollte er das Risiko eingehen, ihnen zu sagen, dass Rachel nicht bei ihm sei, während sie sich drinnen versteckte? Dazu fühlte er sich viel zu aufgeregt. Die Beamten würden das sicherlich merken. Er schloss die Tür auf und rannte sofort zu Rachel.

»Wir müssen weg!«, rief er laut. »Sie haben den Wagen bereits gefunden, mit dem du gekommen bist. Frag mich nicht, wie die das so schnell geschafft haben. Sie sind schon in der Nachbarschaft. Komm, wir nehmen meinen Wagen.«

»Ich glaube nicht, dass ich dich auch noch in die Angelegenheit hineinziehen will. Ich werde mich stellen, Aaron.«

»Du hast wohl 'ne Meise! Wir sind verheiratet, hast du das vergessen? Was soll der Quatsch, mich nicht mit hineinziehen? Wo du drinsteckst, da stecke auch ich drin. In guten wie in schlechten Zeiten, erinnerst du dich? Los, schnapp deine Sachen, und dann verschwinden wir!«

Als sie in Aarons Wagen die Stadt durchquerten, bemerkten sie, dass ein gigantisches Polizeiaufgebot aufgefahren wurde. So viele Beamte hatte Aaron hier noch nie gesehen. Das musste die gesamte Polizeibereitschaft von Florida sein. Es schien, als hätten die Beamten plötzlich nichts anderes mehr zu tun, als nach Rachel zu fahnden. In allen Nachrichten wurden lange Berichte über den kaltblütigen Mord gezeigt, den sie an ihrer Freundin verübt haben sollte. Man sagte, sie sei wahnsinnig geworden und unglaublich gewalttätig.

Als Aaron an einer Tankstelle hielt, um seinen Wagen auftanken zu lassen, sah er, dass Rachel auf der Titelseite sämtlicher Zeitungen war. Sie war etwas von der Tankstelle entfernt bereits ausgestiegen und versteckte sich in einem Gebüsch neben der Straße. Aaron wendete seinen Wagen nach dem Tanken, fuhr das nötige Stück zurück und ließ sie wieder einsteigen.

»Rachel, wir müssen raus aus den USA. Ich weiß nicht, wem du auf die Füße getreten bist, aber es muss jemand sehr Mächtiges gewesen sein. Dein Bild ist in absolut allen Zeitungen auf der Titelseite. So etwas habe ich noch nie gesehen. Es ist, als ob alle Medien plötzlich nichts anderes mehr zu berichten hätten. Schalt einmal das Radio an! Du wirst keinen Sender finden, der nicht über dich berichtet. Jede halbe Stunde bringen sie einen Bericht. Und das auf allen Sendern! Egal, welchen du einschaltest.«

»Ich verstehe das nicht, Aaron. Was wollen die von mir?«

»Ich weiß es nicht. Es kann nur mit dem Mysterio-Computer zu tun haben. Wir werden die Sache gemeinsam durchstehen.«

Die beiden beschlossen, erst einmal auf die Bahamas zu fliehen. Sie mussten versuchen, eine Privatjacht zu chartern, die sie zu den Inseln bringen würde. Linienschiffe mussten nämlich durch den Zoll, und dabei würde man sie mit Sicherheit entdecken.

Wenigstens konnte Aaron sich unbehelligt bewegen. Noch wusste niemand, dass er mit Rachel verheiratet war. Sie mussten die Eheschließung erst behördlich in den USA eintragen lassen. Bisher waren sie nur nach hawaiianischem Recht verheiratet.

Nach einer Weile schoss Aaron ein Gedanke durch den Kopf: »Rachel, hältst du es für möglich, dass du diese Situation durch deine Angst vor dem Gefängnis geschaffen hast, die du in Hawaii erwähntest?«

»Wenn das die Realität ist, die ich mir durch meine Angst erschaffen haben soll, was kommt dann noch?«, erwiderte sie entsetzt.

»Aber passen würde es schon. Du hattest Angst, dass die Polizei dich sucht, und das tut sie doch jetzt.«

»Findest du nicht, dass das ein bisschen weit hergeholt ist?«, wehrte sie sich. »Ich will das nicht glauben!«

»Das kann ich verstehen. Aber wir sollten diese Gefahr nicht ausschließen! Ich kann nicht vergessen, was ich in Hawaii in der Meditation mit dem Kahuna erlebt habe. Das Ereignis, das ich erschaffen wollte, ist gleich, nachdem ich zu Hause war, eingetreten. Ich habe mir gewünscht, dass ich einen neuen Job bekomme, bei dem ich mein eigener Herr bin und nebenbei auch eine Stange mehr Geld verdiene.

Ich möchte dich jetzt nicht mit Einzelheiten langweilen, aber solch einen Traumjob, wie ich ihn mir gewünscht habe, gibt es eigentlich gar nicht. Dachte ich zumindest bis jetzt immer. Aber genau dieser Job ist mir angeboten worden. Und das, ohne dass ich irgendjemanden danach gefragt hätte. Weißt du, wie unwahrscheinlich es ist, dass das ein Zufall war? Und dann auch noch direkt, nachdem ich von Hawaii zurückkam. Seitdem habe ich diese Meditation ein paar Mal wiederholt. Bisher immer mit Erfolg. Es ist unglaublich! Seit ich diese Kahunamagie anwende, ereignen sich die tollsten Dinge.«

»Dann mach doch mal, dass die Polizei aufhört, nach mir zu suchen!«, meinte Rachel vorwurfsvoll.

»Es tut mir leid, Rachel. Mir ist schon klar, dass dir jetzt mit Sicherheit nicht der Kopf danach steht, dich mit mir über Magie zu unterhalten.«

»Es tut mir auch leid, dass ich dich angezickt habe. Verzeih mir bitte! Ich bin mit den Nerven völlig fertig.«

»Mach dir keine Gedanken. Ich kann mich sehr gut in dich hineinversetzen. Ab jetzt werde ich versuchen, mehr Rücksicht auf dich zu nehmen.«

Rachel und Aaron blieben daraufhin eine ganze Weile still. Aber Aaron dachte weiter über das nach, was er gesagt hatte. Er hielt es durchaus für denkbar, dass Rachel diese Situation tatsächlich durch ihre Angst hervorgerufen hatte. In den letzten Tagen hatten sich so viele seltsame Zufälle ereignet, dass er inzwischen alles für möglich hielt. Er wünschte sich beispielsweise eine neue Wohnung mit Blick aufs Meer, zu einem Preis, der um ein Drittel niedriger lag als der seiner alten Wohnung in der Stadt. Ihm war klar, dass es so gut wie unmöglich war, dass dieser Wunsch sich erfüllen könnte. Er tat auch außer der Kahunamagie nichts weiter dafür, diese Wohnung zu finden. Zwei Tage später traf er einen alten Freund, der für ein paar Jahre nach Übersee musste. Dieser Freund besaß ein Haus am Strand und suchte jemanden, der auf dieses Haus aufpassen würde. Spontan fragte er Aaron, ob dieser Interesse hätte, so lange dort zu wohnen. Aaron glaubte seinen Ohren nicht zu trauen. Der Betrag, den sein Freund für die Miete verlangte, entsprach exakt der Summe, die Aaron sich gewünscht hatte.

Doch damit nahmen die unglaublichen Zufälle noch kein Ende. Aaron suchte schon seit Jahren nach einem wirklich guten Buch über Korruption in der Politik der Vereinigten Staaten. Er wendete die Kahunameditation an. Am nächsten Tag kam ein Paket von einer sehr guten Freundin bei ihm an. Darin war ein Geschenk: genau dieses Buch.

Aber nicht nur seine Wünsche wurden in den letzten Tagen verwirklicht. Seine Befürchtungen und Sorgen schienen die gleiche Wirkung auf die Realität zu haben. In Aarons Haus war schon seit Monaten das Schloss der Hintertür defekt. Am Abend, bevor Rachel zu ihm kam, dachte er noch daran, dass er es unbedingt austauschen müsse, sonst würde vielleicht noch jemand bei ihm einbrechen. In der gleichen Nacht wurde, während er schlief, das halbe Wohnzimmer leer geräumt. Und dabei war seine Angst lange nicht so groß wie die von Rachel. Es erschien ihm also nicht allzu weit hergeholt, dass Rachel ihre Verfolgung durch die Polizei selbst erschaffen hatte.

Am Abend kamen sie in Miami an. Rachel brauchte jetzt unbedingt ein Bett. Sie hatte schon seit zwei Tagen nicht mehr geschlafen und war völlig fertig. Aaron mietete ein Apartment in einem Motel. Dort würden sie zumindest bis zum nächsten Morgen unbemerkt bleiben. Rachel legte sich sofort ins Bett. Aaron fuhr noch einmal los, um eine Perücke und eine große Sonnenbrille zu kaufen. Außerdem brachte er Rachel ein Kleid mit, die Art nettes, kurzes Kleidchen, wie es viele Frauen in Florida trugen. Rachel hatte bisher immer Hosen getragen, zumindest seit sie erwachsen war. Sie hasste diese Dinger, in denen man aufpassen musste, wenn man sich bückte. Aber mit dieser Verkleidung und der Perücke erkannte sie zumindest niemand mehr. Nun traute sie sich auch wieder auf die Straße. Sie ging zur Rezeption des Motels, um nachzusehen, ob sie dort Frühstück und eine Zeitung bekommen könnte. Sie bekam auch eine Zeitung, doch was sie dort las, ließ ihr die Lust auf das Frühstück wieder gründlich vergehen.

Heute hatten sie es auf Aaron abgesehen. Ihr eigenes Bild war von der Titelseite verschwunden, dafür war jetzt ihr Mann abgebildet. Er sollte seinen Boss in der Firma nach einem Streit ermordet haben. Schnell lief Rachel zurück zu Aaron und zeigte ihm die Zeitung. Er machte nicht schlecht Augen, dass jetzt er selbst gesucht wurde. Und das auch noch wegen eines Verbrechens, das total unsinnig gewesen wäre, da er sowieso bereits einen anderen Job angenommen hatte. Es gab angeblich sogar Zeugen für den Streit zwischen ihm und seinem Chef. Zumindest wurde das in der Zeitung behauptet.

Die beiden mussten jetzt schleunigst weg. Der Mann an der Rezeption würde Aaron in der Zeitung mit Sicherheit erkennen. Zum Glück war seine Schicht vorbei, und er war bereits nach Hause gefahren, als die neue Tageszeitung eintraf.

Als Rachel und Aaron in den Wagen stiegen, fiel ihnen ein älterer Mexikaner auf, der sie zu beobachten schien. Sie fuhren schnell los. War das ein Detektiv, der sich eine Belohnung verdienen wollte? Oder war es Zufall, dass er sie beobachtet hatte? Vielleicht waren sie mittlerweile auch schon neurotisch geworden und sahen überall Menschen, die sie verfolgten oder beobachteten?

Die beiden fuhren zum Hafen. Hier lagen sehr viele Jachten vor Anker, die man für einen Tag chartern konnte. Sie sprachen mehrere Bootsbesitzer an und fanden schließlich einen, der bereit war, mit ihnen einen Trip auf die Bahamas zu machen. Es war ein schmieriger Kerl. Rachel hatte bei den Verhandlungen mit dem Bootsbesitzer das Gefühl, dass dieser sofort erkannt hatte, in welcher Notlage die beiden waren. Der Preis, den er für die Fahrt verlangte, war unglaublich unverschämt. Doch er ließ nicht mit sich handeln. Rachel und Aaron hatten keine andere Wahl, als sein Angebot zu akzeptieren. Als sie an das viele Geld dachten, das Rachel auf ihrem Konto hatte, willigten sie schließlich ein.

Es ging sofort los. Nun hatten sie das Schlimmste überstanden. Bald würden sie aus dem Hoheitsgebiet der Vereinigten Staaten heraus sein. Dann könnte ihnen niemand mehr etwas anhaben.

Am Abend desselben Tages kamen sie auf einer Insel der Bahamas an. Rachel wollte als Erstes zu einer Bank und telegrafisch ihr Geld anfordern. Mit ihren Millionen würden sie auf den Bahamas ein schönes Leben führen können. Vielleicht würden sie auch woandershin fliegen, weit weg, wo sie niemand kannte und verfolgte.

Auf dem Weg zur Bank glaubte Aaron seinen Augen nicht zu trauen. »Rachel, da war der alte Mexikaner vom Motel wieder!«, rief er aufgeregt und deutete auf ein Auto, das eben vorbeigefahren war.

»Unsinn, wie hätte der uns finden sollen?«, wandte Rachel ein.

»Das weiß ich nicht. Aber ich bin mir sicher, er war es.«

»Das sind nur deine Nerven, Aaron. Wir sind raus aus den USA. Hier können die uns nicht verfolgen. Beruhige dich!«

Doch Aaron fand keine Ruhe. Die Polizei würde sie auf den Bahamas zwar sicherlich nicht suchen, aber war es wirklich die Polizei, die sie verfolgte? Aaron hatte allen Grund, daran zu zweifeln.

Als die beiden auf der Bank waren, sah Aaron den alten Mexikaner erneut. Er ging draußen am Fenster vorbei. Aaron war jetzt ganz sicher, dass sie von ihm beobachtet wurden. Rachel ließ sich jedoch nicht beirren. Sie fühlte sich außerhalb der USA sicher. Außerdem wollte sie jetzt unbedingt an ihr Geld heran und konzentrierte sich fest darauf, zu veranlassen, dass es zu ihrer Bank telegrafiert wurde. Als sie jedoch ihren Ausweis vorlegte, schaute sie der Mann hinterm Bankschalter erschrocken an. »Warten Sie bitte einen Augenblick! Ich bin gleich wieder zurück«, erklärte er und verließ den Raum. Aaron sah, wie er zum Telefon griff.

»Hier ist was faul!«, sagte er zu Rachel. »Komm, lass uns verschwinden!«

»Der hat meinen Ausweis. Ohne den kommen wir nie an mein Geld ran. Wir können jetzt nicht verschwinden.«

»Hier geht es um mehr als Geld. Wir haben keine Zeit, lange darüber zu diskutieren. Los, lass uns verschwinden!«

»Ich denke ja nicht daran! Ich gehe hier nicht ohne meinen Ausweis weg.«

In diesem Moment betrat ein maskierter Mann mit vorgehaltener Waffe die Bank. Er zwang alle, sich auf den Boden zu legen, und verlangte dann vom Kassierer Geld. Alles ging blitzschnell. Als er die Tüte mit dem Geld an sich nahm, sprach er Aaron und Rachel an. »Los, aufstehen ihr beide. Ihr seid jetzt meine Geiseln. Wenn irgendjemand mir zu nahe kommt, töte ich die beiden! Ihr bleibt alle liegen, bis die Polizei kommt. Verstanden?« Daraufhin verließ er mit den beiden als Geiseln die Bank. Sie mussten in einen Wagen einsteigen, der mit laufendem Motor, aber ohne Fahrer draußen stand.

»Los!«, befahl er Aaron, »du fährst!« Mit quietschenden Reifen fuhren sie los. »Zum Hafen, und zwar schnell!«

»Wo ist der Hafen?«, wollte Aaron wissen.

Der Bankräuber dirigierte ihn. Als sie dort angekommen waren, ließ er Rachel und Aaron aussteigen. »Okay, und jetzt auf's Schiff.«

Sie standen vor einer großen Motorjacht, die mit Sicherheit einige Millionen wert war. Wollte der Bankräuber nun dieses Schiff stehlen? Als sie die Jacht betraten, wunderten sich Rachel und Aaron sehr, dass der Mann sich hier bestens auskannte. Er startete den Motor und legte ab. Alles ging sehr schnell und routiniert. Gehörte dieses Schiff etwa ihm? Wieso überfiel er dann eine Bank und erbeutete vielleicht ein paar tausend Dollar?

In einem Moment, in dem der immer noch maskierte Mann mit dem Manövrieren des Bootes alle Hände voll zu tun hatte, überwältigte ihn Aaron. Er schaffte es, ihm die Waffe abzunehmen und ihm die Kapuze vom Kopf zu ziehen. Rachel und Aaron traf fast der Schlag, als sie sahen, dass der alte Mexikaner unter der Maske steckte.

»Was wollen Sie von uns? Raus mit der Sprache! Warum tun Sie das?«, schrie Aaron den Mexikaner an.

»Ich muss das Boot aus dem Hafen steuern, sonst geht es uns allen an den Kragen.«

Aaron ließ ihn gewähren. Als das Schiff den Hafen verlassen hatte, schaltete der Mexikaner den Autopiloten ein und bat Rachel und Aaron, mit nach unten in die Kabine zu kommen. Die beiden wussten nicht, was das sollte, gingen aber mit.

»Ich bin auf eurer Seite«, begann der Mexikaner zu erklären. »Ich heiße Sanchez und bin Mysteriospieler.« Er zeigte den beiden seinen Computer, auf dem das Spiel immer noch lief. »Ich kann nicht erklären wieso, aber ich musste euch helfen. Ich konnte mich nicht dagegen wehren«, erklärte Sanchez weiter.

»Was soll denn das für eine Hilfe gewesen sein, uns zu kidnappen?«, fragte Rachel wütend.

»Es war die einzige Möglichkeit, euch da rauszuholen. Ihr habt ja keine Ahnung, wer hinter euch her ist. Es nützt euch überhaupt nichts, dass ihr aus den USA raus seid.«

»Wer ist hinter uns her? Und wieso?«, hakte Aaron nach.

»Ich konnte auch noch nicht alles in Erfahrung bringen, aber lasst uns erst einmal von hier verschwinden. Später werde ich euch alles sagen, was ich weiß.«

Rachel und Aaron willigten ein. Ihnen war klar, dass dieser Sanchez die Wahrheit gesagt hatte. Sanchez ging wieder ans Steuer und jagte die Motoren hoch. Er hielt mit Volldampf auf das offene Meer zu. Nachdem sie eine Weile gefahren waren, fragte Rachel, wo sie hinwollten.

»Wir fahren nach Barbados. Ich habe dort ein Haus. Da sind wir für eine Weile sicher.«

»Sag mir noch einmal, warum du das für uns tust!«, bat Rachel.

»Ich weiß es nicht genau. Ich habe Mysterio gespielt und plötzlich euer Bild gesehen. Daraufhin verspürte ich den Drang, euch helfen zu müssen. Ich weiß nicht, wieso das Spiel das getan hat. Aber ich konnte mich gegen diesen Drang nicht wehren. Obwohl ich große Angst hatte, dass man mich selbst erwischen würde. Ich bin nämlich in der gleichen Situation wie ihr.«

»Wieso bist du in der gleichen Situation? Und wieso konnte dir das Spiel diesen Drang verpassen?«, hakte Rachel nach.

»Ich war wohl jemandem zu unbequem. Aus diesem Grund wollte man mich aus dem Verkehr ziehen. Ich habe eine Freie-Energie-Maschine erfunden, die das Energie- und Umweltproblem dieser Welt auf einen Schlag gelöst hätte. Das hat wohl jemandem nicht gefallen. Man hat versucht, mich zu ermorden. Doch ich habe überlebt. Seitdem bin ich wie ihr auf der Flucht.«

»Wer soll denn daran Interesse haben, dass solch eine Maschine nicht auf den Markt kommt?«, fragte Rachel zweifelnd.

»Das ist nicht schwer zu erraten. Schon seit jeher werden Erfindungen und Entdeckungen auf dieser Welt blockiert und unterdrückt, die der Menschheit zu mehr Freiheit und Unabhängigkeit verhelfen würden. Meine Erfindung findet ihre Gegner in allen Lobbys, die momentan ihr Geld mit Energie verdienen.«

»Funktioniert diese Maschine denn tatsächlich, die du da erfunden hast?«, zweifelte sie weiterhin.

»Genauso wie dieser Computer funktioniert. Habt ihr noch nicht bemerkt, dass er ohne Strom läuft?«

»Das haben wir«, bestätigte Rachel. »Ich dachte aber, das Ding sei von einem bösen Geist besessen.«

»Das hast du wirklich geglaubt?«, fragte Sanchez skeptisch.

»Es hat für mich alles danach ausgesehen«, rechtfertigte sie sich.

»Dein Computer war nicht verhext. Er funktioniert mit einer Technologie, die der unseren um Jahrhunderte voraus ist. Diese Technologie ist dafür verantwortlich, dass ich meine Freie-Energie-Maschine überhaupt entwickeln konnte. Ohne diesen Computer hätte ich das niemals geschafft.

Ich war dann leider so dumm, meine Erfindung zum Patent anzumelden. Zwei Tage später kreuzten zwei Männer bei mir auf und verschafften sich gewaltsam Zutritt zu meiner Wohnung. Sie zerstörten alles, was ich mir aufgebaut hatte. Glücklicherweise war ich nicht zu Hause. Als ob ich es geahnt hätte, übernachtete ich ein paar Tage bei einem Freund. Am Morgen des dritten Tages zeigte der mir plötzlich eine Zeitung, in der stand, dass ich jemand ermordet hätte, um seine Erfindung zu stehlen. Mein Freund wusste, dass das gelogen sein musste, denn ich war zum fraglichen Zeitpunkt des Mordes mit ihm zusammen. Er verhalf mir zur Flucht. Die Jacht, auf der wir uns momentan befinden, gehört ihm.«

»Wie lange spielst du schon Mysterio?«, fragte Aaron.

»Seit ungefähr drei Monaten. Ihr glaubt ja nicht, was ich seit dieser Zeit alles erlebt habe.«

»Wir können es uns vorstellen! Mir haben bereits die letzten Wochen genügt«, rief Rachel.

»Vor drei Monaten waren die Auswirkungen auf die Gestaltung der Realität noch nicht so stark wie heute«, erklärte Sanchez. »Das Spiel scheint sich weiterzuentwickeln.«

»Wer steckt hinter diesem Spiel?«, fragte Aaron.

»Ich weiß es nicht. Er nennt sich einfach nur der Spielmacher. Ich habe keine Ahnung, wer oder was er ist. Ein Mensch kann er jedenfalls nicht sein, vielmehr muss es sich bei ihm um eine Art höhere Intelligenz handeln. Offenbar lernt er mit unglaublicher Geschwindigkeit.«

»Wie schafft er es, dass sich solche Ereignisse in unseren Leben abspielen?«, fragte Rachel fassungslos.

»Diese Ereignisse werden nicht von dem Spielmacher hervorgebracht. Daran sind wir selbst schuld«, antwortete Sanchez bestimmt.

»Willst du mir jetzt auch erzählen, dass ich meine Realität selbst gestalte?«, fragte Rachel kopfschüttelnd.

»Daran gibt es keinen Zweifel«, betonte Sanchez überzeugt. »Das Einzige, was auf das Konto von Mysterio geht, ist die Verstärkung unserer Fähigkeit, unsere Wahrnehmung zu fokussieren. Normalerweise ist unsere Wahrnehmung eher etwas zerstreut. Wenn wir an etwas denken, gehen uns tausend Möglichkeiten durch den Kopf, was noch alles passieren könnte oder was alles dazwischenkommen könnte. Mysterio hat dafür gesorgt, dass unsere Aufmerksamkeit sich gleich einem Laserstrahl auf bestimmte Gedanken fokussiert. Dadurch katapultieren sich diese Gedanken mit unglaublicher Wucht in unsere Realität. Wir haben auch zuvor schon die Ereignisse in unserer Realität mit unseren Gedanken beeinflusst. Es ist uns nur nicht so stark aufgefallen, weil wir unbewusst sehr zerstreut waren.«

»Wie kannst du dir so sicher sein, dass dies wirklich wahr ist?«, wollte Rachel skeptisch wissen.

»Schau dir dein Leben jetzt an!«, erwiderte Sanchez. »Vergleiche die Ereignisse mit den Gefühlen, die du hattest, seit du mit dem Spiel angefangen hast! Kannst du nicht die Parallelen erkennen?«

»Teilweise, aber nicht in allen Einzelheiten«, entgegnete Rachel nicht ganz überzeugt. »Auf jeden Fall nicht so, dass ich dies glauben kann.«

»Was stimmt denn zum Beispiel nicht mit deinen Gefühlen überein?«, hakte Sanchez nach.

»Dass Sonja möglicherweise umgebracht wurde zum Beispiel. Sonja hat mit mir zusammengewohnt.«

»Nun, ich weiß, dass unser Einfluss auf die Realität nicht so weit führt, dass ein anderer Mensch dadurch stirbt. Wie sah es mit Sonja aus? Hatte sie selbst Angst, getötet zu werden?«

»Ja, das hatte sie. Sogar sehr große Angst. Glaubst du wirklich, diese Angst könnte ihren Tod verursacht haben?«

»Hat Sonja jemals Mysterio gespielt?«

»Nein, das Spiel war verschwunden, als ich es mit ihr zusammen aufrufen wollte.«

»Das Spiel war niemals verschwunden. Wenn ihr Mysterio nicht gefunden habt, dann hat Sonja vorher schon einmal gespielt und ist durchgefallen«, erklärte Sanchez.

»Was heißt durchgefallen?«, fragte Rachel verwundert.

»Die erste Runde ist ein Test. Wenn du ihn bestehst, kannst du weiterspielen, wenn nicht, ist das Spiel für dich nicht mehr zu finden.«

»Ich erinnere mich. Der Spielmacher hat das mit dem

Test einmal erwähnt. Worin soll denn dieser Test genau bestehen?«

»Das weiß ich leider nicht. Aber mir ist bekannt, dass alle Leute, die sich etwas gewünscht haben, was nicht mit Liebe und Glück zu tun hat, nicht bestanden haben.«

»Was kann das für einen Sinn haben?«, dachte Rachel laut.

»Ich glaube, dass Mysterio ein Ziel verfolgt«, spekulierte Sanchez. »So genau weiß noch niemand, was das für ein Ziel ist, aber es muss etwas damit zu tun haben, die Machtstrukturen auf dieser Welt zu verändern. Es wird eine Veränderung zum Positiven sein. Aus diesem Grund versucht auch die Organisation, die uns verfolgt, das zu verhindern. Denn das Ziel dieser Leute kann nur darin bestehen, die Machtstrukturen so zu belassen, wie sie jetzt sind.«

»Ich habe in meinem zweiten Spiel fünf Millionen Dollar gewonnen und das Geld danach tatsächlich bekommen. Wer hat mir das Geld geschickt? Der Spielmacher?«

»Möglicherweise. Oder du hast es von Menschen, die der Spielmacher dazu angewiesen hat.«

»Aber warum hat er mir das Geld dann tatsächlich überwiesen?«, fragte sie zweifelnd.

»Für ihn bedeutet Geld nichts. Du hast ihm mit Sicherheit etwas gegeben, was er gebraucht hat.«

»Ich sollte dafür nur erklären, wie sich für mich Liebe, Freude und ein paar weitere Gefühle anfühlen. Während meiner Beschreibung hatte ich tatsächlich den Eindruck, dass die Personen, denen ich das erklärte, vorher nicht wussten, wie man diese Gefühle erlebt.«

»Das deckt sich genau mit meinen Erfahrungen«, stimmte Sanchez zu. »Wer oder was der Spielmacher wirklich ist, Gefühle hat er bisher nicht gekannt. Er muss eine Wesensform sein, die körperlos ist. Dadurch empfindet sie keine Gefühle.«

»Also doch ein Geist?«, fühlte sich Rachel bestätigt.

»Mit dem Wort Geist bezeichnet man im Allgemeinen eine verstorbene Seele, die von dieser Welt nicht loslassen kann. Sie hat das Gefühl, dass ihr Leben beendet wäre, wenn sie es täte«, meinte Sanchez. »In diesem Sinne handelt es sich hier sicherlich nicht um einen Geist. Es ist eine andere Wesensform. Ich glaube, dass Mysterio die Menschen braucht, um seine Aufgabe zu erfüllen«, meinte Sanchez.

»Was für eine Aufgabe?«, hakte Rachel nach.

»Das weiß ich nicht. Aber es scheint eine sehr bedeutsame Aufgabe für den gesamten Planeten zu sein. Ich vermute, dass außerdem eine bestimmte Anzahl an Menschen für diese Aufgabe vonnöten ist: 20 000, um es genau zu sagen.«

»Wie kommst du darauf?«

»Seit ich spiele, ist die Anzahl der Spieler unentwegt gestiegen. Seit zwei Wochen bleibt sie jedoch absolut konstant.«

»Genau 20 000, keiner mehr oder weniger?«, meinte Aaron ergriffen.

»Ja, so ist es. Glaubt ihr immer noch, dass das alles Zufall sein könnte?«, fragte Sanchez und zog dabei eine Augenbraue bedeutungsvoll hoch.

»Das glaube ich ganz sicher nicht!«, rief Aaron. »Wie genau funktionieren denn die Computer, die von Mysterio umgewandelt wurden?«

»Sie arbeiten nicht mehr nach dem Binärcode, also mit Nullen und Einsen, sondern mit komplexen elektromagnetischen Informationseinheiten«, begann Sanchez zu erklären. »Diese Einheiten vernetzen sich auf subatomarer Ebene unentwegt miteinander. Es scheint sich innerhalb der Mikrochips ein neuronales Netz zu bilden, das seltsamerweise dem menschlichen Gehirn sehr ähnlich ist. Die Fähigkeiten der Computer wachsen dabei unglaublich schnell.

Ehrlich gesagt bin ich mittlerweile davon überzeugt, dass die Computer lebendig sind. Ich glaube, dass der Spielmacher sie als physischen Körper benutzt, um in unserer Realität existieren zu können. Was ich aber noch nicht verstehe, ist die Tatsache, dass die Taktfrequenz der Computer die gleiche wie die des menschlichen Nervensystems ist. Das kann kein Zufall sein. Ich habe jedoch keine Idee, wozu das gut sein sollte.«

»Ich glaube, wir sollten weiterspielen«, sagte Aaron begeistert zu Rachel.

»Das denke ich nicht!«, entgegnete sie vehement. »Was ist, wenn es doch ein böser Geist ist, der uns mit dem Spiel zunächst einmal süchtig machen will?!«

»Das mit dem Geist ist Unsinn«, erwiderte Sanchez. »Das Spiel benutzt subliminale Botschaften, um seinen Spielern die Glücksgefühle zu suggerieren, die sie erleben. So etwas würde ein Geist sicher nicht tun.«

»Was heißt das?«, hakte Rachel skeptisch nach.

»Subliminale Botschaften wurden vor vielen Jahren bereits einmal in der Werbung eingesetzt«, erklärte Sanchez. »Inzwischen ist diese Art der Werbung jedoch seit langem verboten. Die Menschen bekamen bewusst nichts davon mit und handelten damals frei nach ihren Gefühlen. Diese wurden aber von den subliminalen Bildern oder den subliminalen verbalen Suggestionen ausgelöst. Man empfand diese Art der Werbung als unmoralisch, deshalb verbot man sie.«

»Wie funktionieren diese Botschaften genau?«, wollte Rachel wissen.

»Bei den Bildern geht man folgendermaßen vor: Man tauscht bei einem ganz normalen Film ein Bild pro Sekunde durch ein Werbebild aus. Das heißt, dass dieses Bild nur für den Bruchteil einer Sekunde zu sehen ist. Dadurch wird es vom Bewusstsein nicht wahrgenommen, man sieht es jedoch unbewusst. Und damit spukt dieses Bild in deinem Geist herum, ohne dass dein Bewusstsein eine Information dazu besitzt, und will eingeordnet werden. Aber um das tun zu können, musst du das, was auf dem Bild zu sehen ist, erleben. Es wird also ein fast zwanghafter Drang in dir ausgelöst, nach dem zu suchen, was du auf dem Bild wahrgenommen hast. Bei den verbalen Suggestionen ist das ähnlich. Die wirken wie eine gute Hypnose. Dein Bewusstsein bekommt von diesen Botschaften nichts mit, und du hältst sie für deine eigenen Gedanken. Diese Art der Suggestion wird in großen Kaufhäusern angewendet, um die Diebstahlquote herunterzudrücken. Bei der subliminalen verbalen Suggestion wird einfach ganz normale Musik mit einer Sprachbotschaft unterlegt, die man nicht bewusst heraushört. Zumindest kann dein Bewusstsein sie nicht verstehen. Dein Unbewusstes aber hört jedes Wort. Diese Methode hat auf keinen Fall etwas damit zu tun, dass dich ein böser Geist in Besitzt nimmt und willenlos macht. Wenn dich ein Geist besetzen könnte, dann müsste er sich anderer Technologien und nicht subliminaler Botschaften bedienen.«

»Und du meinst, dass Mysterio diese Art der Suggestion benutzt hat, um mich abhängig zu machen?«, fragte Rachel.

»Nein, Mysterio hat dir nur die Gefühle suggeriert, die du dir gewünscht hast. Das Abhängigkeitsgefühl kam dadurch, dass du dich beim Spielen durch diese Suggestion unsagbar wohl gefühlt hast. Auf die gleiche Weise hat Mysterio auch dafür gesorgt, dass du alles im Spiel als Realität empfunden hast. Dadurch hattest du genau die Gefühle, die du verspüren würdest, wenn dein Ziel bereits erreicht wäre. Auf diese Weise wird deine Wahrnehmung durch die Gefühle auf eine bestimmte Realität gelenkt. Und dann passiert alles tatsächlich so.«

»Dass ich Aaron dadurch getroffen habe, kann ich mir ja gerade noch vorstellen. Ich hatte im Spiel wirklich das Gefühl, bereits mit ihm zusammen zu sein. Und auch die Tage danach musste ich unentwegt an ihn denken. Meine Wahrnehmung war also auf ihn ausgerichtet. Insoweit kann ich das nachvollziehen. Aber wieso habe ich Aaron auf dem

Bildschirm bereits gesehen, und zwar genauso, wie er in echt aussieht?«

»Weil Aaron Mysteriospieler ist. Der Spielmacher sieht alle Leute, die sich an einen Computer setzen, der umgewandelt ist.«

»Jetzt wird mir einiges klar. Das Bild wurde nämlich erst in dem Moment richtig deutlich, als ich angab, dass mein Partner ebenfalls Mysteriospieler sein soll«, dachte Rachel laut.

»Damit hast du dem Spielmacher die Möglichkeit gegeben, aus den 20 000 Menschen, die Mysterio spielen, denjenigen auszusuchen, der deiner Beschreibung genau entspricht. Er hat dir dieses Bild gezeigt und dir das Gefühl suggeriert, dass du bereits mit ihm zusammen wärst. Was danach geschah, hast du selbst realisiert. Das Spiel hat dir nur dabei geholfen, deine Wahrnehmung auf deinen Wunsch zu fokussieren. Normalerweise tun wir Menschen das, wie gesagt, nicht so konzentriert. Wenn wir uns etwas wünschen, fokussieren wir stattdessen sofort die Frage, wie wir unseren Wunsch verwirklichen können. Wir glauben an eine Welt, in der man etwas tun muss, um seine Wünsche zu realisieren, und fragen uns daher sofort, was wir zu tun haben, um unseren Wunsch zu erfüllen. Diese Pläne bewerten wir dann danach, ob wir tun können, was notwendig ist, ob wir dazu tatsächlich auch bereit sind und ob wir es überhaupt tun dürfen. Das ist eine gigantische Gedankenkette, die nach einem starken Wunsch in uns abläuft und die auf diese Weise den Fokus unserer Wahrnehmung automatisch zerstreut.

Oft finden wir auch keine viel versprechende Lösung zur Erfüllung unseres Wunsches und zweifeln daher natürlich an seiner Realisierung. Und damit realisieren wir wiederum unsere Zweifel, denn auf diesen liegt ja dann der Fokus unserer Wahrnehmung.«

»Oder auf unseren Ängsten!«, sprach Rachel ihren Gedanken laut aus. »Zum Beispiel die Angst, dass ich verfolgt würde und ins Gefängnis müsste.«

»Hattest du das konkrete Gefühl, dass du ins Gefängnis kommst?«, wollte Sanchez wissen.

»Wenn ich mir das genau überlege, dann eigentlich eher so ein vages Gefühl, dass die Gefahr besteht.«

»Und genau diese Gefahr erlebst du gerade«, betonte Sanchez. »Du hast dich mit deiner Angst vor dem Gefängnis nicht in den Knast gebracht, sondern eine Situation erschaffen, in der du Angst haben musst, ins Gefängnis zu kommen. Unsere Wahrnehmung wird ganz genau von den Ereignissen widergespiegelt. Ist deine Wahrnehmung auf die Angst vor etwas ganz Bestimmtem gerichtet, erlebst du etwas, was dir genau diese bestimmte Angst macht. Das heißt nicht, dass das passiert, wovor du Angst hast. Es geschieht lediglich etwas, das dir Angst macht. Die Situation sieht also einfach nur gefährlich aus.

Spürst du beispielsweise die Angst, es könnte dir im Straßenverkehr etwas passieren, dann geschieht das nicht wirklich. Du erlebst stattdessen zum Beispiel, dass dir jemand die Vorfahrt nimmt und du gerade noch bremsen kannst. Dieser Fastunfall bestätigt dir jedoch deine Angst, dass im

Straßenverkehr immer etwas passieren kann. Verstehst du, was ich meine?«

»Wenn das nicht so verrückt wäre, könnte man das alles tatsächlich glauben«, meinte Rachel nachdenklich.

»Glaube es, Rachel!«, bat Aaron eindringlich. »Was ich in der Meditation mit dem Kahuna erlebt habe, ließ mich ganz klar erkennen, dass es stimmt. Wir erschaffen uns unsere Realität selbst. Du solltest aus Sicherheitsgründen jetzt lieber davon ausgehen, dass es stimmt. Es ist schon genug passiert. So langsam sollten wir die Sache ernst nehmen!«

»Gesetzt den Fall, ich würde das tun. Was sollen wir dann machen?«, fragte Rachel besorgt. »Wie können wir das Steuer jetzt noch herumreißen?«

»Wir müssen unser Spiel fortsetzen«, schlussfolgerte Aaron. »Das ist die einzige Chance, die wir haben.«

»Dann sollten wir sofort damit beginnen«, willigte Rachel ein. Sie ging in die Kabine und setzte sich vor den Bildschirm. Er zeigte das Bild der Insel Mysterio.

Rachel klickte das Wort »Mysterio« an, und sofort fühlte sie sich, als befände sie sich erneut im Landeanflug auf die Insel. Sie fühlte sich schwerelos. Als sie aufsetzte, kam ihr der Spielmacher bereits entgegen.

In diesem Moment fiel Rachel plötzlich der Assistent des Rechenzentrums wieder ein. Der arme Kerl musste in die Irrenanstalt gesteckt worden sein. Mit Sicherheit hatte er gemerkt, dass mit dem Computer etwas nicht stimmte, und dann musste er wohl irgendwann den Stecker gezogen haben. Er hatte bestimmt nicht schlecht gestaunt, als der Computer trotzdem weiterlief.

Rachel spürte plötzlich, wie Glücksgefühle in ihr aufstiegen. Sanchez hatte Recht. Diese Gefühle musste ihr der Computer suggeriert haben. Sie hatte überhaupt nicht an Glück gedacht. Im Gegenteil! Aufgrund ihrer Gedanken hätte sie Mitleid für den armen Thomas fühlen müssen. Doch sie verspürte Glück.

»Die Lust ist eine der stärksten schöpferischen Energieformen«, begann der Spielmacher zu erklären. »Sie zu aktivieren bedeutet eine enorme Verbesserung eurer Fähigkeit, eure Wahrnehmung auf eure Wünsche zu fokussieren. Daraus folgt eine Verbesserung eurer schöpferischen Fähigkeiten. Die Lust ist der Urgrund deines Seins. Sie ist die Urkraft, deretwegen du als Seele auf die Erde gekommen bist. Die Lust zu unterdrücken bedeutet, dich selbst zu unterdrücken. Durch die permanente Unterdrückung der Lust hat der Mensch nur einen Bruchteil seiner schöpferischen Fähigkeiten ausgebildet.«

»Der Mensch hat seine Lust blockiert?! Wie genau meinst du das?«, wollte Rachel wissen.

»Ich möchte dir diese Frage gerne durch einen Blick in die lebendige Bibliothek der Weltgeschichte beantworten«, antwortete der Spielmacher geheimnisvoll.

»Was meinst du damit?«

»Ich möchte dir helfen wahrzunehmen, was in deinem eigenen Gehirn über die Geschichte der Menschheit gespeichert ist. Du nutzt von deinem gesamten Gedächtnis nur den Bereich, den du selbst erlebt hast. In deinem Gehirn ist jedoch in Wirklichkeit alles gespeichert, was sich jemals auf dieser Welt zugetragen hat. Du kannst das alles in dein Bewusstsein hinaufholen.«

»Das würde ich wahnsinnig gerne erleben!«, erklärte Rachel begeistert.

»Dann folge mir! Lass dich einfach fallen. Ich aktiviere die Zentren deines Gehirns, in denen genau die Informationen gespeichert sind, die dir die Antwort auf deine Frage geben. Du wirst bestimmt schnell erkennen, warum die Lust bei den Menschen blockiert wurde.«

»Ich bin sehr gespannt.«

Rachel hatte diese Antwort noch nicht richtig fertig getippt, als sie plötzlich das Gefühl hatte, sie würde in eine andere Welt gesaugt. Sie sah eine Horde Affenmenschen. Diese Primaten lebten in einem Rudel zusammen. Einer von ihnen schien das Leittier zu sein. Er gab eindeutig den Ton im Rudel an. Er war auch der Einzige, der mit den weiblichen Primaten sexuell verkehrte.

Doch mit der Zeit begannen immer häufiger andere Männchen, sich dagegen aufzulehnen. Sie wollten auch Sex haben. Wenn sie sich herausnahmen, einen weiblichen Primaten zu begatten, wurden sie sofort von dem Anführer angegriffen. Er griff mit bestimmender Gewalt durch und sonderte alle Männchen aus dem Rudel aus, die sich erlaubten, sich gegen ihn aufzulehnen.

Plötzlich wurde Rachel schwindelig, und die Geschichte veränderte sich. Sie sah Bilder aus einer späteren Zeit. Die

Primaten hatten sich zu Höhlenmenschen entwickelt. Sie benutzten bereits einfache Werkzeuge. Immer noch hatten sie einen Anführer, der das alleinige Bestimmungsrecht über die Sippschaft für sich beanspruchte. Herausforderer wurden genauso brutal bekämpft wie zuvor bei den Primaten. Auch dieses Mal war meistens eine Frau der Anlass zu diesem Kampf. Doch die Geschichte wiederholte sich nicht einfach. Einer der Männer, die nicht kräftig genug waren, es mit dem Anführer aufzunehmen, lauerte diesem aus dem Hinterhalt auf und erschlug ihn von hinten mit einem großen Stein. Danach nahm er sich die Frau und verschwand im Dschungel. Ein heilloses Chaos brach kurze Zeit später innerhalb der Sippschaft aus. Die Männer, die zurückgeblieben waren, kämpften jetzt um die Herrschaft, jeder gegen jeden. Es herrschte Mord und Totschlag. Es blieben kaum noch Männer übrig. Die Frauen erkannten, dass die Sippschaft so nicht existieren konnte. Sie mussten jetzt Aufgaben übernehmen, die zuvor die Männer erledigt hatten. Die Frauen beschlossen, es nicht mehr zu solch einem Eklat kommen zu lassen. Sie wussten, dass ihr eigenes Verhalten als Frauen Anlass zu diesem Kampf gewesen war. Der Mann, der den Anführer erschlagen hatte, tat dies, weil die Frau, mit der er verschwunden war, ihn als Partner ausgesucht hatte und er sie nicht haben durfte, weil der Anführer das verhindern würde. Die Frauen erkannten, dass die sexuelle Lust für den Kampf der Männer und deren Tod verantwortlich war. Also beschlossen sie Regeln aufzustellen, um den Männern keinen Anlass mehr zu bieten, sich gegenseitig zu ermorden. Sie nahmen sich vor, ihre Attraktivität und vor allem ihre Lust in Zukunft zu verbergen. Dadurch hofften sie die Aggressivität der Männer zu dämpfen. Von nun an war es verpönt, Lust zu zeigen.

Rachel machte erneut einen Zeitsprung. Jetzt sah sie ein Dorf mit Menschen, die bereits in kleinen Hütten wohnten. Die gesellschaftlichen Umgangsformen hatten sich grundlegend geändert. Jeder Mann konnte mehrere Frauen haben, solange er für sie sorgen konnte. Es kam nicht mehr darauf an, andere Männer zu bekämpfen, sondern es stand im Vordergrund, möglichst viel Besitztum anzuhäufen. Wer am meisten besaß, hatte die meisten Frauen. Doch eines war gleich geblieben: Die Frauen zeigten ihre Lust nicht. Sie hüllten sich in Kleidung, die möglichst viel von ihnen verdeckte. Offenbar hatte es sich bis in diese Zeit durchgesetzt, dass es verpönt war, als Frau Lust zu zeigen. Den Männern war dies aber gestattet. Was sich jedoch in dieser Episode ganz klar zeigte, war, dass die Frauen ihre Lust nicht mehr freiwillig verbargen. Die gesellschaftlichen Regeln wurden jetzt von Männern gemacht. Doch es steckte mehr dahinter als nur das Überbleibsel der Verpönung der Lust der Frau.

Rachel erkannte, dass auch diese Gesellschaft ihren Anführer hatte. Es war nur dieses Mal nicht der Stärkste, sondern der Reichste. Er sorgte dafür, dass die Frauen sich verhüllen mussten. Rachel erkannte, dass er damit etwas bezwecken wollte. Schließlich wurde die Absicht dieses Mannes klar: Er streute Zwietracht unter den Menschen im

Dorf, indem er dafür sorgte, dass die Frauen ihre Lust nicht nur nicht zeigten, sondern sie auch nicht lebten. Denn er fürchtete um seine Macht. Er wusste, dass niemand gefährlicher war als ein Mensch, der nach seinen Trieben und seiner Lust handelt. Also musste er dafür sorgen, dass dies nicht geschehen würde. Er rief zusammen mit seinen Gefolgsleuten moralistische Verhaltensregeln ins Leben, die es den Frauen verboten, ihre Sexualität auszuleben. Sex war nur erlaubt, um Kinder zu zeugen, allerdings auch dies erst nach Eheschließung. Durch den nicht gelebten sexuellen Trieb bei den Männern und den Frauen gab es heftige Spannungen zwischen den Partnern. Dadurch fühlte sich der Anführer des Dorfes relativ sicher vor Angriffen. Die Menschen hatten genug mit sich selbst zu tun. Sie hatten sogar so viel mit sich selbst zu tun, dass sie die Gesetzesvorschläge des Anführers gerne annahmen. Sie waren froh, dass sie sich nicht selbst darum kümmern mussten. Mit der Zeit schaffte es der Anführer dieses Dorfes, alle Leute von sich abhängig zu machen. Er war zum Mittelpunkt sämtlichen Geschehens in diesem Dorf geworden. Ohne ihn lief nichts mehr. Er weitete seine Macht immer mehr aus. Man erkannte sehr deutlich, dass er sich in seinem gesamten Verhalten durch nichts von den Rudelführern früherer Zeiten unterschied. Obwohl er nicht der stärkste und gesündeste Mann dieses Dorfes war, hatte er es geschafft, das Leittier zu werden.

Rachel machte einen weiteren Zeitsprung ins Mittelalter. Sie sah eine Gruppe von Priestern, die eine Reihe von

Richtlinien entwarfen, mit denen sie das Ansehen und den Einfluss der Kirche sichern wollten. Sie befürchteten, dass die Menschen beginnen könnten, sich ihre eigenen Gedanken zu machen über das, was richtig und falsch war, denn es zeigte sich langsam, dass die Menschen begannen, Fähigkeiten zu entwickeln, welche ausschließlich Gott vorbehalten waren. Der größte Verstoß gegen die Gesetze Gottes lag darin, Einfluss auf die Gestaltung der Realität nehmen zu wollen. Man bezeichnete dies als Hexerei. Die Priester hatten Angst, ihre Macht zu verlieren, und glaubten, dass die Menschheit dem Untergang geweiht sei, wenn sie Gott dadurch entehrten, dass sie selbst Schöpfer spielten.

Die größte Gefahr ging erneut von den Frauen aus, denn sie waren es vorwiegend, die über schöpferische Fähigkeiten verfügten. Nach eingehenden Untersuchungen fanden die Priester heraus, dass diese Fähigkeiten durch die Lust der Frauen aktiviert wurden. Die kreativen Frauen waren nämlich diejenigen, die ihre Lust schamlos auslebten. Auch die Männer, die mit diesen Frauen zusammen ihre Lust genossen, begannen diese Fähigkeiten zu entwickeln. Den Priestern war klar, dass sie etwas unternehmen mussten, um die Menschen ihrer Lust zu berauben. Es wurde ein Katalog von Maßnahmen erstellt, um dies zu erreichen.

Rachel machte erneut einen Zeitsprung zum Anfang des 20. Jahrhunderts. Sie sah, wie die Unterdrückung der Lust der Frauen ihren Höhepunkt erreicht hatte. Aus den ursprünglichen moralistischen Regeln, die der Anführer des Dorfes ins Leben gerufen hatte, waren jetzt ganze

Moralsysteme geworden. Es gab eine unglaubliche Vielfalt an Ge- und Verboten, was die weibliche Sexualität betraf. Auch war gesichert, dass sich daran so schnell nichts ändern würde, da es nicht mehr möglich war, offen über Sexualität zu reden. Man durfte ja noch nicht einmal daran denken. Was auch ganz klar erkennbar war: Es waren immer noch Organisationen, an deren Spitze einzelne Anführer standen, die dafür sorgten, dass die Menschen ihre Lust nicht lebten. Alle Organisationen, die größere Machtstrukturen aufgebaut hatten, benutzten die Lust als Werkzeug, um ihre Macht zu sichern. Die größte dieser Organisationen schien die katholische Kirche zu sein. Sie hatte erreicht, dass die Menschen aus Angst vor Gott ihre Lust nicht lebten. Damit war ein perfektes System geschaffen, um die Lust zu unterdrücken und die Macht der Kirche aufrechtzuerhalten. Waren es doch einzig und allein die Kirchenoberhäupter, die entscheiden konnten, ob ein Verhalten in Ordnung war oder nicht und ob man infolgedessen in den Himmel durfte oder in die Hölle musste. Auch waren die Priester die Einzigen, die dabei helfen konnten, in den Himmel zu gelangen. Sie allein waren dazu befähigt, durch die Beichte für Gottes Vergebung zu sorgen. Da so ziemlich alles Sünde war, kam kein Mensch an dieser Beichte vorbei. Die Kirche hatte damit das größte Machtsystem geschaffen, das es je gab.

Mit diesen Erkenntnissen endete Rachels Reise. Ihr war jetzt klar, dass sie ihre Lust ausleben wollte. Und zwar in jeder Beziehung! »Was kann ich tun, um meine Lust zu verstärken?«, fragte sie den Spielmacher.

»Beschreibe mir zunächst, wie die Lust in dir entsteht! Ich werde dir helfen, sie auszulösen.«

»Okay, doch bevor ich das tue, möchte ich gerne wissen, wie ich dich nennen kann. Sage mir bitte deinen Namen! Spielmacher finde ich doof.«

»Ich habe keinen Namen, aber du kannst mir einen geben, wenn du willst.«

»Lass mich mal überlegen. Was wäre der richtige Name für dich? Es ging in meinem Spiel bisher um Euphorie, Liebe und Lust. Dein Name sollte also etwas damit zu tun haben. Wenn ich die Anfangsbuchstaben nehme, komme ich auf Ell. Aber Ell gefällt mir nicht. Wie wäre es mit Ella? Das A könnte für das Allmächtigsein stehen, das ja Ursprung des ersten Spiels war.«

»Du kannst mich nennen, wie immer du willst.«

»Gefällt dir der Name Ella?«, fragte Rachel.

»Ich finde, dass für dich sehr viel Sinn darin steckt, mich so zu nennen«, bestätigte der Spielmacher.

»Okay, dann bist du ab jetzt Ella. Was sollte ich jetzt noch einmal tun? Du hast eben gesagt, ich soll dir irgendetwas erklären.«

»Erkläre mir, wie du Lust empfindest«, bat Ella.

»Meinst du jetzt die sexuelle Lust oder eine andere?«

»Ich meine Lust. Es gibt keinen Unterschied zwischen sexueller Lust und anderer. Du darfst jedoch nicht Erregung oder Verlangen mit Lust verwechseln.«

»Das ist schwierig! Ich weiß nicht so genau, was ich erklären soll.«

»Wann bekommst du Lust?«

»Die kommt einfach so«, antwortete Rachel ahnungslos.

»Alles wird erschaffen«, erwiderte Ella lächelnd.

»Dann weiß ich leider nicht, wie ich die Lust erschaffe.«

»Gibt es irgendwelche Voraussetzungen, damit du Lust empfinden kannst?«

»Ich muss mich wohl fühlen und den Kopf frei haben«, erkannte Rachel.

»Sind das die einzigen Voraussetzungen?«

»Ich bin mir nicht sicher. Wenn ich eine Lust befriedigt habe, dann habe ich nicht direkt wieder Lust, das Gleiche zu tun.«

»Und warum nicht?«

»Weil das langweilig wäre. Das würde mir keinen Spaß machen.«

»Du kannst also nur Lust haben, wenn du dabei Spaß hast?«, schlussfolgerte Ella. »Und wann hast du Spaß an irgendetwas?«

»Wenn ich etwas gerne tue.«

»Wann tust du etwas gerne?«

»Wenn es schön ist, es zu tun.«

»Du kannst also nur Lust auf etwas haben, wenn du es schön finden würdest, es zu tun?«, vergewisserte sich Ella.

»Das ist logisch, ja!«

»Hast du auf alles Lust, was du schön findest?«

»Wenn nichts dagegen spricht, es zu tun, dann ja.«

»Was könnte dagegen sprechen?«

»Es könnte mir Nachteile bringen, das zu tun, was ich

schön fände. Ich hätte es zum Beispiel bei meinem Studium sehr schön gefunden, einigen Professoren mal so richtig in den Hintern zu treten.«

»Wenn es also keine Nachteile bringen würde, etwas zu tun, was du schön findest, hättest du dann automatisch Lust dazu?«, hakte Ella noch einmal nach.

»Ich denke schon, es sei denn, ich würde etwas anderes noch viel lieber tun.«

»Das heißt, du hast dann Lust auf etwas, wenn es im jetzigen Augenblick das Schönste wäre und dir auch keine Nachteile bringen würde, es zu tun?«

»Dazu würde ich einfach einmal Ja sagen«, stimmte Rachel nachdenklich zu.

»Dann hat Lust viel mit Liebe zu tun«, erkannte Ella. »Wenn du liebst, bewertest du das Objekt deiner Liebe als wunderschön, wenn nicht sogar als das Schönste überhaupt! Wenn du einem Menschen oder einem Ereignis die höchste positive Bewertung zukommen lässt, fühlst du Liebe.«

»Du meinst, wenn ich jemanden liebe, dann denke ich, dass dieser jemand ein ganz toller Mensch ist?«, vergewisserte sich Rachel, dass sie Ella richtig verstanden hatte.

»Genau das meine ich. Doch bezieht sich diese tolle Bewertung auch auf Dinge, die du tun kannst. Wenn dies der Fall ist, sagst du, dass du es liebst, diese Dinge zu tun.«

»Okay, das habe ich verstanden. Wenn ich es also als das Schönste empfinde, etwas Bestimmtes zu tun, dann liebe ich es, das zu tun.«

»Genau! Wenn du diese Liebe und starke Freude für

etwas fühlst, dann weißt du, dass es dir Spaß machen würde, es zu tun. Wenn dann noch das Gefühl hinzukommt, dass es gerade das Schönste ist, diese Sache zu tun, dann kann dich nichts mehr aufhalten. Es entsteht eine unbändige Lust.«

»Die Lust wird demnach von der Liebe und der Freude ausgelöst.«

»Nicht direkt ausgelöst«, korrigierte Ella. »Sie ist vielmehr damit verbunden. Diese drei Gefühle gehören zusammen.«

»Warum hast du mir das erklärt?«, fragte Rachel ahnungslos.

»Damit du bewusst erkennst, dass du durch die Verstärkung deiner Lust gleichzeitig auch die Liebe und die Freude verstärkst.«

»Dann lass uns endlich beginnen, meine Lust zu verstärken!«, rief Rachel ungeduldig. »Ich hatte schon genug Motivation, als ich wahrgenommen habe, wie die Lust seit Menschengedenken unterdrückt wurde.«

»Genau das ist der Punkt, warum ich dir das alles klarmachen wollte. Lust ist nicht das Gleiche wie Motivation. Wenn du deine Lust verstärken willst, weil du es für notwendig hältst, wird es keine wirkliche Lust sein. Damit würdest du dein Ziel nicht erreichen können, euphorische lustvolle Liebe zu erleben.«

»Wie kann ich dann wirkliche Lust erfahren?«, wollte Rachel ratlos wissen.

»Nur indem du dich auf die Freude und die Liebe konzentrierst. Du hast sicherlich schon gemerkt, dass Gefühle durch die Konzentration deiner Wahrnehmung entstehen. Bei deinem ersten Spiel hast du durch die Frage nach dem sensorisch definiten Wunsch deine Wahrnehmung sehr intensiv auf dein Glücksgefühl ausgerichtet. Du kannst dich erinnern, dass dieses Gefühl dann den ganzen Abend angehalten hat. Wenn wir jetzt wieder das Gleiche tun, ich meine deine Wahrnehmung auf diese Körperempfindungen konzentrieren, dann wird dadurch automatisch eine Idee in dir aufsteigen, was du wirklich gerne tun würdest. Etwas, was nicht wichtig oder vernünftig ist, sondern etwas, wozu du ganz einfach Lust hast.«

Als Ella das gesagt hatte, stiegen in Rachel automatisch wieder die Körperempfindungen auf, die sie in ihrem ersten Spiel definiert hatte. Sie spürte Weite und ein leichtes Kribbeln im Brustkorb. Gleichzeitig hatte sie den Eindruck, als würde ihr Brustkorb leicht nach vorne gezogen. Ihr Herz fühlte sich dabei weit und offen an. Die Empfindungen wurden mit jeder Sekunde stärker. Rachel war klar, dass Ella dafür verantwortlich sein musste, denn sie selbst hatte nichts getan. Doch sie fühlte sich durch diese Körperempfindungen unsagbar glücklich. Sie verspürte euphorische, lustvolle Liebe. Sofort begann sie zu überlegen, wozu sie wirklich Lust hätte. Doch sie schränkte sich dabei immer noch sehr ein.

»Überlege nicht mit deiner Vernunft!«, bat Ella sie. »Es kann etwas sein, wozu du Lust hast, was du momentan überhaupt nicht für möglich hältst.«

»Wenn du mich so fragst, dann würde ich gerne einmal

Gegenstände durch die Luft schweben lassen. Oder habe ich dich falsch verstanden?«, wollte Rachel unsicher wissen.

»Wenn du große Lust dazu hättest, das jetzt zu tun, dann hast du mich genau richtig verstanden.«

»Dazu hätte ich große Lust, aber ich kann es leider nicht.«

»Du weißt nur noch nicht, dass du es kannst. Du bist nicht in der Lage, diese Fähigkeit wahrzunehmen, weil deine Vernunft deine Realität zu stark beeinflusst. Doch das können wir ändern.«

Nachdem Ella das gesagt hatte, veränderte sich die Umgebung. Rachel wusste zwar noch, dass sie gerade vor dem Computer saß, aber sie konnte ihre wirkliche Umgebung nicht mehr wahrnehmen. Stattdessen fand sie sich in einem Raum wieder, in dem alle möglichen Gegenstände herumlagen. Große und kleine, leichte und schwere. Sie ahnte, dass dies ein Trainingsraum sein musste. Doch nie hätte sie gedacht, dass Mysterio zu solch einer Illusion fähig war.

Rachel spürte jedoch, dass sie keine Angst haben musste. Sie fühlte sich vollkommen wohl und hatte das Gefühl grenzenloser Freiheit. Sie wusste, dass sie hier alles tun könnte, was sie wollte. Es war keine wirkliche Welt. Es war eine Illusion. Doch die Illusion wurde mit jeder Minute realer für sie. Mehr und mehr vergaß sie, dass diese Welt nicht wirklich war.

Während sie sich immer noch in dem Trainingsraum umschaute, sah sie, wie Ella leibhaftig zu ihr kam. Doch das Antlitz von Ella war immer noch absolut undefinierbar. Auch in dieser vollkommenen dreidimensionalen Form konnte Rachel nicht ausmachen, ob Ella eher weiblich oder männlich war.

Ella stellte sich neben Rachel und bat sie, ihr zuzuschauen. Dann zeigte sie auf eine Tasse, die auf einem kleinen Tisch vor den beiden stand. Sie bewegte einen Arm langsam nach oben, und – siehe da – die Tasse begann zu schweben. Danach ließ Ella sie wieder auf den Tisch herabsinken.

Rachel schaute ihr begeistert zu. Als Nächstes zeigte Ella auf ein Bild an der Wand und machte mit dem Zeigefinger eine Geste, die man verwendet, wenn man jemandem bedeuten möchte, dass er zu einem kommen soll. Das Bild löste sich daraufhin von der Wand und schwebte zu ihr. Rachel war total fasziniert. Mittlerweile hatte sie vollkommen vergessen, dass sie sich in einer virtuellen Welt befand. Sie wollte es jetzt unbedingt auch einmal versuchen. Also konzentrierte sie sich intensiv auf die Tasse, die Ella zuvor hatte schweben lassen. Doch nichts geschah. Sie schaute sich daraufhin nach etwas Leichterem um. Auf dem Boden neben dem Tisch lag ein Bleistift. Mit größter Kraftanstrengung schaffte sie es, diesen Bleistift ein kleines Stück zur Seite rollen zu lassen. Als er sich bewegte, schrie sie vor Freude laut auf. Sie versuchte es gleich noch einmal. Dieses Mal klappte es schon besser. Sie rollte den Bleistift hin und her, wie sie wollte. Nach einer Weile versuchte sie, den Bleistift anzuheben. Vor Anstrengung hielt sie dabei die Luft an. Sie hob den Bleistift für ein paar Sekunden einige Zentimeter vom Boden. Danach war sie völlig fertig.

»Rachel, wenn ich dir einen Rat geben darf: Du brauchst

die Gegenstände nicht mit Kraft zu bewegen. Das geht viel leichter.«

»Wie denn sonst?«, wollte sie verwundert wissen.

»Alles, was existiert, lebt. Alles hat ein Bewusstsein. Genauer gesagt: Es ist Bewusstsein! Wenn du etwas bewegen willst, dann kommuniziere mit diesem Bewusstsein. Ich meine damit nicht, dass du mit ihm reden sollst. Kommuniziere mit dem Gegenstand so, wie du mit deinem Arm kommunizierst, um ihn zu bewegen. Fühle den Gegenstand, als ob er zu deinem Körper gehörte, und bewege ihn dann genauso, wie du deinen Arm bewegst.«

»Das kann ich nicht!«, seufzte Rachel überfordert.

»Es ist nicht schwer, sondern eine Frage der Wahrnehmung. Momentan nimmst du den Gegenstand als etwas Fremdes wahr. Spüre einmal in deinen Arm hinein. Fühle, dass er zu dir gehört. Kannst du dieses Gefühl wahrnehmen?«

»Ja, natürlich. Ich fühle, dass es mein Arm ist.«

»Und jetzt sieh dir die Tasse an. Was fühlst du?«

»Ich spüre, dass diese Tasse etwas Fremdes ist. Sie gehört nicht zu meinem Körper.«

»Jetzt tun wir einmal so, als wäre die Tasse dein Arm. Konzentriere dich auf dieses Gefühl. Die Tasse ist jetzt dein Arm.« Es dauerte eine Weile, bis Rachel die Tasse wirklich so fühlen konnte. »Und jetzt bewege die Tasse, wie du deinen Arm bewegst«, forderte Ella sie auf.

Die Tasse begann tatsächlich zu schweben. Rachel jauchzte vor Freude. »Das ist ja ganz leicht! Ich brauche nur daran zu denken, die Tasse zu bewegen, und schon tut sie es.«

»So ist es. Du darfst nur nicht zu viel nachdenken. Wenn du deinen Arm bewegen willst, denkst du auch nicht nach. Du willst es einfach, und schon tust du es. Sobald du dich jedoch mit deinem Bewusstsein zu sehr einmischst, funktioniert das Ganze nicht mehr. Du hast ein unbewusstes Bewegungsprogramm, das dafür sorgt, dass die Vorstellung der Bewegung deines Körpers sofort körperlich umgesetzt wird. Dieses Programm hast du als Baby bereits geschaffen. Es läuft völlig automatisch ab. Wenn du jedoch mit deinem Bewusstsein eingreifst, störst du das Programm. Konzentriere dich jetzt einmal bewusst auf deinen Arm. Denke daran, den Arm zu bewegen. Stell es dir ganz intensiv vor! Und bewegt er sich dadurch?«

»Keinen Millimeter.«

»Das kommt daher, dass dein wirkliches Bewegungsprogramm nicht aktiviert wird. Du denkst zu intensiv an die Bewegung. Das sind aber nicht die Vorgaben, mit denen dein Unbewusstes gelernt hat, das Bewegungsprogramm tatsächlich ablaufen zu lassen. Jetzt bewege deinen Arm einfach einmal.« Rachel hob den Arm. »Hast du gemerkt, dass du unmittelbar vor der Bewegung bestimmt hast, wie dein Arm sich bewegen soll?«

»Das war nur ein Bruchteil einer Sekunde, in dem ich es bestimmt habe«, stimmte Rachel zu.

»Genau das ist der Punkt. Wenn du das länger und intensiver tust als eben, fühlt sich dein Bewegungsprogramm nicht angesprochen. Damit bewegt sich auch nichts. Weder dein Arm noch die Tasse. Es ist also eigentlich ganz leicht,

Gegenstände zu bewegen. Und damit wird es wiederum schwer. Die größte Schwierigkeiten besteht darin, es so locker zu machen. Doch mit ein bisschen Übung wird es dir immer leichter gelingen. Komm, versuch es gleich noch einmal!« Rachel konzentrierte sich auf das Bild an der Wand, aber nichts geschah. »Okay, machen wir es dir ein wenig leichter. Wir tun es jetzt gemeinsam«, schlug Ella vor.

Sie zeigte erneut auf das Bild und ließ es von der Wand wegschweben. Es kam direkt auf Rachel zu. Mittendrin drehte Ella sich zu Rachel um und sagte: »Das bist du jetzt ganz allein. Ich habe schon lange aufgehört, das Bild zu bewegen.« In diesem Moment fiel das Bild zu Boden. »Du kannst es wohl immer noch nicht glauben, dass du das Bild schweben lassen kannst.«

»Lass es mich noch einmal versuchen!«, bat Rachel. »Gib mir nur etwas Starthilfe. Wenn es sich bereits bewegt, ist es einfacher.«

Ella ließ das Bild wieder vom Boden abheben. Danach merkte Rachel, dass das Bild dorthin schwebte, wo sie es hin haben wollte. »Jetzt nur nicht zu viel nachdenken«, sagte sie sich. Sie ließ das Bild überall im Raum herumschweben und freute sich immer mehr an ihrer Fähigkeit.

Unterdessen unterhielten sich Aaron und Sanchez an Deck des Schiffes. Sanchez erzählte von seinem Haus in Barbados. Es war nicht sehr groß, doch für eine gewisse Übergangszeit würde es den dreien sicher genügen. Sanchez erklärte, dass die Mysteriospieler sich gegenseitig unterstützten, so weit es ihnen möglich sei. Er glaubte, dass sie über ihren Computer bestimmt Möglichkeiten finden würden, Rachel und Aaron an einen sicheren Ort zu bringen. Sanchez besaß durch das Spiel bereits einige Kontakte zu anderen Mysteriospielern. Er kannte manche der Mitspieler auch schon persönlich. Aaron wollte wissen, ob alle Spieler genauso verfolgt würden wie sie.

»Ihr seid die Ersten, von denen ich weiß, dass sie verfolgt werden. Außer mir selbst natürlich.«

»Aber wieso gerade wir?«, fragte Aaron.

»Das weiß ich nicht. Bei mir war es die Erfindung, die ich zum Patent anmelden wollte«, erklärte Sanchez.

»Dann kann es wirklich nur an dem Computer liegen, den Rachel im Rechenzentrum ihrer Universität an Mysterio angepasst hatte.«

»Heißt das, dass unsere Verfolger einen Mysterio-Computer haben?«, schreckte Sanchez auf.

»Ja, ist das schlimm?«, fragte Aaron besorgt.

»Ich weiß es noch nicht, aber es hört sich nicht gut an. Wenn die einen Computer haben, sind sie mit uns verbunden. Ich weiß nicht, ob es ihnen damit vielleicht sogar möglich ist, uns ausfindig zu machen«, fürchtete Sanchez.

»Ich bin sicher, das würde der Spielmacher nicht zulassen.«

»Ich hoffe, dass du Recht hast.«

Nach diesem Gespräch herrschte erst einmal betretenes Schweigen. Beide konnten spüren, dass der andere Angst hatte.

Als Rachel wieder an Deck kam, wunderte sie sich über

die seltsame Stimmung. Sie war sehr guter Laune und sprühte förmlich vor Lebenslust. »Was ist euch denn über die Leber gelaufen?«, fragte sie, als sie die Gesichter der beiden anderen sah.

»Es gibt eine Sache, über die wir uns noch nicht so ganz sicher sind«, antwortete Aaron.

»Und die wäre?«, wollte Rachel wissen.

»Wir wissen nicht, ob und wie viel die Leute, die uns verfolgen, mit dem Computer anfangen können, den sie aus dem Rechenzentrum haben.«

»Was sollen sie denn damit anfangen?«

»Wir wissen es eben nicht. Vielleicht können sie über das Spiel an die Aufenthaltsorte der Mysteriospieler herankommen«, meinte Sanchez.

Rachel schüttelte den Kopf. »Das glaube ich nicht. Wie kommt ihr darauf?«

»Die Mysteriospieler sind alle miteinander vernetzt«, erklärte Sanchez. »Und zwar nicht über das Internet, sondern über ein eigenes Netz, das nicht auf konventionelle Telefonleitungen oder Satelliten und Ähnliches angewiesen ist. Wir wissen nicht, wie weit die Leute, die uns jagen, technisch entwickelt sind. Es könnte sein, dass sie schon viel weiter sind, als wir annehmen.«

»Macht euch nicht verrückt!«, sagte Rachel, mehr um sich selbst zu beruhigen. »Bis jetzt haben wir sie doch auch ausgetrickst. Es wird schon alles gut gehen.« Doch sie glaubte selbst nicht an ihre Worte. Sie wollte es nicht zeigen, aber in Wirklichkeit hatten ihr Aaron und Sanchez eine

Heidenangst eingejagt. Sie riss sich zusammen. »Kommt, ihr beiden! Lasst den Kopf nicht hängen«, sagte sie. »Ich bin fertig mit meinem Spiel. Mysterio wartet bereits auf den Nächsten. Mein Spiel war einfach gigantisch. Aber ich möchte nicht zu viel verraten. Ihr werdet es ja selbst erleben.«

Als Nächster ging Aaron hinunter in die Kabine. Er setzte sich vor den Bildschirm und klickte das Wort Mysterio an. Augenblicklich befand er sich im Landeanflug auf die Insel. An diesem Computer war das Gefühl zu fliegen viel intensiver als bei seinem eigenen zu Hause. Das musste daran liegen, dass der Computer sich bereits sehr viel weiter entwickelt hatte als seiner. Immerhin spielte Sanchez jetzt schon seit drei Monaten.

Aaron setzte auf einen schönen weißen Strand auf. Der Spielmacher kam ihm bereits entgegen. »Also los, Aaron! Dann auf in die nächste Runde.«

»Worum geht es denn in der nächsten Runde?«, tippte Aaron mit der Tastatur ein.

»Es geht immer um die Ausrichtung deiner Wahrnehmung auf Glück. Was du in der Spieleinleitung gelesen hast, war kein Scherz. Wir werden den Wunsch deines ersten Spiels verwirklichen. Um das zu tun, sollten wir auch dir dein gesamtes Lustpotenzial eröffnen.«

»Mein gesamtes Lustpotenzial?! Ich denke, dass ich bereits ein ziemlich großes Lustpotenzial habe. Vielleicht sogar ein zu großes!«, erwiderte Aaron schmunzelnd.

»Du hast einen starken Sexualtrieb, doch der ist nicht

identisch mit deinem Lustpotenzial. Du lebst nämlich deinen Sexualtrieb nicht frei aus. Aus diesem Grund empfindest du ihn auch eher als Drang denn als Lust.«

»Und was soll ich jetzt tun?«, wollte Aaron ertappt wissen.

»Lass uns deine Sexualenergie befreien!«, schlug der Spielmacher vor.

»Wie soll das funktionieren?«

»Indem du deine Überzeugung veränderst.«

»Welche Überzeugung meinst du?«

»Die Überzeugung, dass Frauen nicht so viel Sex wollen wie Männer«, erklärte der Spielmacher direkt.

»Und wie soll ich diese Überzeugung ändern?«, fragte Aaron zweifelnd.

»Lass dich überraschen!«

Daraufhin verschwand der Spielmacher. Noch während Aaron sich fragte, was das Ganze sollte, wurde er plötzlich in das Spiel hineingezogen. Er befand sich am Strand von Mysterio und spürte alle Gefühle, die er an diesem Ort real haben würde. Er fühlte die sanfte Meeresbrise und den weichen Sand unter den Füßen. Auch hörte er das Rauschen des Meeres und roch den Geruch des Salzwassers.

Es war wunderschön auf dieser Insel. Aaron konnte keinen Unterschied mehr zur Realität erkennen. Alles war so echt, dass er begann, die wirkliche Welt für einen Augenblick zu vergessen. Genau in diesem Moment hörte er Geräusche aus dem Dschungel. Er traute seinen Augen nicht, als er in die Richtung sah: Mindestens zwanzig fast nackte Frauen kamen auf ihn zu, eine hübscher als die andere. Es war ganz offensichtlich: Sie wollten ihn! Zuerst bekam er ein bisschen Angst angesichts der großen Zahl der Frauen. Doch als sie ihn begrüßten, fühlte er sich sofort wohl. Sie waren alle sehr lieb zu ihm und wollten, dass er mit ihnen in ihr Dorf kommen sollte. Aaron hatte nichts dagegen. Er konnte sich zuweilen noch daran erinnern, dass dies nur ein Computerspiel war. Aber diese Momente wurden immer seltener.

Als er im Dorf angekommen war, hatte er die Wirklichkeit bereits ganz vergessen. In diesem Dorf gab es noch mehr Frauen. Genauer gesagt, gab es hier nur Frauen! Er war der einzige Mann. Das Alter der Frauen lag zwischen zwanzig und dreißig. Es war unverkennbar, dass diese Frauen lange auf einen Mann gewartet hatten. Alle berührten ihn zärtlich. Aaron hatte das Gefühl, dass sämtliche der Frauen mit ihm intim sein wollten. Sie ließen kaum einen Zweifel daran.

Zunächst wurde er zum Dorfplatz gebracht. Dort war ein Festmahl angerichtet. Es wurde getanzt und gesungen. Die Tänzerinnen, die für Unterhaltung sorgten, tanzten sehr aufreizend. Aaron erschrak fast ein wenig über ihre Hemmungslosigkeit. Doch er konnte nicht sagen, dass ihm das Spektakel nicht gefiel. Es machte ihn unsagbar an, wie die Frauen sich hier benahmen. Er spürte, wie in ihm Lust und Erregung aufstiegen. Die Frauen schienen dafür eine Antenne zu haben, denn sie wurden daraufhin noch zärtlicher und intimer. Es dauerte nicht lange, da küsste er eine der Frauen. Bald darauf küsste er noch eine zweite. Schließlich lag er mitten in einer Gruppe Frauen auf dem Boden und fühlte sich wie im siebten Himmel. Die Berührung der vielen Hände und der halb bekleideten Frauenkörper brachte ihn total in Ekstase.

Nach einer Weile waren alle nackt. Es war eine riesige Party, und Aaron war der Mittelpunkt des Geschehens. Jede Frau wollte wenigstens einmal kurz mit ihm schlafen. Auf diese Weise vergingen einige Stunden. Danach hatte Aaron wirklich genug. Doch die Frauen wollten noch nicht aufhören. Sie waren längst nicht zufrieden und hielten Aaron vehement fest, denn sie wünschten sich sehr, dass er weiterhin bei ihnen bleiben würde. Er versicherte ihnen, dass er wiederkommen würde. Schließlich ließen sie ihn gehen. Er ging zurück zum Strand, ohne genau zu wissen, was er dort wollte. Er hatte immer noch keine Erinnerung an sein wirkliches Leben. Für ihn war dies die einzige Realität, die er kannte.

Als er am Strand angekommen war, entdeckte er den Spielmacher. Sofort fiel ihm ein, dass dies ja alles nur ein Spiel war. Der Spielmacher sah ihn an und meinte, er habe die Aufgabe des Spiels perfekt erledigt. Aaron war bei diesen Worten ein bisschen peinlich berührt. Er kehrte in die Wirklichkeit zurück und ging an Deck. Er glaubte, dass es schon längst dunkel sein müsste, doch das war es nicht.

»Entschuldigt, dass ich so lange gespielt habe. Das Spiel hat diesmal ein bisschen länger gedauert.« Aaron schämte sich erkennbar, als er dies sagte.

»Wieso länger, du hast doch höchstens eine halbe Stunde gespielt«, erwiderte Rachel verständnislos.

Aaron verstand die Welt nicht mehr. Aber es stimmte:

Die Uhr log nicht. Es war wirklich nur eine halbe Stunde gewesen.

»Wie war dein Spiel?«, wollte Rachel wissen.

»Och, es war ganz in Ordnung«, meinte Aaron ausweichend.

»Wie, nur in Ordnung?! Mein Spiel war total aufregend.«

Als sie das sagte, wurde Aaron eifersüchtig. »Ob sie wohl das gleiche Spiel gespielt hat wie ich«, dachte er geschockt. »Was hast du denn in deinem Spiel gemacht«, fragte er scheinheilig.

»Ich habe gelernt, wie man Gegenstände durch die Luft fliegen lassen kann. Das war toll. Und du? Was hast du für eine Aufgabe gehabt?«, hakte sie nach.

»Och, ich musste erst einmal meine Lust befreien. Darin bestand meine Aufgabe«, erwiderte Aaron sachlich.

»Und wie ging das?«, wollte sie genau wissen.

»Ich habe mit der Energie der Lust gearbeitet und sie verstärkt«, log Aaron sachlich.

»Das hört sich eher langweilig an«, meinte Rachel.

»Ja, es war schon ein wenig langatmig ...«

Danach übergab Sanchez das Steuer an Aaron und ging in die Kabine. Er war gespannt, was auf ihn zukommen würde. Ihm war bewusst, dass sein Computer sich sehr viel weiterentwickelt hatte seit seinem letzten Spiel. Daher bereitete er sich auf eine Überraschung vor. Er setzte sich auf den Stuhl vor dem Bildschirm und klickte Mysterio an. Auch er befand sich sogleich im Landeanflug auf die Insel. Er setzte am Strand auf und traf dort gleich den Spielmacher.

»Was ist deine größte Leidenschaft, Sanchez?«

»Die Zauberei. Ich liebe es, anderen Menschen eine Realität vorzugaukeln, die es nicht gibt«, antwortete Sanchez. »Ich wollte immer Zauberer werden, seit ich denken kann. Doch mein Vater hat dies leider unterbunden. Er bestand darauf, dass ich einen vernünftigen Beruf lerne. Und so bin ich Techniker geworden.«

»Würdest du es schön finden, wenn du anderen Menschen jede beliebige Realität suggerieren könntest?«, fragte ihn der Spielmacher.

»Du meinst doch nicht etwa mentale Hypnose?«, schwärmte Sanchez. »Davon habe ich als Kind immer geträumt. Das wäre mein größter Traum.«

»Dann packen wir's an!«

»Meinst du das jetzt wirklich?«

»Natürlich. Ich meine immer, was ich sage. Wenn du andere Menschen beeinflussen willst, musst du zuvor gelernt haben, die Welt, die du übertragen willst, selbst als real wahrzunehmen. Wenn die Situation für dich selbst nicht real ist, wirst du diesen Eindruck auch nicht auf andere übertragen können«, erklärte der Spielmacher.

»Ich soll selbst glauben, was ich anderen suggerieren will?«, fragte Sanchez skeptisch. »Vorausgesetzt, ich würde das schaffen, wie könnte ich dann Wirklichkeit und Fiktion auseinanderhalten? Ich würde mich ja um den ganzen Spaß bringen, wenn ich selbst nicht merken würde, dass die Leute, die ich hypnotisiert habe, die von mir suggerierte Realität erleben.«

»Du sollst nicht glauben, dass dies die einzige Realität ist, die du suggerierst. Du sollst erkennen, dass die Fiktion genauso ihre Gültigkeit hat wie die Wirklichkeit, die du Realität nennst.«

»Ich verstehe ehrlich gesagt nicht so ganz, was du mir klarmachen willst.«

»Ich möchte dir verständlich machen, dass es viele Wirklichkeiten gibt, und alle sind real. Die Realität deiner Gedanken beispielsweise ist eine vollkommen gültige und reale Welt. Du nimmst sie nur nicht als solche wahr.«

»Das ist interessant. Aber wie soll ich diese anderen Realitäten als solche erkennen?«

»Beginnen wir mit der Realität der Gedanken. Folge mir in diese Realität!«

Als der Spielmacher das sagte, verschwanden urplötzlich alle Eindrücke um Sanchez herum. Er hatte das Gefühl, keinen Körper mehr zu haben, und hörte nur noch die Stimme des Spielmachers. »In der Realität der Gedanken gibt es nur Informationen. Doch diese Informationen sind absolut real. Du kannst deine Wahrnehmung auf sie einstellen, indem du dich auf dein Wissen konzentrierst. Es ist ein Wissen, das einfach ganz plötzlich da ist. Alles, was Menschen jemals gedacht haben, ist in der Realität der Gedanken zu finden. Nichts geht hier verloren. Nicht einmal der kleinste Gedanke. Stell dir jetzt einmal selbst eine Frage und achte auf das Wissen, das plötzlich da ist. Es wird eine Art Geistesblitz sein.«

Sanchez war ein großer Bewunderer von Einstein. Zeit

seines Lebens hatte er sich gewünscht, einmal wie Einstein zu denken. Kaum dass er diesen Gedanken gefasst hatte, wurde sein Geist überflutet von dem Wissen Einsteins. Die Gedanken des Genies waren also tatsächlich in dieser Realität gespeichert. Sanchez empfand nach, wie Einstein in einer Meditation erlebte, wie es sei, auf einer Lichtwelle reiten zu können, so, wie man es mit einem Surfbrett auf der Brandung tun kann. Es waren unglaubliche Gedanken, die dieser Mann gedacht hatte. Er erlebte, wie er sich auf dieser Welle genauso schnell wie das Licht bewegte.

Sanchez genoss diese Gedanken wie im Rausch. Er hatte die Relativitätstheorie zwar einigermaßen verstanden, doch sie aus Einsteins Perspektive zu erleben, war ganz etwas anderes. Der Spielmacher musste ihn daran erinnern, dass er sich immer noch im Spiel befand. Draußen wartete eine Realität auf ihn, die auch ihre Qualitäten hatte. Er brauchte tatsächlich ein wenig Überredungskunst, um Sanchez aus der Realität der Gedanken wieder in die materielle Wirklichkeit zu bringen.

Sanchez war tief beeindruckt von dieser Reise. Für ihn war bereits nach diesem ersten Trip in eine andere Welt klar, dass es in der Tat weitere, genauso gültige Wirklichkeitssysteme gab. Als er wieder an Deck kam, war er immer noch total euphorisch. »Habt ihr auch erlebt, dass ihr richtig in die Welt von Mysterio hineingezogen wurdet?«, fragte er.

»Das haben wir«, bestätigte Rachel. »Bei mir war es sogar so intensiv, dass ich vergaß, dass es nicht die wirkliche Welt war.«

»So etwas hätte ich nicht für möglich gehalten«, erklärte Sanchez ergriffen. »Ich hätte nicht gedacht, dass der Computer sich in der kurzen Zeit, die ich jetzt nicht gespielt habe, so weit entwickeln kann. Seit ich spiele, hat sich der Computer zwar auch weiterentwickelt, doch nie zuvor in dieser Geschwindigkeit. Ich habe den Eindruck, dass das Spiel mit jedem Menschen, der hinzukommt, immer mehr an Fähigkeiten gewinnt. Oder vielleicht wachsen seine Fähigkeiten in dem Maße, wie die Fähigkeiten der Mysteriospieler wachsen.«

»Hast du eine Ahnung, wie der Computer uns seine virtuelle Welt so intensiv erleben lassen kann?«, wollte Rachel von ihm wissen.

»Ich kann mir das nur so erklären, dass er es geschafft haben muss, unsere Wahrnehmungszentren im Gehirn direkt zu beeinflussen. Das sind die Stellen in unserer Hirnrinde, die für die Verarbeitung aller Informationen verantwortlich sind, die wir mit unseren fünf Sinnen wahrnehmen.«

»Und außerdem muss er unsere Gedanken lesen können, denn er hat mir in der virtuellen Welt geantwortet«, meinte Rachel. »Ich bin sicher, dass ich meine Fragen nicht über die Tastatur eingegeben habe.«

»Das wage ich zu bezweifeln«, meinte Aaron. »Es könnte sein, dass wir unbewusst getippt haben, ohne es zu merken. Genauso unbewusst könnten wir dann auch die Antworten gelesen haben. Die gelesenen Informationen wurden daraufhin von unseren beeinflussten Wahrnehmungszentren als gehörte Botschaft interpretiert.«

»Es ist ja auch egal, wie das Spiel das gemacht hat«, meinte Rachel, »auf jeden Fall war es echt geil.«

Aaron erschrak fast, als er diesen Ausdruck aus Rachels Mund vernahm. Er hatte immer noch ein schlechtes Gewissen und fühlte sich, als ob er einen Seitensprung begangen hätte. Doch als er auf Mysterio gewesen war, hatte er sich an Rachel gar nicht erinnern können. Es war, als ob die reale Welt nicht existierte. Er hatte sich also nicht wirklich einen Seitensprung vorzuwerfen. Und doch quälten ihn Schuldgefühle.

Sanchez und Rachel waren jedoch voller Lebensfreude nach ihrem Spiel. Sie erzählten sich gegenseitig von ihren Heldentaten und spekulierten darüber, ob sie die Fähigkeiten, die sie in der virtuellen Welt erlebt hatten, auch irgendwann in der realen Welt nutzen könnten.

Mit ein paar Flaschen Wein wollten sie die gelungene Flucht und die tollen Erlebnisse beim Spiel feiern. Durch den Wein wurde auch Aaron schließlich etwas fröhlicher.

Rachel trank an diesem Abend etwas mehr, als sie vertragen konnte. Sie war mächtig betrunken und ebenso rollig. Es war glücklicherweise zweifelhaft, ob sie am nächsten Tag noch etwas vom weiteren Verlauf dieses Abends wissen würde. Spät in der Nacht gingen Aaron und sie in ihre Kabine. Sanchez übernahm die erste Wache am Steuer. In vier Stunden würde er von Aaron abgelöst werden.

Als Rachel mit Aaron alleine war, konnte sie nichts mehr aufhalten. Sie schnappte ihn in ihrem Alkoholrausch und warf ihn gegen die Wand, wo sie sofort begann sein Hemd aufzuknöpfen. Aaron war das in diesem Moment eigentlich gar nicht so recht. Er hatte noch genug von seinem Ausflug auf die Lustinsel Mysterio. Außerdem spürte er immer noch das schlechte Gewissen, Rachel betrogen zu haben. Doch seine Zurückhaltung nutzte ihm nichts. Rachel ließ nicht von ihm ab. »Wir haben eine ganze Woche aufzuholen!«, sagte sie und zerrte den schon halb ausgezogenen Aaron in ihre Kabine. Sie warf ihn aufs Bett. Dort verhielt sie sich völlig enthemmt, weil sie spürte, dass dies Aaron sehr erregte. Noch nie war er mit einer Frau zusammen gewesen, die so große Lust auf ihn hatte. Das Ganze schmeichelte ihm, und seine Zurückhaltung verschwand.

Rachel bemühte sich, ihm seine Hose auszuziehen, doch weil sie so betrunken war, fiel sie rückwärts gegen die Wand, als die Hose von Aarons Beinen rutschte. Sie stand auf, taumelte leicht und setzte sich wieder in Bewegung, um Aaron anzufallen. Dabei stolperte sie und fiel quer über ihn drüber.

Aaron lachte über ihren Rausch, bis er schließlich merkte, dass sie nicht mehr aufstand. Sie war auf der Stelle eingeschlafen. Er legte sie behutsam ins Bett und deckte sie zu. Dann sah er sie an und fand, dass sie sogar im Vollrausch, während sie schlummerte, sehr schön aussah. Er legte sich neben sie und schlief glücklich ein.

Sanchez weckte ihn ein paar Stunden später, um ihm das Ruder zu übergeben. Aaron war extrem müde. Zu gerne hätte er einfach ein paar Tage geschlafen. Doch Sanchez musste genauso müde sein, also stand er auf und ging an Deck.

Die Nacht auf See erschien ihm unheimlich. Das Meer war sehr dunkel. Es machte auf Aaron einen bedrohlichen Eindruck. Das Ganze wurde noch dadurch verstärkt, dass er ganz allein an Deck war. Wenn er versuchte, etwas vor dem Boot zu erkennen, sah er nur schwarze Dunkelheit. Es machte ihm Angst, überhaupt nicht erkennen zu können, wo die Jacht hinfuhr. Also versuchte er sich abzulenken. Er dachte an Rachel und daran, wie sie ihm die Kleider vom Leib gerissen hatte. Er fühlte sich unsagbar begehrt durch ihre Lust. Offenbar war diese mindestens genauso stark wie seine eigene.

In diesem Moment wurde Aaron etwas klar. Die Situation mit Rachel, als sie in die Kabine gingen, war ein Ereignis, das er selbst erschaffen hatte. An diesem Abend hatte sich das wiederholt, was er auf Mysterio mit den vielen Frauen erlebt hatte. Er hatte dort das Gefühl gehabt, unendlich begehrt zu sein, und auch, dass die Frauen mehr Lust hatten als er selbst. Wie hatte der Spielmacher gesagt? »Wir werden deinen Glaubenssatz verändern, dass Frauen weniger Lust haben als Männer.« Offenbar war durch das Erleben des letzten Spiels dieser Glaubenssatz bereits geändert worden. Aaron hatte überhaupt nicht mehr das Gefühl, dass Frauen weniger Lust haben als Männer. Im Gegenteil! Und genau das erlebte er jetzt. Die Widerspiegelung seiner Gefühle hatte also nicht lange auf sich warten lassen. Was es allerdings zu bedeuten hatte, dass Rachel dann doch eingeschlafen war, verstand er zunächst noch nicht. Aber das war auch nicht so wichtig. Was ihn am glücklichsten machte, war, dass sie genauso viel oder sogar mehr Lust auf Sex hatte als er selbst. Damit brauchte er seine Lust nicht mehr zu unterdrücken. In Aaron stieg Freude auf. Ganz spontan spürte er Lust, Mysterio zu spielen.

Während Aaron in der Nacht Wache hielt, überfiel ihn noch öfter diese Lust. Er freute sich auf den kommenden Tag, an dem er bestimmt sein nächstes Spiel machen könnte. Als seine Wache beendet war, wurde es schon wieder langsam hell. Er ging hinunter in seine Kabine und schaute nach, ob Rachel in der Lage war, die nächste Wache zu übernehmen, denn er war hundemüde. Doch Rachel schlief tief und fest. Man konnte, ohne sie aufzuwecken, erkennen, dass sie völlig fertig war. Mit Sicherheit wäre sie nicht in der Lage, das Steuer auch nur für einen Augenblick ruhig zu halten. Aaron ging an Deck und übernahm erneut das Steuer. Es dauerte nicht lange, da kam Sanchez aus seiner Kabine.

»Ich habe mir schon gedacht, dass wir Rachel nicht ans Ruder stellen können, so wie sie gestern zugeschlagen hat. Leg dich ruhig noch mal hin! Ich übernehme das Steuer.«

Aaron war sehr froh über dieses Angebot. Er ging hinunter in seine Kabine und zog seine Kleider aus. Als er sich ins Bett legte, wurde Rachel wach. Sie versuchte sich erotisch zu räkeln, um ihrem Aaron etwas einzuheizen, und schaute ihm tief in die Augen. »War ich sehr betrunken gestern Nacht?«, fragte sie scheinheilig.

»Wenn du das nicht mehr weißt, dann warst du sehr betrunken«, antwortete er lächelnd.

»Habe ich irgendwelche peinlichen Dinge getan?«, fragte sie nicht ganz ernst gemeint.

»Nicht direkt.«

Sie schreckte auf! »Was heißt: nicht direkt?!«

»Du warst recht lustig gestern Nacht.« Er sagte dies mit einem süffisanten Unterton, den Rachel nicht überhören konnte.

»Wie lustig?«, wollte sie jetzt genau wissen.

»Ziemlich lustig.«

»Was genau habe ich getan?«

»Willst du die Wahrheit hören?«, fragte Aaron grinsend.

»Oh, Gott. Ich hab's geahnt. Sag's! Was habe ich getan?«

»Nichts Schlimmes. Du warst nur ein wenig rollig.«

»Ich war was?«, fragte sie künstlich empört.

»Na, ja. Ein bisschen scharf halt. Du weißt doch, was das heißt.«

»Habe ich dich angefallen? So etwa?« Als sie das sagte, stürzte sie sich auf Aaron und rollte mit ihm übers Bett. Doch Aaron war total fertig. Er wollte jetzt nur noch schlafen. Für ein ausschweifendes Liebesspiel fehlte ihm im Moment die Kraft. Er konnte gerade keine Lust empfinden. Letzte Nacht, als Rachel eingeschlafen war, da hätte er noch große Lust gehabt.

Plötzlich wurde ihm klar, warum Rachel gestern eingeschlafen war. Er hatte auf Mysterio so viel Sex gehabt, dass er keine Kraft mehr hatte und nur noch seine Ruhe wollte. Genauso ging es ihm jetzt auch. Die Situation, die sich abspielte, hatte er also genauso durch sein Spiel erschaffen wie Rachels Lüsternheit letzte Nacht. Aaron wurde bewusst, wie groß seine Macht tatsächlich war, seine Realität zu gestalten. Er dachte daran, dass er im Spiel den Frauen auch hatte klarmachen müssen, dass er nicht mehr konnte. Nun beschloss er, Rachel das Gleiche zu sagen. »Es tut mir leid, aber ich bin völlig fertig. Ich würde ja gerne mit dir herumtollen, aber ich kann nicht mehr.«

»Das ist schade. Na gut, dann lasse ich dich jetzt in Ruhe. Aber wenn du ausgeschlafen hast, dann hilft dir kein Betteln und Flehen mehr. Dann bist du dran.«

»Ich liebe dich, Rachel!«

»Ich dich auch. Schlaf gut. Ich gehe so lange nach oben.«

Als sie nach oben kam, hatte Sanchez sich gerade Frühstück gemacht. Er fragte sie, ob sie auch etwas essen wollte. Als sie jedoch den fettigen Kram sah, den Sanchez zum Frühstück verspeiste, hob es ihr den Magen. An diesem Morgen war etwas in ihr, das eindeutig etwas gegen ein solches Essen einzuwenden hatte. Kurz darauf hing sie über der Reling und ließ sich den Wein von letzter Nacht noch einmal durch den Kopf gehen. Zu ihrem Kater kam leider auch ein wenig Seekrankheit hinzu.

»Du solltest ein Glas Wein trinken«, sagte Sanchez und lachte.

Rachel musste sich durch den Gedanken an Wein sofort erneut übergeben. Danach ging es ihr jedoch endlich besser.

»Na, ist gar nicht mehr so schlimm, wenn alles raus ist«, meinte Sanchez danach ironisch.

»Du Sackgesicht! Musstest du das mit dem Wein sagen?«

»Müssen nicht, aber ich hatte Lust dazu. Wir sind doch dabei, unsere Lust auszuleben, nicht wahr?«

»Ich werde dir Lust geben!«, meinte sie darauf und sprang ihm an die Gurgel. Sie griff sein Ohr und drehte es um. Diesen Griff wandte sie unheimlich gerne an.

Sanchez versuchte, sich zu befreien. Doch Rachel kannte durch ihren Kampfsport so viele Kniffe, dass sie ihn immer wieder austrickste, bis er schließlich nur noch aufgeben und lachen konnte.

»Na, wie fühlt sich das für dich an? Weißt du, ich hatte jetzt auch einfach ganz große Lust dazu, das zu tun!«, meinte sie sarkastisch.

»Ich glaube, wir sollten uns das mit der Lust noch einmal überlegen.«

Rachel konnte immer noch nicht mit ansehen, wie Sanchez sein Essen in sich hineinschlang. Sie beschloss, nach unten zu gehen und Mysterio zu spielen. Nachdem sie das Wort »Mysterio« angeklickt hatte, befand sie sich augenblicklich im Landeanflug auf die Insel.

»Was ist dein Begehr, holde Maid?«, fragte Ella in einem seltsamen Tonfall. Rachel war verwirrt. Das war das erste Mal, dass Ella versuchte, etwas humorvoll zu sagen. Bisher war sie immer absolut sachlich gewesen. Am Anfang des Spiels hatte sie sogar so gefühlsneutral gewirkt wie ein Computerprogramm. Nun schien sie sich langsam zu einem menschenähnlichen Wesen zu entwickeln.

»War das witzig?«, fragte Ella daraufhin. »Ich bin dabei,

den menschlichen Humor zu erlernen. Noch nie habe ich so viel Schwierigkeiten gehabt, etwas zu lernen.«

»Tja, Humor ist eine ernste Sache«, meinte Rachel ironisch.

»Wollen wir mit deinem nächsten Spiel beginnen?«

»Ja, liebend gerne.«

»Zuvor möchte ich dir noch etwas erklären, was für die Entwicklung deines Glücksgefühls von entscheidender Bedeutung ist. Ich gehe davon aus, dass du deine euphorische, lustvolle Liebe nicht nur in der Welt von Mysterio erleben willst, sondern auch in deiner Welt. Nun, ich kann deine Gefühle nur für die Dauer unseres Spiels beeinflussen. Nur wenn du in den Bildschirm schaust, kann ich in dir Glücksgefühle aktivieren. Du musst also lernen, diese Gefühle selbstständig in dir hervorzurufen.«

»Das wird nicht so einfach sein«, meinte Rachel unsicher.

»Du hast es schon ein paar Mal gemacht. Als du zu spielen angefangen hast, war es mir noch nicht möglich, auf deine Gefühle direkt Einfluss zu nehmen. Du hast dein Glück trotzdem für lange Zeit gespürt. Erinnerst du dich daran?«

»Und das warst nicht du?«, zweifelte Rachel.

»Nein! Ich habe dir bloß Fragen gestellt, die deine Wahrnehmung auf diese Gefühle gelenkt haben. Und wie ich dir bereits bei deinem letzten Spiel sagte, waren auch die beiden Bedingungen, die du beim ersten Spiel erfüllen musstest, dazu da, diese Gefühle wahrzunehmen. Dadurch hast du deine Wahrnehmung so intensiv auf deine Glücksgefühle gerichtet.«

»Ich hatte aber auch das Gefühl, vom Spiel abhängig zu sein«, wandte Rachel ein.

»Das kam, weil du unbewusst glaubtest, das Spiel habe deine Glücksgefühle verursacht. Dein Unbewusstes wusste nicht, wie du die Gefühle, die du spüren willst, in dir auslösen kannst.«

»Wieso wusste es das nicht?«, fragte Rachel ungläubig.

»Weil du es bewusst auch nicht wusstest. Dein Unbewusstes weiß nur, was du weißt«, versicherte Ella.

»Und wie löse ich Gefühle in mir aus?«, wollte sie jetzt wissen.

»Indem du deine Wahrnehmung darauf richtest und dich innerlich darauf konzentrierst. Es gibt nur diesen einen Weg. Wenn du ein bestimmtes Gefühl bekommst, dann hast du aus irgendeinem Grund deine Wahrnehmung darauf konzentriert.«

»Dann sollte ich das ab jetzt doch ein wenig bewusster tun.«

»Lass es uns angehen! Komm mit mir in die Welt der Gefühle!«

Rachel fühlte sich erneut in den Computer hineingezogen. Einen Augenblick später befand sie sich an einem seltsamen Ort. Genauer gesagt war es kein richtiger Ort. Es war eher ein Nichts. Nichts war zu sehen und nichts zu hören. Außerdem roch es dort nach nichts. Das Einzige, was existierte, war Energie. Rachel konnte nicht erkennen, was für eine Energie es war. Sie spürte nur, dass sich vor ihr etwas Eigenartiges abspielte: Es schien sich eine ganz bestimmte Energie anzusammeln. Sie wurde immer stärker und kam gleichzeitig näher. Schließlich umhüllte sie Rachel. In diesem Augenblick spürte sie ein wunderschönes Gefühl in ihrem Körper. Sie fühlte sich ruhig, aber ebenso lebendig. Es war eine Energie, die ihr vertraut war. Irgendwie beinhaltete diese Energie alles, was sie unter Glück verstand. Es war die Energie ihres Wunschgefühls – der euphorischen, lustvollen Liebe.

Sie fühlte weiter in diese Energie hinein. Ihr gesamter Körper schien die ganze Zeit immerzu laut »Schön!« aus sich herauszuschreien. Während sie sich auf die Energie konzentrierte, wurde diese immer stärker. Sie merkte, dass sie selbst für das Verstärken der Energie verantwortlich war. Ihre Konzentration auf die Energie brachte das mit sich. Rachel ließ sich völlig in die Energie hineinfallen. Sie glaubte, darin zu zerfließen. Es war unglaublich schön. Nach einer Weile verschwand der seltsame Ort wieder, und Rachel stand am Strand von Mysterio. Ella wartete dort bereits auf sie.

»Ich denke, du hast dich jetzt ausreichend mit dieser Energie vertraut gemacht«, erklärte sie.

»Das war toll! Ich würde es gerne noch einmal erleben.«

»Dazu brauchst du mich nicht«, erwiderte Ella. »Du hast diese Energie in dir. Du kannst deine Wahrnehmung darauf richten, genauso wie eben.«

»Es geht jetzt aber nicht mehr so gut wie eben«, wandte Rachel ein.

»Das liegt daran, dass deine Wahrnehmung sehr leicht

von dieser Energie weggezogen wird. Wir werden zu einem späteren Zeitpunkt die Gründe dafür besprechen.«

»Also kann ich es doch nicht allein!«, meinte sie enttäuscht.

»Es ist leichter, als du denkst. Entspann dich zunächst einmal. Lass dann die Gedanken los, die deinen Geist bevölkern, indem du dir sagst, dass sie für dich jetzt in diesem Moment nicht wichtig sind. Du lässt sie einfach an dir vorüberziehen. Tu dies an einem ruhigen Ort, an dem du sicher bist, nicht gestört zu werden. Wenn du auf diese Weise alle störenden Einflüsse ausgeschaltet hast, beginnst du, die Energie deines Glücksgefühls in dir wahrzunehmen. Auf diese Weise wird die Energie ganz schnell so stark, wie du sie eben erlebt hast.«

»Das hört sich eigentlich nicht sonderlich schwer an«, meinte Rachel.

»Ist es auch nicht.«

»Nur, was erreiche ich denn dadurch?«

»Das Glück wird zu einem tragenden Element deines Lebens. Du weißt, dass deine Gefühle deine Wahrnehmung beeinflussen und damit deine gesamte Realität gestalten. Denn alles, was du erlebst, erschaffst du nur durch deine Wahrnehmung.«

»Damit habe ich immer noch meine Probleme. Ich kann mir einfach nicht vorstellen, wie das funktionieren soll. Ich meine die Gestaltung meiner Realität.«

»Mach einfach diese Übung, und es wird dir sehr bald auffallen, dass sehr viele Ereignisse, die sich in deinem Leben ereignen, überaus schön sind. Denn deine Wahrnehmung wird durch deine Glücksgefühle auf das Schöne ausgerichtet. Das heißt, dass du dadurch Ereignisse erlebst, die in dir automatisch Glücksgefühle auslösen. Damit beispielsweise Euphorie in dir ausgelöst wird, muss ein Ereignis wirklich gigantisch toll sein. Es muss mehr als nur schön sein, sonst würde es in dir nur Freude auslösen. Spätestens wenn dies häufig geschieht, wirst du erkennen, dass es so große Zufälle einfach nicht geben kann. Mach diese Übung mehrmals täglich. Zwischen den Übungen solltest du dich damit beschäftigen, dein Wunschgefühl spielerisch auszuleben. Die Verbindung von Meditation und Spiel bringt dein Glück sehr schnell in alle Bereiche deines Lebens.«

»Ich freue mich darauf«, meinte Rachel zufrieden.

»Du wirst mit mir im Spiel von nun an eine andere Marschrichtung gehen. Wir werden hauptsächlich spielen, um dein Glücksgefühl zu verstärken. Gelegentlich ist es gut, durch die virtuelle Welt von Mysterio deine Vernunfts- und Glaubensblockaden zu umgehen. Du wirst auf diese Weise Ideen bekommen, die aus deinem Glück hervorgehen und nicht durch deine Vernunft blockiert sind. Das Schöne dabei ist, dass du, während du diesen Ideen nachgehst, permanent dein Glücksgefühl erlebst. Die Idee ist stark mit deinem Glücksgefühl verbunden. Sie ist ja aus ihm hervorgegangen. Während du also diese Ideen verwirklichst, spürst du automatisch dein Glück. Das ist der Grund, warum wir blockierte Fähigkeiten in dir immer mehr aktivieren werden.«

»Ich danke dir für dieses Spiel heute und möchte mich nun verabschieden. Also, halt die Ohren steif!«

Es dauerte eine Weile, bis Rachel eine Antwort auf ihre Worte bekam. »Halten wir einfach beide die Ohren steif!«, meinte Ella dann.

Rachel beendete das Spiel und spürte wieder den Stuhl, auf dem sie die ganze Zeit gesessen hatte. Das Spiel hatte sie dieses Mal ein bisschen ermüdet. Sie ging hoch an Deck und legte sich in die Morgensonne. Als sie sich etwas erholt hatte, löste sie Sanchez am Steuer ab. Er hatte noch einigen Schlaf nachzuholen und ging gleich nach unten, um sich hinzulegen.

Als Aaron wach wurde, fühlte er sich noch nicht fit genug, um Rachel wieder zu begegnen. Er traute der Sache nicht so ganz. Solch ein Gefühl hatte er noch nie zuvor gehabt. Er hätte es sich früher nicht nehmen lassen, jede Gelegenheit zum Sex zu nutzen, ob er nun wirklich Lust hatte oder nicht. Er glaubte, nie genug bekommen zu können. Aus diesem Grund meinte er, nicht wählerisch sein zu dürfen, was den Zeitpunkt betraf. Er war also ständig bereit, egal, ob er müde war oder keine Lust hatte. Aaron spürte, dass er statt der Lust auf Sex jetzt sehr große Lust hätte zu spielen. Daher ging er zum Computer und klickte Mysterio an.

»Dann wollen wir mal zur Tat schreiten, Aaron«, hörte er den Spielmacher sagen.

»Ich möchte gerne erfahren, ob ich auch solche Fähigkeiten in mir aktivieren kann wie Rachel.«

»Das trifft sich gut, genau deshalb bin ich auf einen

Sprung vorbeigekommen«, versuchte der Spielmacher zu scherzen.

Aaron glaubte noch zu träumen. War das wirklich die Antwort des Spielmachers? Was war denn mit dem passiert? Wie sollte er denn darauf reagieren? Aaron beschloss, diese seltsame Antwort vorerst einfach zu ignorieren.

»Das war wohl nicht besonders witzig?«, fragte der Spielmacher.

»Doch, doch! Es war schon witzig. Ich war nur nicht darauf vorbereitet«, antwortete Aaron ausweichend.

»Okay, dann lass uns beginnen! Du hast eine besondere Wahrnehmungsfähigkeit. Du kannst alles wahrnehmen, was auf dieser Welt geschieht.«

»Das ist interessant. Das hat schon einmal jemand zu mir gesagt, ein Kahuna auf Hawaii«, stellte Aaron verwundert fest.

»Er hatte Recht. Jedoch glaubst du momentan noch nicht an deine Fähigkeit, alles wahrnehmen zu können. Deshalb möchte ich dich bitten, mit mir mitzukommen.« Aaron fand sich augenblicklich in einer völlig anderen Welt wieder. »Dies ist Bezugssystem zwei«, erklärte der Spielmacher. »Normalerweise nehmt ihr Menschen nur Bezugssystem eins wahr.«

»Was ist Bezugssystem zwei?«, fragte Aaron verwirrt.

»Es ist die Ebene, auf der Bezugssystem eins, das heißt deine normale Raum-Zeit-Welt, geschaffen wird. Hier gibt es keine Materie und deshalb auch keine Zeit. Hier findest du alles, was sich auf dieser Welt jemals ereignet hat. Denn alles ist ursprünglich hier geplant worden.

»Wie hast du das gemacht, dass ich dieses Bezugssystem zwei wahrnehmen kann?«

»Ich habe die Wahrnehmungsblockade deines Gehirns deaktiviert. Dadurch nimmst du dieses Wirklichkeitssystem automatisch wahr. Denn Bezugssystem zwei ist immer in dir. Du hast dich nur davon abgegrenzt.«

»Okay, dann überlege ich jetzt einmal, was ich wissen möchte.« Aaron wusste sofort, was ihn brennend interessierte. »Wer sind unsere Verfolger?«, fragte er also.

»Konzentriere dich auf diese Frage!« Aaron tat, was der Spielmacher ihn geheißen hatte. Plötzlich wurde er von einer Unzahl von Bildern überflutet. »Du musst dich in diesem System sehr genau konzentrieren«, unterbrach ihn der Spielmacher. »Durch das Gefühl der Neugier ziehst du diese vielen Bilder an dich. Es gibt hier nämlich nur Bilder. Wenn du deine Frage zu allgemein stellst, richtet sich deine Wahrnehmung auf alles, was damit zusammenhängt, und du wirst überschwemmt von Bildern. Versuche, dich auf einige wenige Menschen zu konzentrieren«

»Okay, wer waren die beiden Männer, die Rachel gesucht haben?«, war Aarons nächste Frage. Als er sie zu Ende gedacht hatte, erschienen wieder Bilder vor ihm. Es waren immer noch zu viele. In Augenblicken schien er diese Männer als Erwachsene zu sehen und dann wieder als Kinder. Ihm wurde klar, dass er seine Frage noch präziser stellen musste. Ihn interessierte nicht die Kindheit dieser Männer. Er wollte wissen, was sie aktuell taten. Plötzlich wurden die Bilder konkreter. Allerdings nahm er sie wie bei einer Doppelbelichtung wahr. Er sah immer beide Männer gleichzeitig. »Okay«, dachte er sich, »dann eben einer nach dem anderen.« Er sah einen der Männer, wie er am Steuer eines Wagens saß. Es war ein fieser Kerl. Aaron sah, dass dieser Mann große Schwierigkeiten beim Schlucken hatte. Sein Hals war geschwollen. Ob das wirklich einer der Männer war, die Rachel verfolgt hatten? Im selben Moment bemerkte er, wie dieser Mann Rachel am Arm festhielt. Er war es also tatsächlich!

Aaron hatte Mühe, den Bildern so schnell zu folgen, wie sie sich veränderten. Sobald er sich für eine Information interessierte, verschwand sie schon wieder. Er musste sich bemühen, seine Neugier gezielt zu lenken, sonst würde er gar nichts verstehen. Das Ganze war sehr anstrengend für ihn. Sobald seine Konzentration nachließ, wurde er wieder von der Bilderflut überrollt. Nach ein paar Minuten konnte er die Bilder überhaupt nicht mehr kontrollieren. Er beschloss, Bezugssystem zwei zu verlassen. Gleich darauf saß er wieder auf dem Stuhl vor dem Computer. Der Spielmacher war auf dem Bildschirm zu sehen und gab Aaron von dort aus einige Erklärungen.

»Du konntest am Schluss deine Neugierde nicht mehr kontrollieren. Du wolltest unbedingt wissen, ob dieser Mann tatsächlich derjenige war, der Rachel verfolgt hat. Befriedige deine Neugier, indem du Rachel den Mann beschreibst. Sie wird dir bestätigen, dass er es gewesen ist. Wir sehen uns dann beim nächsten Spiel.«

»Okay, bis dann.«

»Ich halte mit dir die Ohren steif!«, meinte der Spielmacher abschließend. Aaron schüttelte den Kopf und lachte über die letzte Aussage. Er stand auf und ging nach oben zu Rachel.

Sie war am Steuer und genoss es, das große Schiff steuern zu dürfen. Sie fühlte sich wie ein kleines Mädchen, das auf Papas Schoß das Lenkrad für einen Moment halten darf.

»Guten Morgen, Rachel. Na, bist du wieder einigermaßen nüchtern?«, sprach Aaron sie an.

»Bitte, reden wir von etwas anderem. Mein Magen will nur ungern an den letzten Abend erinnert werden.«

»Ich wollte dich auch eigentlich etwas ganz anderes fragen.«

»Schieß los!«

»Kannst du dich noch genau daran erinnern, wie die beiden Männer aussahen, die dich entführen wollten?«

»Und ob! Diese Visagen vergesse ich nicht, solange ich lebe«, erklärte sie angewidert.

»Hatte einer von beiden einen geschwollenen Hals und starke Schluckbeschwerden?«

»He, woher weißt du das?«, wunderte sich Rachel. »Er hatte zwar am Anfang noch keinen, aber danach bestimmt.«

»Was heißt danach?«, fragte er verwirrt.

»Ich habe ihm diese Schwellung verpasst, als ich die beiden Männer zusammengeschlagen habe.«

»Du hast was?«, fragte Aaron in einem Tonfall, der vermuten ließ, dass er ihr kein Wort glaubte.

»Ich musste fliehen, das habe ich dir doch erzählt. Dazu

musste ich sie nun mal zusammenschlagen«, sagte Rachel fast mit einem schlechten Gewissen.

»Willst du mir erzählen, dass du diese beiden brutalen Männer allein fertiggemacht hast?«

»Ich kann so etwas, denn ich habe eine jahrelange Ausbildung hinter mir. Ich musste bei meinem Job als Kellnerin etwas tun, um mich gegen die Trucker zu wehren, wenn sie zu aufdringlich wurden. Da habe ich mit Wing Tsun begonnen. Das ist eine chinesische Kampfkunst, die sich hervorragend für Frauen eignet. Jede Frau, die meinen Ausbildungsstand erreicht hat, hätte die beiden fertigmachen können. Was noch hinzukam, war, dass die beiden Männer nicht mit einem Angriff meinerseits gerechnet hatten. Ich hatte also einige Trümpfe auf meiner Seite.«

»Ich fasse es nicht. Ich bin mit Rambo verheiratet! Wieso hast du denn bisher nichts davon gesagt?«

»Es erschien mir nicht so wichtig. Wir hatten andere Probleme.«

»Dann könnten es tatsächlich die beiden Männer gewesen sein, die ich gesehen habe«, kam Aaron wieder auf das eigentliche Thema zurück.

»Wo hast du sie gesehen?«

»Das ist etwas schwierig zu erklären.«

»Versuch es!«, forderte sie ihn auf.

»Also, ich war auf Bezugssystem zwei und …«

»Moment mal! Was soll Bezugssystem zwei sein?«, unterbrach sie ihn.

»So genau habe ich das selber nicht verstanden. Ich weiß

nur, dass es dort ausschließlich Bilder gibt. Man kann alle Informationen in Bildern abrufen.«

»Du hast Mysterio gespielt und in diesem Spiel die beiden Männer gesehen. Stimmt's?«, hakte Rachel nach.

»Ja, richtig.«

»Das war doch gar nicht so schwierig!«, meinte sie scherzhaft übertrieben schulmeisterisch. »Und jetzt bist du neugierig, ob es wirklich die Männer waren, die mich entführen wollten.«

»Du bist ganz schön schlau, Rachel. Wenn ich das gewusst hätte, hätte ich mir vielleicht doch noch einmal überlegt, ob ich dich heiraten soll.«

»Sei vorsichtig, sonst verklopp ich dich!«, drohte sie im Scherz.

»Bitte tu mir nichts, Rambo! Ich will auch ganz lieb sein.«

»Na gut, dann küss mich jetzt! Aber richtig!«

Aaron umarmte sie daraufhin und küsste sie leidenschaftlich.

»Was meinst du, Aaron? Können wir uns darauf verlassen, dass Sanchez noch ein Stündchen schläft?«

»Ich denke, schon. Warum?«

Rachel antwortete nicht mit Worten. Stattdessen begann sie sich auszuziehen. Aaron half ihr sofort dabei. Danach war er dran. Sie liebten sich unter Gottes freiem Himmel. Beide merkten, dass Mysterio offenbar schon einen erheblichen Einfluss auf die Stärke ihrer Lust ausgeübt hatte. Sie waren völlig ekstatisch. Erst nach über einer Stunde leidenschaftlichem Sex wurden sie wieder etwas ruhiger.

»Ach, das war gut!«, seufzte Rachel. »Das war auch bitter nötig.«

»Ich find es total gigantisch, dass du so viel Lust hast«, schwärmte Aaron. »Mit dir fühle ich mich wie im siebten Himmel. Ich habe das Gefühl, dass ich dich immer noch stärker liebe, je öfter wir Sex haben.«

»Mir geht es genauso. Vor allem fühle ich mich dir dadurch unheimlich verbunden. Ich wusste nicht, dass Sex so schön sein kann.«

»Das liegt bestimmt an der Verstärkung unserer Lust. Wenn wir nicht so viel Lust hätten, wäre es auch nicht so schön, denke ich.«

»Damit hast du sicherlich Recht. Ich glaube, das gilt ganz allgemein. Wenn ich zu etwas richtig Lust habe, dann wird es auch schön.«

»Andererseits habe ich nur richtig Lust auf etwas, wenn ich es auch wirklich schön finde.«

»Stimmt auch wieder.«

»Aber mal was anderes: Ich würde gerne noch einmal auf die beiden Männer zurückkommen, die du offensichtlich zusammengeschlagen hast. Prinzipiell möchte ich nur gerne wissen, ob ich wirklich die beiden gesehen habe im Spiel vorhin. Besonders der eine mit der Schwellung am Hals.«

»Der müsste ganz schön Schwierigkeiten beim Schlucken gehabt haben«, meinte Rachel.

»Die hatte er. Er verzerrte jedes Mal sein Gesicht vor Schmerz, wenn er schlucken musste.«

Die beiden unterhielten sich noch eine ganze Weile über

den Mann, den Aaron im Spiel visualisiert hatte. Es bestand bald kein Zweifel mehr. Er hatte tatsächlich den richtigen Mann gesehen. Es war also keine Illusion – dieses Bezugssystem zwei existierte tatsächlich. Aaron war begeistert. Von nun an würde er alles ergründen, was auf dieser Welt vor sich ging. Nichts konnte ihm noch verborgen bleiben.

»Ich würde gerne mein Spiel fortsetzen. Bist du damit einverstanden?«, fragte er Rachel.

»Natürlich, wieso nicht?!«

»Okay, dann bis später.«

Aaron ging wieder in die Kabine und setzte sich vor den Computer. Sofort befand er sich erneut im Landeanflug. Am Strand angekommen, sah er den Spielmacher auf sich zukommen.

»Na, Aaron. Hast du die Ohren immer schön steif gehalten?«, fragte dieser.

»Die Ohren nicht«, dachte Aaron, sagte laut jedoch lieber etwas anderes. »So lange ich konnte! Ich möchte gerne wieder auf Bezugssystem zwei.«

»Vergiss dein Glücksgefühl nicht«, ermahnte ihn der Spielmacher. »Bei allem, was wir hier tun, geht es um die Verstärkung deines Glücksgefühls.«

»Momentan interessiert mich eigentlich viel mehr, wer hinter uns her ist und warum«, erwiderte Aaron.

»Wenn du deine Wahrnehmung zu sehr auf Gefahren konzentrierst, könnten aufgrund dessen negative Ereignisse in dein Leben treten«, ermahnte ihn der Spielmacher.

»Das hört sich wie eine Drohung an!«

»Es ist nur die Wahrheit. Ich gestalte die Ereignisse in deinem Leben nicht. Das tust du selbst, wie du weißt. Und du wirst das erleben, was du wahrnimmst. Du hast innere Wahrnehmungssysteme, die du bewusst kaum bemerkst. Du spürst nur ab und zu an deinem Gefühl, was du unbewusst wahrnimmst.

Wenn du deine Wahrnehmung auf die Gefahr richtest, wirst du auch Gefahr erleben. Das alleine wäre aber völlig unbedeutend. Denn du würdest nur etwas erleben, was dir erneut das Gefühl der Gefahr gibt. Das heißt, es geschieht deswegen nicht wirklich etwas Schlimmes. Es passiert nur etwas, das dir das Gefühl gibt, es könnte etwas sehr Negatives geschehen. Bedingt durch dieses Gefühl kann es jedoch sein, dass du es für realistisch hältst, dass das geschehen wird, wovor du Angst hast. Auf diese Weise würdest du deine innere Wahrnehmung dann auf das richten, was du nicht erleben willst. Du erlebst aber immer, worauf sich deine Wahrnehmung innerlich ausrichtet, und damit würde das passieren, was du vermeiden willst.

Momentan besteht noch die Gefahr, dass du deine Ängste nicht einfach zulassen kannst. Du würdest sofort etwas tun wollen, um zu vermeiden, dass das geschieht, wovor du Angst hast. Dabei würdest du deine Angst sehr ernst nehmen. Du würdest sie als sehr real wahrnehmen und dir damit möglicherweise große Probleme erschaffen.«

»Was kann ich tun, um das zu vermeiden?«

»Du solltest dir darüber bewusst sein, dass dir auf dieser Welt nichts geschehen kann. Alles, was du erlebst, wird ausnahmslos von dir selbst geschaffen. Es geschieht nichts! Aus diesem Grund brauchst du keine Angst zu haben, dass etwas passieren kann, wobei du machtlos bist.«

»Ich denke, das kann ich beherzigen«, meinte Aaron.

»Es wird dir helfen, wenn du dich so oft es geht auf dein Glücksgefühl konzentrierst«, meinte der Spielmacher. »Vor allem während der Zeit, in der du auf Bezugssystem zwei bist. Bedingt durch dieses Gefühl fühlst du dich nicht so schnell machtlos.«

»Okay, das werde ich tun«, versprach Aaron.

»Let's go!«, schrieb der Spielmacher.

Aaron konzentrierte sich auf die Körperempfindungen während seines Glücksgefühls, wie er es im ersten Spiel gelernt hatte. Es dauerte nur wenige Minuten, bis er sein Gefühl deutlich spüren konnte. Plötzlich kam es ihm erneut so vor, als würde er in den Computer hineingesaugt werden. Nach wenigen Sekunden war er wieder auf Bezugssystem zwei.

Aaron hatte seine Frage schon parat: Er wollte wissen, für wen die beiden Männer arbeiteten. Wieder wurde er sofort von einer Bilderflut übermannt. Er sah vor lauter Bäumen den Wald nicht mehr. Also präzisierte er seine Neugier. »Wer hat den beiden den Auftrag gegeben, Rachel zu entführen?« Aaron sah einen Mann, der an einem Schreibtisch saß, und in ihm wuchs die Neugier, wer dieser Mann wohl war. Dadurch liefen plötzlich unglaublich viele Bilder vor ihm ab, die diesen Mann in den verschiedensten Zeiten seines Lebens zeigten.

»Stopp«, dachte Aaron. »Ich will nur wissen, was dieser Mann für einen Beruf hat.«

Die Bilder veränderten sich wieder. Der Mann leitete eine Art Büro. Er telefonierte viel und hatte eine Menge Akten auf seinem Tisch. Was konnte das bedeuten? Sofort fing der Bilderwirrwarr wieder an.

»Mann, das ist ja zum aus der Haut fahren!«, rief Aaron in Gedanken. »Ich will wissen, wieso der Mann den beiden Verfolgern von Rachel den Auftrag dazu erteilt hat.«

Aaron sah, wie der Mann an seinem Schreibtisch angerufen wurde. Offensichtlich bekam er von einer höheren Stelle eine Anweisung.

»Aha«, dachte Aaron. »Das ist also auch nur ein Befehlsempfänger. Aber was genau tut er?« Wieder kamen die gleichen Bilder wie zuvor. Er sah den Mann erneut telefonieren und Akten bearbeiten. »So komme ich nicht weiter. Wie heißt die Firma oder Behörde, für die der Mann arbeitet?«

Da erschienen auf einem Bild die großen Buchstaben: CIA! Aaron erschrak so sehr, dass er Bezugssystem zwei augenblicklich verließ. Der CIA war hinter ihnen her! Er verstand die Welt nicht mehr. Was wollte der CIA von ihnen?

Aaron beendete augenblicklich sein Spiel und ging an Deck. Das musste er sofort Sanchez und Rachel erzählen. Sanchez war noch nicht aufgestanden, also lief Aaron zu seiner Kabine und weckte ihn. Er konnte nicht anders. Er musste es Sanchez jetzt gleich sagen. Als dieser etwas widerwillig an Deck erschien, erzählte Aaron, was er erfahren hatte. »Ich weiß jetzt, wer uns verfolgt. Seitdem verstehe ich jedoch noch weniger als zuvor. Jetzt haltet euch fest! Der CIA ist hinter uns her!«

Betretenes Schweigen breitete sich für eine Minute aus.

»Bist du sicher?«, wollte Sanchez dann wissen.

»Hundertprozentig. Ich habe es mit eigenen Augen gesehen. Ich erkläre dir ein anderes Mal, wie ich an diese Information gekommen bin. Auf jeden Fall bin ich ganz sicher. Wir werden vom CIA gejagt.«

»Das heißt, wir wären auf den Bahamas wirklich nicht sicher gewesen«, warf Rachel ein.

»Aber was will der CIA von uns?«, fragte Aaron.

»Das ist mir ein Rätsel«, antwortete Sanchez. »Wir werden uns darauf einstellen müssen, überall auf der ganzen Welt gesucht zu werden. Wir müssen sehr vorsichtig sein bei allem, was wir tun. Wir dürfen auf keinen Fall auffallen.

»Das werden wir nicht bis in alle Ewigkeit durchhalten können«, meinte Rachel besorgt.

Nach diesem Gespräch waren alle sehr verängstigt. Bisher hatten sie ihre Flucht als erfolgreich angesehen. Doch jetzt, wo sie wussten, wer ihre Verfolger waren, kam eine gewisse Hoffnungslosigkeit auf. Der CIA würde nicht aufhören, nach ihnen zu suchen, bis er sie gefunden hätte.

Bis zu diesem Zeitpunkt hatten sie sehr viel Freude auf der Jacht gehabt. Nun aber war die Lust zu spielen oder ihre Fähigkeiten auszubilden mit einem Wisch vom Tisch gefegt. Mit betretener Miene kamen sie am späten Nachmittag in Barbados an. Sanchez war sicher, dass sein Haus vom CIA noch nicht entdeckt worden sein konnte. Dennoch wollte er zuerst allein überprüfen, ob die Luft wirklich rein war. Das Haus war leer. Es gab kein Anzeichen, dass irgendjemand hier herumgeschnüffelt hatte. Schließlich ging er zum Hafen zurück und holte die beiden anderen.

»Wir sollten aufhören, uns so verrückt zu machen!«, bat Rachel eindringlich. »Wenn wir so durch den Wind sind, dann können wir uns auch gleich erschießen lassen. Wir sollten unser Leben genießen, solange es noch geht.«

»Du hast Recht«, stimmte Aaron zu. »Wenn es geschehen soll, dass sie uns kriegen, dann kriegen sie uns eben. Wir haben nichts mehr zu verlieren. Wenn wir uns verkriechen wie die Ratten, dann nehmen wir uns dadurch selbst das Leben.«

Die drei gingen an Land und brachten den Computer zum Haus von Sanchez. »Wir sollten versuchen herauszubekommen, was der CIA von uns will«, schlug Aaron vor, als sie dort angekommen waren. Er setzte sich an den Computer und begann sofort sein Spiel.

»Frage mich bitte, was es Neues gibt!«, sagte der Spielmacher, als Aaron ihn am Strand von Mysterio traf.

»Also, was gibt es Neues?«

»Es gibt nichts Neues. Das Alte ist noch gut genug! War das witzig?«, fragte der Spielmacher sofort nach.

»Es wäre witzig gewesen, wenn du nicht zuvor gesagt hättest, ich soll dich fragen, was es Neues gibt.«

»Warum war es dadurch nicht mehr witzig?«, wollte der Spielmacher verwundert wissen.

»Das kann ich dir nicht sagen. Es war halt dann einfach nicht mehr witzig. Die Luft war schon raus aus dem Gag.«

»Okay, ich werde es selbst herausfinden. Du willst sicherlich wieder auf Bezugssystem zwei, stimmt's?«

»Ja, das will ich.«

»Ich möchte dich noch einmal ermahnen, daran zu denken, dass du die Realität gestaltest und dass nichts geschieht, was du nicht selbst geschaffen hast. Und dass du, wenn möglich, nur mit deinem Glücksgefühl auf Bezugssystem zwei nach Informationen suchen solltest!«

»Okay, ich denke daran«, versprach Aaron halbherzig.

Sogleich veränderte sich seine Wahrnehmung. Innerhalb von wenigen Sekunden war er wieder auf Bezugssystem zwei.

»Was will der CIA von uns?«, fragte er direkt, ohne an sein Glücksgefühl zu denken. Sofort fing der Bilderwirrwarr wieder an. »Stopp!«, rief Aaron innerlich. »Präziser: Was will er von mir?«

Rachels Bild tauchte vor ihm auf. Sie waren also nicht wirklich hinter ihm her, sondern hinter ihr. Sie mussten herausbekommen haben, dass sie geheiratet hatten.

»Was will der CIA von Rachel?«

Aaron sah nur unverständliche Symbole und Zeichen. Er verstand nicht, was sie zu bedeuten hatten. Also versuchte er es mit einer Vermutung. »Geht es um den Mysterio-Computer, den Rachel umgewandelt hat?«

Sofort erschien das Bild des Computers. Hieß das jetzt ja oder sah er den Computer nur deshalb, weil er an ihn dachte?

»Wo ist der Computer jetzt?«, fragte er weiter. Er sah nun ein riesiges Gebäude, das von Soldaten gesichert wurde. Das Gebäude stand in einem militärischen Stützpunkt.

»Was ist das für ein Gebäude?«

»Areal 51« erschien vor seinen Augen.

Damit konnte Aaron nichts anfangen. Er spürte stattdessen, dass er sehr müde wurde. Es strengte ihn maßlos an, derart konzentriert seine Neugier zu kontrollieren. Er beschloss, eine Pause zu machen, beendete sein Spiel und ging zu Rachel und Sanchez.

»Sagt einem von euch der Ausdruck Areal 51 etwas?«

»Areal 51! Bei Gott! Weißt du denn nicht, was das ist?«, rief Sanchez, der plötzlich hellwach geworden war. »Wie kommst du auf das Areal 51? Hast du darüber etwas im Spiel gesehen?«

»Was ist das für ein Gebäude?«, fragte Aaron weiter.

»Niemand weiß das mit hundertprozentiger Sicherheit. Aber es gibt Gerüchte, nach denen der CIA dort außerirdische Technologien versteckt hält. Sogar Flugobjekte sollen dort sein. Ich habe auch schon einmal davon gehört, dass sie dort angeblich mit einem Außerirdischen zusammenarbeiten, der mit seinem Flugobjekt abgestürzt ist, um neue Technologien zu entwickeln. Was hast du über Areal 51 erfahren?«

»Nur, dass es etwas damit zu tun hat, dass man hinter uns her ist«, antwortete Aaron.

»Areal 51?!« Sanchez konnte es nicht fassen. »Es muss etwas mit dem Computer zu tun haben, den sie aus dem

Rechenzentrum von Rachels Universität entwendet haben«, meinte er dann.

»Das heißt, wir haben es hier wirklich mit einer außerirdischen Technologie zu tun, sonst wäre der Computer nicht in Areal 51. Das heißt auch, dass Mysterio nicht von dieser Welt ist. Und dass der Spielmacher ein Außerirdischer sein muss.«

Sanchez legte seine Stirn in Sorgenfalten. »Bleibt die Frage offen, was der Spielmacher im Sinn hat. Was tut er hier? Und was hat er mit uns vor?«

»Mich interessiert viel mehr, was unsere Verfolger von uns wollen«, erwiderte Rachel.

»Sie wollen dich!«, beantwortete Aaron ihre Frage. »So viel habe ich bereits herausbekommen.«

»Und was wollen sie von mir?«

»Wahrscheinlich denken sie, dass du etwas über die Technologie weißt. Möglicherweise glauben sie sogar, dass du selbst eine Außerirdische bist«, spekulierte Aaron.

»Dann werden sie nicht eher Ruhe geben, bis sie mich gefunden haben!«, rief sie verzweifelt. »Ich kann nur hoffen, dass uns Ella in irgendeiner Weise hilft. Wie, ist mir egal. Sie ist schließlich schuld daran, dass wir in der Scheiße sitzen«, rief Rachel wütend.

»Wer ist denn Ella?«, wollte Aaron wissen.

»Der Spielmacher. Ich habe ihm oder ihr den Namen Ella gegeben. Los, wir fragen sie jetzt, was sie von uns will! Sie ist uns wenigstens eine Antwort schuldig.«

Die drei setzten sich gemeinsam vor den Bildschirm und

landeten wenige Augenblicke später auf Mysterio. Ella kam ihnen entgegen und begrüßte sie.

»Hallo, ihr drei. Ich möchte euch gerne einen Witz erzählen.«

»Bevor du mit deinem Witz beginnst, möchten wir ein paar Antworten von dir haben. Was hast du mit uns vor?«, fragte Rachel ziemlich ungehalten.

»Ich möchte euch helfen, euer Glücksgefühl zu leben und dadurch zu erkennen, wer ihr wirklich seid.«

»Warum tust du das?«, wollte Rachel zweifelnd wissen.

»Das kann ich euch nicht sagen. Jetzt noch nicht! Wenn ich es täte, hättet ihr das Gefühl, etwas erreichen zu müssen. Dadurch würdet ihr euer Glücksgefühl verhindern.«

»Ist von unserem Tun die ganze Menschheit betroffen oder nur wir?«, fragte Sanchez.

»Es geht um die Menschheit. Mehr kann ich euch dazu nicht sagen. Wollt ihr trotzdem weiterspielen?«

Die drei sahen sich ratlos an. Anstatt ihre offenen Fragen beantwortet zu bekommen, kamen nun noch neue hinzu.

Sanchez bejahte die Frage des Spielmachers. Rachel wollte erst einmal darüber nachdenken. Sie bat Aaron, mit ihr mitzukommen, um die Insel zu erkunden. Sanchez gab ihnen seinen Autoschlüssel, und so zogen die beiden los. Sanchez setzte sich danach wieder an den Computer und landete auf Mysterio.

»Hallo, Sanchez. Hast du große Lust zu spielen?«

»Ja, das habe ich«, bestätigte Sanchez. »Hallo Ella.«

»Wie ich sehe, hast du dich mit dem Namen Ella an

Rachel angeschlossen. Nun gut. Du hast im letzten Spiel erfahren, dass die Welt der Gedanken eine reale, gültige Welt ist. Jetzt wirst du lernen, wie du andere Menschen auf die Welt deiner Gedanken aufmerksam machen kannst.«

»Was genau meinst du damit?«

»Du kannst deine Gedanken nicht einfach auf jemand anderen übertragen«, erklärte Ella. »Du musst deine Gedanken in die Gedankenwelt des anderen einschleusen.«

»Und wie schaffe ich das?«

»Du machst dich zunächst mit den Gedanken des anderen vertraut. Dann denkst du deine Suggestionen in der gleichen Weise, in der der andere denkt. Damit veränderst du seine Gedankenwelt, und das hat ganz gravierende Auswirkungen auf die Welt, die er durch seine Sinnesorgane wahrnimmt.«

»Heißt das, ich beeinflusse seine Gedanken, und damit sieht und hört dieser Mensch in der wirklichen Welt, was ich in seiner Gedankenwelt verändert habe?«

»So in etwa. Du kannst andere Menschen jedoch nur etwas tun lassen, was zu ihrem natürlichen Verhalten passt. Sie werden also nur Dinge machen, die für sie normal sind. Aber lass uns einfach beginnen!«, schlug Ella vor. »Deine Fragen werden sich von selbst klären.«

Nachdem Sanchez sein Einverständnis gegeben hatte, befand er sich wieder in der Welt der Gedanken. Ella bat ihn, die Gedanken von Rachel anzusteuern. Sanchez richtete seine Wahrnehmung darauf. Er nahm ein heilloses Durcheinander wahr.

»Du musst dich darauf konzentrieren die Gegenwart zu erfassen. In der Welt der Gedanken gibt es keine Zeit. Wenn du nicht auf die Gegenwart zielst, erfährst du alle Zeiten auf einmal.«

Sanchez konzentrierte sich auf die Gegenwart und merkte, wie Rachel darüber nachdachte, dass ihr sehr warm war.

»Ist dir klar, dass Rachel diese Wärme auch fühlt?«, fragte Ella. »Wenn du willst, dass sie nicht mehr so unter der Hitze leidet, dann geh in ihre Gedankenwelt. Kopiere ihre Art zu denken und denke fest daran, dass es nun beginnt, immer kühler zu werden. Wenn du das richtig machst, wird sie deine Gedanken nicht von ihren eigenen unterscheiden können. Sie wird in ihrer normalen Welt die Widerspiegelung der Gedankenwelt erleben, und damit wird sie spüren, dass es immer kühler wird.«

Sanchez tat genau, was Ella ihm gesagt hatte. Er richtete seine Wahrnehmung ganz intensiv auf Rachels Gedankenwelt und dachte fest daran, dass es immer kühler wird.

Rachel saß währenddessen mit Aaron im Auto.

Sie fuhren an der Küstenstraße entlang. Beiden war fürchterlich warm, da der Wagen keine Klimaanlage besaß. Sie hatten zwar alle Fenster offen, doch der Fahrtwind brachte keine echte Kühlung. Es war eher, als ob sie von einem gigantischen Föhn angeblasen würden.

Plötzlich spürte Rachel, dass es merklich kühler geworden war. Vermutlich hatte sich die Windrichtung geändert, und nun wehte ein etwas kühlerer Wind über die Insel, dachte sie. Nach einer Weile wurde es ihr sogar zu kühl. Sie bat Aaron, die Fenster zu schließen.

»Willst du mich auf den Arm nehmen?«, meinte dieser verständnislos. »Du willst doch nicht etwa bei dieser Affenhitze wirklich die Fenster schließen?«

»Wieso Hitze? Mittlerweile weht ein ganz schön kühler Wind«, erwiderte sie energisch. Aaron überlegte angestrengt, warum sie diesen blöden Spaß so hartnäckig durchziehen wollte. Normalerweise waren ihre Witze scharfsinniger. »Also, was ist jetzt? Mir ist kalt. Machst du die Fenster zu oder nicht?«, hakte sie noch einmal nach.

»Du meinst das wirklich ernst, oder?«, fragte er mehr als verwundert.

»Natürlich meine ich es ernst. Was ist denn los mit dir?«

»Mit mir ist alles in Ordnung«, rief er kopfschüttelnd. »Aber bei dir scheint etwas nicht zu stimmen. Wir haben mindestens fünfunddreißig Grad im Schatten, und du glaubst zu frieren.«

»Es ist wegen des kalten Windes. Den musst du doch auch spüren!«, sagte sie verständnislos.

»Es gibt keinen kalten Wind. Ich fühle mich wie in einem Heißluftherd.«

»Das kann doch nicht dein Ernst sein! Es ist mittlerweile saukalt hier«, entgegnete sie hartnäckig.

»Dann schau mich doch mal an. Siehst du die Schweißperlen auf meiner Stirn?«, fragte Aaron energisch.

»Wie kann das sein? Wie kannst du bei dieser Kälte so schwitzen? Ich schwitze überhaupt nicht.«

»Rachel, einer von uns beiden muss übergeschnappt sein.«

Die beiden stritten noch eine Weile darüber, ob es nun warm oder kalt sei. Aaron schloss die Fenster, da Rachel immer noch darauf bestand. Nach einer halben Stunde Fahrt stand er so im eigenen Saft, dass er nicht mehr weiterfahren konnte. Er hielt an und stieg aus.

Unterdessen hatte Sanchez Rachels Gedankenwelt schon längst verlassen. Er konzentrierte sich jetzt auf Aarons Gedanken und vernahm deren Klang. Aaron dachte darüber nach, was mit Rachel los sei. »Sie muss verrückt geworden sein«, hörte Sanchez Aaron denken. »Sie kann doch bei dieser Hitze nicht tatsächlich frieren.«

Sanchez verließ daraufhin noch einmal Aarons Gedankenwelt. Er musste zuerst überlegen, was er mit ihm anstellen könnte. Er war sich zwar immer noch nicht sicher, dass er Aaron und Rachel tatsächlich beeinflusste, doch es war auf jeden Fall ein interessantes Spiel. Schließlich hatte Sanchez eine Idee. Er könnte Aarons Gedankenwelt vielleicht so verändern, dass dieser glaubte, er selbst sei verrückt. Sanchez wusste zwar nicht, wie sich Aarons Wahrnehmung dadurch verändern würde, doch das würde er bald feststellen. Wieder konzentrierte er sich auf die Wahrnehmung von Aarons Gedankenwelt. Er dachte also: »Nein, nicht Rachel ist verrückt. Ich bin der Verrückte. Rachel ist ganz normal. Ich bin neben der Spur.«

Bei Rachel hatte die Wirkung von Sanchez' Beeinflussung bereits wieder nachgelassen. Sie hatte das Gefühl, dass es jetzt endlich wieder wärmer geworden war. Aaron hingegen begann sich sehr seltsam zu benehmen. »Was kann passiert sein, dass ich bei dieser Kälte immer noch so schwitze?«, fragte er Rachel.

»Es ist eigentlich gar nicht mehr so kalt. Es ist schon wieder viel wärmer geworden. Wahrscheinlich hat der Wind sich nochmal gedreht, und jetzt kommt wieder warme Luft zu uns.«

»Und warum tragen dann alle Leute diese dicken Mäntel?«

»Welche dicken Mäntel?«, fragte Rachel verwundert. »Die Leute haben doch nur ganz leichte Kleidung an.«

»Sicherlich. Du hast Recht. Ich glaube, ich bin völlig durcheinander. Ich sehe die Leute in dicken Pelzmänteln, obowhl ich weiß, dass das nicht sein kann. Wir sind hier fast am Äquator. Hier kann es nicht so kalt werden. Ich muss tatsächlich verrückt geworden sein.«

»Es kann hier schon mal kalt werden«, beruhigte Rachel ihn. »Ich habe es ja eben selbst gespürt. Aber die Leute haben trotzdem keine Pelzmäntel an. Siehst du sie wirklich in Pelzmänteln?«

»Manchmal ja und dann wieder nicht. Ich glaube, die letzten Tage waren einfach zu viel für mich. Ich muss einem Nervenzusammenbruch haben«, schlussfolgerte er ziemlich fertig.

Sanchez verließ die Gedankenwelt von Aaron und ging wieder zu Ella an den Strand von Mysterio. »Glaubst du wirklich, dass sich die Wahrnehmung von Rachel und Aaron durch meine Manipulation ihrer Gedankenwelt geändert hat?«

»Aber natürlich«, bestätigte Ella. »Du wirst es hören, wenn sie zurück sind.«

»Okay, dann werde ich jetzt das Spiel beenden.«

»Darf ich dir zuvor noch einen Witz erzählen?«, fragte Ella.

»Du willst mir wirklich einen Witz erzählen?«

»Ja, natürlich!«

»Na, dann schieß los!«

»Also, ein Mann kommt in den Blumenladen. Er sagt zu der Verkäuferin: ›Ich hätte gerne einen Strauß Gladiatoren!‹ Die Verkäuferin antwortet: ›Guter Mann, Sie meinen bestimmt Gladiolen.‹ ›Ach ja, stimmt‹, antwortet der Mann. ›Das andere sind ja diese komischen Heizkörper.‹«

Sanchez lachte sich halb schief über diesen Witz. Er konnte sich gar nicht mehr einkriegen.

»War der witzig?«, wollte Ella dann wissen.

»Ja, der war gut«, meinte Sanchez immer noch lachend.

»Was war denn daran genau witzig?«, hakte Ella sichtlich verwirrt nach.

»Ja, verstehst du denn deinen eigenen Witz nicht?!«

»Ich verstehe den Sinn der Geschichte, aber nicht, was daran witzig sein soll.«

»Da kann ich dir leider nicht weiterhelfen. Aber ich finde den Witz wirklich lustig.«

»Ich werde es noch herausbekommen. Danke für deine Hilfe.«

»Es war mir eine Ehre. Wenn du mir wieder einen Witz erzählen möchtest, sag Bescheid.«

Sanchez beendete das Spiel und setzte sich nach draußen auf seine Terrasse. Nach einer Weile kamen Rachel und Aaron von ihrer Erkundungstour zurück. Aaron war immer noch ganz durcheinander. Er wollte sich nur noch hinlegen und schlafen.

»Was ist los mit dir, Aaron? Du bist so nass um die Blase. Ähm, ich meinte natürlich blass um die Nase.«

»Ich glaube, ich brauche nur ein bisschen Ruhe«, meinte er.

Sanchez fing schallend an zu lachen. »Es hat tatsächlich funktioniert!«, schrie er laut heraus. »Und wie es funktioniert hat! Du bist nicht verrückt, Aaron. Und du auch nicht, Rachel. Auch wenn dir manchmal kalt wird bei fünfunddreißig Grad im Schatten.«

Die beiden sahen sich erst gegenseitig und dann Sanchez fassungslos an. »Hast du irgendetwas mit uns gemacht?«, fragte Rachel schließlich ungehalten.

»So könnte man es ausdrücken«, stammelte Sanchez und lachte sich dabei halb schief.

»Aaron!«, sagte Rachel und gab ihm mit dem Kopf ein Zeichen, Sanchez zu schnappen. Sie nahmen ihn an Händen und Füßen und trugen ihn zum Strand. Sanchez war immer noch schallend am Lachen. Als sie am Meer angekommen waren, meinte Rachel: »Nur ins Wasser werfen wäre zu wenig Strafe. Komm, erst ins Wasser und danach noch in den Sand.«

Sanchez konnte sich nicht wehren. Dabei lachte er sich immer noch kaputt. Nass und voller Sand hörte er nur ganz allmählich auf zu lachen. »Wenn ihr wollt, erzähle ich euch, wie ich das gemacht habe«, meinte er, nachdem er sich einigermaßen beruhigt hatte.

»Später, jetzt will ich erst mal duschen nach diesem Schrecken«, sagte Rachel.

Als die drei am Abend zusammensaßen, wollte Aaron wissen, was Sanchez mit ihm gemacht hatte.

»Ich habe nur deine Gedanken etwas beeinflusst. Ich habe dich denken lassen, dass Rachel ganz normal sei und infolgedessen du verrückt sein musst.«

»Und wie hast du das gemacht, dass ich die Leute alle im Pelzmantel gesehen habe?«, wollte Aaron genau wissen.

»Du hast Leute im Pelzmantel gesehen? Ehrlich? Damit habe ich nichts zu tun«, erklärte Sanchez verwundert.

»Heißt das, dass ich doch verrückt geworden bin?«

»Ich vermute, dass dein Unbewusstes mit den Pelzmänteln eine Möglichkeit gewählt hat, dir den Gedanken widerzuspiegeln, dass du verrückt bist. Anders kann ich mir das nicht erklären. Aber der Gag ist gut: Pelzmäntel auf Barbados.«

Die drei saßen noch lange zusammen. Aaron und Sanchez leerten gemeinsam eine Flasche Wein. Rachel hielt sich, was den Alkohol betraf, eher zurück. Sie litt immer noch etwas unter den Nachwirkungen ihres Vollrausches.

Für den nächsten Tag hatten Rachel und Aaron sich vorgenommen, weiter Mysterio zu spielen. Rachel hatte im Sinn, es Sanchez auf irgendeine Weise heimzuzahlen. Langsam begann sich in ihr ein richtiger Spieltrieb zu entwickeln. Es war mit Sicherheit keine Vernunftsentscheidung, heute zu spielen, sondern reine Lust am Erlebnis und am Schabernack. Davon abgesehen war ihr Verlangen ganz schön am Brodeln. Sie genoss diese Lust in vollen Zügen.

Am nächsten Morgen wollte sie gleich nach dem Frühstück spielen. Auch Aaron und Sanchez waren bereits neugierig, was sie mit Mysterio an diesem Tag erleben würden. Doch es sollte alles etwas anders kommen als geplant.

Rachel saß am Computer und sah Ella auf sich zukommen. »Hallo, Rachel. Ich möchte dich bitten, Aaron und Sanchez zu uns zu holen.«

War in der Zwischenzeit irgendetwas passiert? Warum sollte sie die beiden holen? Ohne zu verstehen, um was es ging, rief sie nach den zweien. Als alle drei zusammen vor dem Computer saßen und ihren Landeanflug auf Mysterio beendet hatten, begann Ella etwas zu erklären, was den dreien zunächst große Probleme bereitete. »Ihr müsst jetzt eure Fähigkeiten allein weitertrainieren!«, erklärte Ella.

»Du hilfst uns nicht mehr? Wieso?«, fragte Rachel verständnislos.

»Ihr braucht meine Hilfe nun nicht mehr. Momentan habt ihr das Gefühl, von mir abhängig zu sein. Doch das stimmt nicht! Ich habe euch nur geholfen, eure Wahrnehmung auf euer Glück zu konzentrieren. Da ihr jetzt erlebt habt, dass ihr über diese Fähigkeit verfügt, könnt ihr sie selbstständig trainieren. Je öfter ihr euer Glück wahrnehmt, desto stärker wird es werden. Wenn ihr nicht ab sofort dafür sorgt, dass ihr euch unabhängig fühlt, wird es euch später nicht mehr gelingen. Ich werde wieder mit euch spielen, sobald ihr gemerkt habt, dass ihr euer Glück allein aktivieren könnt. Dann werde ich euch helfen, eure derzeitigen Wahrnehmungsgrenzen zu durchbrechen.«

»Was sind das für Grenzen?«, wollte Aaron wissen.

»Es sind Grenzen, die euch von eurem Glauben gesetzt werden. Solltet ihr sie allein nicht überwinden können, werde ich euch eine virtuelle Welt erleben lassen, in der eure Vernunft ausgeschaltet ist und ihr an alle Fähigkeiten herankommt, auf die ihr Lust verspürt. Ich möchte euch auch noch eine Hilfe mit auf den Weg geben. Wenn ihr nach folgendem Schema vorgeht, wird das Ganze nicht so schwierig für euch. Ich habe dieses Schema bisher auch benutzt, um euch dabei zu helfen, eure Wahrnehmung auf euer Glück auszurichten.«

»Von welchem Schema redest du?«, wollte Rachel wissen.

»Ich habe mit dir schon einmal darüber gesprochen. In den Momenten, wo ihr trainieren wollt, macht eure Gedanken frei von allem, was euch wichtig erscheint. Lasst euren Geist ganz ruhig werden. Entspannt dabei euren Körper. Wenn ihr innerlich total ausgeglichen seid, richtet ihr eure Wahrnehmung auf euer Glücksgefühl. Konzentriert also euer Empfinden auf dieses Gefühl und spürt es im ganzen Körper. Danach lasst ihr eure Gedanken wieder frei fließen. Sie werden durch das Glücksgefühl beeinflusst sein. Dadurch werden Ideen in euch aufsteigen, die ihr total schön findet. Es entsteht sozusagen die Energie der Lust. Ihr werdet aller Voraussicht nach Lust auf die Anwendung eurer

Fähigkeiten bekommen. Durch die Lust wird eure Vernunft ausgeschaltet. Das heißt, es werden alle Blockaden, die zuvor eure Fähigkeiten unterdrückt haben, aufgelöst. Ihr werdet spielen wie Kinder und auf diese Weise ein unermessliches Potenzial an Begabungen und Kräften in euch freilegen. Dies ist der wesentlichste Bestandteil des Schemas zur Aktivierung eures Glücks. Der zweite Bestandteil besteht im spielerischen Ausleben eures Glücksgefühls in Form von Anwendung eurer Fähigkeiten.«

»Das erinnert mich an Superlearning«, sagte Aaron. »Dabei programmiert man sein Unbewusstes in der Entspannung mit Vokabeln und Grammatik und wendet das unbewusst erworbene Wissen dann spielerisch an. Ich habe einmal an solch einem Spanischkurs teilgenommen und war begeistert. Nie zuvor habe ich so schnell und mühelos gelernt.«

»Das ist genau das Schema, das ich euch vorgeschlagen habe«, bestätigte Ella.

»Okay, ich denke, das werden wir hinbekommen«, meinte Aaron zuversichtlich.

Die drei verließen Mysterio und kamen in ihre normale Welt zurück. Sie hatten das Gefühl, dass ein schweres Stück Arbeit vor ihnen lag, und beschlossen, gleich mit dem Training zu beginnen. Sie legten sich in ihre Betten und begannen, sich zu entspannen.

Rachel hatte zunächst Schwierigkeiten damit. Außerdem bekam sie ihren Geist nicht frei von störenden Gedanken. Nach zehn Minuten merkte sie, dass es ihr besser gelang, wenn sie die Augen öffnete und mit ihrem Blick einen festen Punkt fixierte. Sie schaute auf die Lampe, die über dem Bett hing. Nach einer Weile war ihr Geist ganz ruhig. Sie war erstaunt, wie leicht es ihr gelang, das Glück in sich wahrzunehmen. Sie genoss das schöne Kribbeln und die Weite in ihrem Brustkorb und auch das Gefühl, ein offenes Herz zu haben.

Nach einer Weile stieg in ihr immer mehr die Lust auf, irgendetwas mit ihrem Geist bewegen zu wollen. Also konzentrierte sie sich auf die Lampe. Sie bemühte sich, die Lampe als einen Bestandteil ihres Körpers anzusehen. Als sie dies fühlen konnte, hob sie den Arm und machte mit einer Hand eine kreisende Bewegung. In diesem Augenblick drehte sich die Lampe. Sie erschrak so darüber, dass es tatsächlich funktioniert hatte, dass sie wieder absolut wach war. Ihr Herz klopfte wie verrückt, und sie war voller Freude und Begeisterung, dass sie in der wirklichen Welt tatsächlich Gegenstände bewegen konnte. Nach diesem Gefühlsausbruch schaffte sie es allerdings nicht mehr, sich erneut zu beruhigen. Sie stand auf und ging auf die Terrasse.

Aaron und Sanchez waren zu diesem Zeitpunkt noch bei ihrer Meditation. Sanchez hatte Schwierigkeiten, sein Glücksgefühl wahrzunehmen. Seine Gedanken schweiften immerzu ab, und seine Gefühle schienen ihr eigenes Leben zu leben. Aber wieder und wieder brachte er seine Aufmerksamkeit auf die Energie seines Glücksgefühls zurück. Schließlich zahlten sich seine Bemühungen aus. Sein Glücksgefühl wurde allmählich stärker. Und je intensiver es wurde, desto leichter fiel es ihm, seine Wahrnehmung darauf zu richten. Er nahm sich vor, sein Glücksgefühl nie mehr so sehr aus den Augen zu verlieren. Nun erkannte er, dass es zu Anfang nur deshalb so schwer für ihn gewesen war, weil er sein Interesse zu sehr auf andere Dinge gerichtet hatte. Ihm wurde bewusst, wie sehr seine Wahrnehmung seinen Interessen folgte. Weiterhin wurde ihm klar, dass seine Wahrnehmung einem gewissen Gewohnheitseffekt unterlag. Beschäftigte er sich eine Weile bewusst mit einem bestimmten Thema, übernahm sein Unbewusstes das Interesse für dieses Thema. Damit saugte sich seine Wahrnehmung regelrecht daran fest. Wenn er an etwas anderes dachte, ging seine Wahrnehmung sofort wieder zu seiner Gewohnheit zurück, sobald er für einen Moment losließ.

Er musste also richtig trainieren, um seinen Glückszustand zurück in den Fokus seiner Wahrnehmung zu bringen. Wenn er das während der nächsten Tage weiterhin tun würde, würde diese Wahrnehmungsrichtung schließlich zu einer Gewohnheit werden. Danach wäre es genauso schwer, von seinem Glück wieder loszulassen, wie von den Dingen, mit denen er jetzt zu kämpfen hatte. Sanchez erkannte, dass diese Erfahrung für die Umsetzung seines Glücks immens wichtig war.

Jetzt, nachdem er wieder in seinem Glücksgefühl war, stieg in ihm die Lust auf, sich erneut auf die Welt der Gedanken zu konzentrieren. Er versuchte, einen Unterschied zwischen seinen eigenen Gedanken und denen anderer Menschen zu finden. Schließlich erkannte er, dass die Gedanken anderer Menschen aus einer anderen Richtung zu kommen schienen. Sanchez benutzte die Entspannung, um zu üben, die Richtung, aus der diese Gedanken kamen, wahrzunehmen.

Aaron tat sich bei der Übung etwas leichter. Im Handumdrehen war er wieder in seinem Glücksgefühl. Es fiel ihm mittlerweile so leicht, dass er dem Glücksgefühl leider keine allzu große Bedeutung mehr zumaß. Sofort ging er auf Bezugsebene zwei und begann danach zu forschen, wer dafür verantwortlich war, dass der CIA sie suchte.

Er sah, wie der CIA-Chef einen Anruf bekam. So weit war er schon einmal gekommen. Doch nun erkannte er, woher dieser Anruf kam. Er kam direkt aus dem Weißen Haus! Der Anrufer musste also jemand in allerhöchster Position sein. Aaron interessierte sich zwar ein bisschen für Politik, aber diesen Mann kannte er trotzdem überhaupt nicht. Er wollte wissen, warum er den Chef des CIA angerufen hatte. Wieso wollte er Rachel finden? Die Bilder vor Aaron veränderten sich wieder. Er sah erneut die militärische Anlage, in der Rachels Mysterio-Computer stand: Areal 51. Was hatte dieser Mann mit dem CIA zu tun?

Aaron sah eine unglaubliche Bilderflut. Er erkannte, dass der Mann ein ganz hohes Tier beim Militär sein musste. Wenn er das Militärgelände betrat, salutierten alle Soldaten vor ihm. Er musste General sein oder so etwas. Okay, jetzt wusste Aaron, was der Mann mit Areal 51 zu tun hatte. Warum aber nahm der CIA Befehle des Generals entgegen?

Mit dem, was dann kam, hatte Aaron nicht gerechnet. Er sah ein geheimes Treffen von zwölf Männern. Der General und der CIA-Chef waren unter ihnen. Aaron verstand zunächst nicht, was da passierte. Er wollte wissen, ob dies eine offizielle Einrichtung der Regierung war, und mit einem Mal verschwanden alle Bilder vor Aarons Augen. Das konnte nur bedeuten, dass dies ein Treffen einer privaten Organisation sein musste. Doch zu welchem Zweck? Wieder wurde Aaron überflutet von Bildern. Er konnte seine Neugier ab diesem Zeitpunkt nicht mehr richtig steuern und merkte, dass er eine Pause machen musste. Also beendete er die Übung und kam zu Sanchez und Rachel auf die Terrasse.

»Na, wie war deine Übung?«, fragte Rachel ihn dort.

»Sehr interessant. Ich weiß nur noch nicht, was ich davon halten soll«, erwiderte Aaron.

»Kannst du dich etwas genauer ausdrücken?«

Aaron erzählte von seinen Wahrnehmungen. Sanchez wurde immer neugieriger, als es um die private Organisation ging. »Ich habe mir schon fast gedacht, dass so etwas hinter der ganzen Sache steckt«, meinte er. »Ich vermute, dass die Agenten des CIA, die euch verfolgt haben, eine falsche Information von ihrem Chef bekommen haben. Sie glauben wahrscheinlich, dass du eine feindliche Agentin bist.«

»Nachdem Rachel die beiden Männer zusammengeschlagen hat, denken die das bestimmt«, erwiderte Aaron.

»Du hast zwei Agenten des CIA zusammengeschlagen?«, fragte Sanchez ungläubig.

»Fang du nicht auch noch damit an. Sie haben bei mir Reflexe ausgelöst, auf die ich trainiert war.«

»Welche Reflexe?«, wollte Sanchez wissen.

»Ich habe eine Kampfkunst erlernt, um mich vor Vergewaltigung schützen zu können. Dabei wurde immer wieder der Ernstfall geprobt. Mir hielt dabei jemand den Mund zu, falls ich schreien würde. Das hat man in den Selbstverteidigungskursen, die ich belegt hatte, auch so gemacht. Als einer der beiden Männer das dann tat, ging plötzlich alles ganz schnell. Ehe ich richtig nachdenken konnte, hatte ich schon zugeschlagen. Danach war ich so in Angst, dass ich den zweiten Mann angegriffen und ihn bei diesem Überraschungsangriff ausgeknockt habe.«

»Na ja, wenn ich das so höre, dann kann ich ja froh sein, dass ich noch alle Knochen beisammenhabe«, schlussfolgerte Sanchez. »Wir haben hier eine kleine Kampfmaschine in unserer Mitte.«

»Wenn du jetzt auch noch Rambo zu mir sagst, gibt's was auf die Mütze«, meinte Rachel barsch.

»Das würde ich niemals wagen. Jetzt, wo ich weiß, wie gefährlich du bist«, entgegnete Sanchez amüsiert. »Aaron, glaubst du, du kannst herausfinden, was den beiden Agenten über euch gesagt wurde?«

»Ich denke schon. Auf jeden Fall werde ich es versuchen.«

»Bei mir gibt es, was meine Übung betrifft, nicht viel zu sagen«, meinte Sanchez. »Ich muss noch ein wenig üben. Das Einzige, was ich erfahren habe, war die Erkenntnis, dass die Ausrichtung unserer Wahrnehmung einen gewissen Gewohnheitseffekt hat. Ich habe erlebt, dass es mir sehr schwerfiel, in mein Glücksgefühl zu kommen, weil ich mich in der letzten Zeit zu wenig damit beschäftigt hatte. Ich musste regelrecht trainieren, um es wiederzufinden. Dauernd schoben sich andere Dinge in den Vordergrund, die eigentlich gar nicht so wichtig waren. Es waren genau die Dinge, mit denen ich mich in den letzten Tagen sehr viel beschäftigt hatte. Offenbar habe ich mein Unbewusstes dadurch trainiert, meine Wahrnehmung auf diese Dinge zu richten. Mir ist klar geworden, dass ich diesen Gewohnheitseffekt nicht unterschätzen darf, wenn ich das Glück in mein Leben ziehen will.«

»Jetzt wird mir einiges klar«, sagte Rachel nachdenklich. »In der Zeit, als ich die Finger von Mysterio lassen wollte, hatte ich das Gefühl, von dem Spiel abhängig zu sein, weil ich unentwegt daran denken musste. Ich habe mir damals offensichtlich antrainiert, ständig an Mysterio zu denken, und mein Unbewusstes hatte dies bereits als Gewohnheit übernommen. Es hat einige Tage gedauert, bis ich das ständige Denken an Mysterio wieder los war. Es war also gar keine Abhängigkeit, sondern einfach nur der Gewohnheitseffekt.«

»Ich denke, es ist wichtig, dass wir diesem Effekt bei unserer Umsetzung wirklich genügend Beachtung schenken«, meinte Sanchez. »Sonst trainiert man sich sehr leicht eine Wahrnehmungsrichtung an, die man eigentlich lieber nicht zum realitätsgestaltenden Faktor machen möchte.«

»Meine Übung war sehr interessant«, meinte Rachel. »Besonders das, was nach der Übung hier auf der Terrasse passiert ist, war ein echtes Erlebnis. Passt mal auf!«, sagte sie und konzentrierte sich auf den Tisch, der zwischen den dreien stand. Nach ein paar Sekunden hob sie ihre Arme über den Tisch. Plötzlich zog sie die Arme ruckartig hoch. Der Tisch wurde mehrere Meter in die Luft geschleudert und knallte neben den dreien wieder auf den Boden. Aaron und Sanchez waren sprachlos. Von Psychokinese hatten sie zwar schon oft gehört, aber nicht, dass jemand einen schweren Tisch durch die Gegend schleudern konnte. Die beiden waren sichtlich beeindruckt.

»Allzu oft kannst du das aber nicht mehr machen, sonst müssen wir bald vom Boden essen«, meinte Sanchez scherzend.

»Leider beherrsche ich es noch nicht sanfter. Momentan kann ich nur Dinge wegschleudern. Ich kann den Bewegungsimpuls noch nicht richtig steuern. Aber ich bin schon zufrieden, dass es überhaupt klappt.«

Nach diesem ersten Versuch waren alle sehr gespannt, wie sich ihre Fähigkeiten weiterentwickeln würden. Sanchez und Rachel hatten noch einiges zu lernen, bevor sie weiter Mysterio spielen konnten. Bei Aaron sah das etwas anders aus. Er hatte keine Probleme, seine Wahrnehmung auf sein Glücksgefühl zu konzentrieren und im Bezugssystem zwei herumzuforschen. Er war der Meinung, dass er reif sei, um weiterzuspielen. Also setzte er sich an den Computer und begann seinen Landeanflug auf Mysterio.

»Hallo, Aaron. Wie ich sehe, willst du etwas Neues erleben«, begrüßte ihn Ella.

»Richtig. Es ist zwar interessant auf Bezugsebene zwei, aber auch ganz schön anstrengend. Ich wollte dich fragen, ob es eine andere Methode gibt, wie ich an Informationen herankomme.«

»Nun, zunächst möchte ich betonen, dass du, während du Informationen abrufst, permanent dein Glücksgefühl aufrechterhalten solltest. Ich habe dich schon einmal gewarnt, dass es sonst sehr negative Ereignisse in deinem Leben geben könnte. Sobald du anfängst zu glauben, ihr könntet in Gefahr sein, wird dir diese Gefahr auch widergespiegelt. Wenn du dich im Strudel der Angst verfängst, entstehen sehr unangenehme Situationen in deinem Leben. Sei also vorsichtig.«

»Das bin ich. Ich habe verstanden, dass mein Unbewusstes ein Gewohnheitstier ist, und ich werde die Gewohnheit nicht aufgeben, mein Glücksgefühl regelmäßig wahrzunehmen. Doch jetzt möchte ich mehr über die Geheimnisse dieser Welt erfahren. Ich möchte wissen, was noch vor der Öffentlichkeit geheim gehalten wird.«

»Geh einmal in dich und prüfe nach, ob du dies wirklich aus deinem Glücksgefühl heraus tust oder ob du einen Zweck damit verfolgst!«, forderte Ella Aaron auf.

»Wenn du mich so direkt fragst, dann möchte ich mehr über die Organisation herausfinden, damit wir uns eventuell vor diesen Leuten schützen können.«

»Deine Motivation baut darauf auf, dich schützen zu müssen. Du bist überzeugt, das tun zu müssen. Diese Wahrnehmungsrichtung schafft Realität. Wenn du glaubst, du musst dich schützen, nimmst du die Welt als gefährlich wahr. Du erschaffst dadurch Ereignisse, die dir bestätigen, dass du dich schützen musst. Das sind in aller Regel sehr negative Ereignisse. Je mehr du über eure Verfolger herausfindest, desto stärker könnte das Gefühl werden, dich schützen zu müssen. Damit würde sich deine Wahrnehmung immer mehr an der Gefahr festsaugen. Die Situationen, die du dann anziehst, würden immer dramatischer werden und dir gleichzeitig bestätigen, wie groß die Gefahr tatsächlich ist. Du könntest sehr leicht in einen Strudel hineingezogen werden, in dem du sicherlich nicht sein willst. Ich betone daher noch einmal: Deine Wahrnehmung wird die Ereignisse in deinem Leben bestimmen, nicht deine Taten!«

»Was schlägst du stattdessen vor?«

»Ich schlage vor, dass du deine Wahrnehmung sehr intensiv auf dein Glücksgefühl richtest und nachschaust, was für eine Idee dann in dir aufsteigt. Diese Idee entstammt nämlich wirklich nur deiner Lust, und dadurch können keine negativen Ereignisse ausgelöst werden.«

»Okay, das werde ich tun«, versprach Aaron.

Er brauchte nur wenige Minuten, um sein Glücksgefühl fast ekstatisch zu fühlen. Als er es gerade so richtig genoss, stieg in ihm der Gedanke auf, dass er gerne einmal wüsste, ob die Menschen schon einmal Kontakt mit Außerirdischen hatten. Er sagte dies Ella.

»Zu diesem Zweck würde ich vorschlagen, dass du zuerst einmal ins Bezugssystem zwei gehst und herausfindest, was genau du erfahren möchtest.«

Aaron richtete seine Wahrnehmung auf Bezugssystem zwei ein und lenkte seine Neugier auf seine Frage. Sofort wurde er wieder von Bildern überrollt. Offensichtlich hatte es schon sehr viele Kontakte zu Außerirdischen gegeben. Er präsierte seine Frage. »Was war der letzte intensive Kontakt mit Außerirdischen?« Bilder tauchten vor ihm auf. Er konnte sehen, wie eine Gruppe Mönche mit einem menschenähnlichen Wesen sprach. Aaron spürte, dass es nicht in der Gegenwart war. Es konnte jedoch noch nicht allzu lange her sein. Drei Monate oder vier, höchstens. Er begann, sich dafür zu interessieren, wo dieses Gespräch stattgefunden hatte. Er war fasziniert, als er erkannte, dass es in einem einsamen Bergkloster gewesen war. Aaron verließ Bezugssystem zwei und befand sich wieder am Strand von Mysterio.

»Ich habe immer geglaubt, dass die Kirche einige Geheimnisse vor der Öffentlichkeit verbirgt. Aber ich hätte nicht gedacht, dass sie schon einmal mit Außerirdischen zu tun hatte. Ich würde gerne mehr über diese Kontakte erfahren.«

»Dann würde ich vorschlagen, dass du dorthin gehst«, meinte Ella.

»Sehr witzig. Die lassen mich auch ganz bestimmt in das Kloster rein, um ihre Geheimnisse zu offenbaren.«

»War das witzig?«, fragte Ella verwirrt.

»Es war nicht witzig. Ich wollte damit nur sagen, dass ich dort nicht hineinkomme.«

»Du kommst dort nicht mit deinem physischen Körper hinein. Doch ohne diesen kann dich nichts und niemand aufhalten!«

»Was meinst du damit?«, fragte Aaron neugierig.

»Du kannst aus deinem Körper austreten und überall hingehen.«

»Du meinst Astralreisen? Davon habe ich schon einmal gehört.«

»Aber du musst immer sehr genau beachten, in welcher Zeit du dich bewegst«, erklärte Ella. »Die meisten Menschen, die Astralreisen unternehmen, schaffen es nicht, in dieser Zeit und in dieser Realität zu bleiben.«

»Wie soll ich das verstehen? In dieser Realität?!«

»Es gibt unzählige wahrscheinliche Realitäten. Es gibt jedoch nur eine, die dann tatsächlich in deinem Leben stattfindet beziehungsweise stattfand. Wenn du diese wahrscheinlichen Realitäten nicht von der deinen unterscheiden kannst, erlebst du das gleiche Durcheinander wie in deinen Träumen.«

»Wie kann ich es anstellen, in dieser einen Realität zu bleiben?«

»Du kannst lernen zu spüren, in welcher Realität du dich befindest. Wenn du das Gefühl einer Realität sehr genau kennst, kannst du deine Wahrnehmung auf dieses Gefühl konzentrieren und damit deine Wahrnehmung in dieser Welt halten. Du musst nur immer darauf achten, dass das Gefühl sich nicht verändert. Tut es das, befindest du dich sofort in einer alternativen Realität. In dem Fall musst du dir das Gefühl der erwünschten Realität wieder genau vorstellen. Damit kommst du wieder zurück.«

»Wie soll ich denn das machen? Ich kenne das Gefühl dieser Realität doch gar nicht«, wandte Aaron ein.

»Da irrst du dich. Du kennst es sehr genau! Es ist das Gefühl, das du hast, wenn du etwas als realistisch ansiehst.

Im Gegensatz dazu siehst du eine alternative Welt nur als etwas an, was möglich wäre.«

»So genau habe ich diese Gefühle nie differenziert. Da müsstest du mir schon ein wenig unter die Arme greifen, wenn ich das erkennen soll.«

»Warum soll ich dir unter die Arme greifen?«, fragte Ella verwirrt.

»Das sagt man nur so. Es bedeutet, dass du mir helfen sollst.«

»Es ist sehr verwirrend, dass die Menschen immer etwas ganz anderes sagen, als sie meinen.«

»Wem sagst du das?!«

»Dir habe ich das gesagt«, meinte Ella verwundert.

»Oh, entschuldige. Das war wieder so ein Spruch, mit dem man etwas anderes meint.«

»Wollen wir gemeinsam dein Realitätsgefühl herausfinden, damit du deinem Wissensdrang nachgehen kannst?«

»Wir wollen!«, bestätigte Aaron.

»Dann denke bitte an etwas, was du gestern getan hast. Etwas ganz Normales.«

»Ich bin gestern mit Rachel Auto gefahren.«

»Erinnere dich genau an diese Situation!«

Als Ella das sagte, spürte Aaron, dass er plötzlich wieder im Auto neben Rachel saß. Ella musste seine Erinnerungen so aktiviert haben, dass Aaron alles noch einmal erlebte. Trotzdem wusste er, dass es eine Erinnerung war. Er hörte Ella aus der Ferne. »Spürst du, dass dies wirklich gestern geschehen ist?«

»Klar spüre ich das«, bestätigte er.

»Dann stell dir jetzt vor, du wärst gestern mit Sanchez im Wagen unterwegs gewesen.«

»Das war ich aber nicht«, wandte Aaron ein.

»Deshalb sollst du dir das ja auch bloß vorstellen.«

Er tat, was Ella wollte. Auch bei dieser Vorstellung beeinflusste sie wieder seine Wahrnehmung. Aaron sah, wie Sanchez neben ihm saß und er sich mit ihm unterhielt. Von weitem hörte er wieder Ella. »Kannst du spüren, ob dieses Ereignis wirklich stattgefunden hat?«

»Es hat so nicht stattgefunden«, meinte Aaron.

»Achte genau auf das Gefühl, dass es so nicht stattgefunden hat, sondern nur eine Möglichkeit gewesen wäre, wie es auch hätte laufen können. Und jetzt vergleiche es mit dem Gefühl, das du hast, wenn du dich an die Situation mit Rachel gestern erinnerst.«

»Ich kann den Unterschied spüren«, rief Aaron erfreut.

»Dann komm wieder zurück an den Strand von Mysterio.«

»Das war gar nicht so schwer. Und wenn ich dieses Gefühl meiner Wirklichkeit aufrechterhalte, bleibe ich auf jeden Fall in der richtigen Welt?«

»In der Welt, die du persönlich als materielle Welt erlebst«, antwortete Ella. »Die anderen Welten sind genauso richtig. Jeder erlebt eine andere Welt. Diese Welten überschneiden sich zwar, aber sie sind für zwei Menschen niemals gleich. Doch es gibt noch etwas zu beachten. Du kannst dich bei deinen Reisen durch die Zeit hindurchbewegen. Wenn du dies nicht bewusst tust, wirst du ständig zwischen den Zeiten wechseln.«

»Lass mich raten!«, sagte Aaron. »Es gibt ein Gefühl für die Zeit, das ich konstant halten muss, damit ich die Ereignisse in der Zeit, die ich erleben will, wahrnehmen kann.«

»So ist es. Du lernst schnell. Dieses Gefühl kennst du auch schon. Durch dieses Gefühl bist du in der Lage zu erkennen, wann sich etwas in deinem Leben abgespielt hat. Du sortierst damit deine Erinnerungen. Um dieses Gefühl kennen zu lernen, brauchst du nur eine Erinnerung an die nahe und eine an die ferne Vergangenheit. Vergleiche diese Erinnerungen untereinander und mit der Gegenwart. Wenn du diese Gefühle unterscheiden kannst, machen wir weiter.« Nach ein paar Minuten gab Aaron an, die Gefühle der Zeit jetzt auseinanderhalten zu können. »Gut, dann kümmern wir uns jetzt darum, dass du lernst, deinen Körper zu verlassen«, entschied Ella.

»Das hört sich irgendwie gefährlich an. Es erinnert mich an den Tod.«

»Es ist nicht gefährlich. Im Gegensatz zum Tod gehst du nicht ganz aus deinem physischen Körper heraus. Ein Teil deiner Energie bleibt immer im Körper, solange du lebst. Auch kannst du nicht beliebig lange aus deinem Körper draußen bleiben. Wenn du müde wirst, dich aufregst oder Angst bekommst, saugt es dich sofort wieder in deinen Körper hinein.«

»Okay, was muss ich tun, um herauszukommen?«

»Nimm deinen Energiekörper wahr!«

»Wie soll ich denn das machen?«

»Spüre deinen Geist! Fühle, dass dein Geist etwas anderes ist als dein Körper. Wo fühlst du deinen Geist?«

»Ich bin nicht sicher, aber ich glaube, er ist in meinem Kopf. Nein, warte. Er ist etwas über meinem Kopf.«

»Das ist richtig. Du befindest dich momentan gar nicht richtig in deinem physischen Körper. Das machen übrigens viele Menschen so. Sie gehen aus ihrem Körper heraus, weil sie etwas erlebt haben, womit sie nicht fertig werden konnten. Solange sie draußen sind, spüren sie die unangenehmen Gefühle nicht so stark. Aber sie verlassen ihren Körper nicht ganz. Sie gehen nur ein Stückchen raus und kommen immer wieder kurz zurück.«

»Und das tue ich auch?«, fragte Aaron zweifelnd.

»Ja, im Moment bist du draußen. Du kannst es nur nicht glauben, dass du einfach weggehen kannst von deinem Körper. Aus diesem Grund werde ich diese Glaubensblockade jetzt ausschalten.«

Aaron wartete darauf, dass irgendetwas Seltsames passieren würde. Aber es tat sich nichts. Nach einer Weile fragte er: »Wie sieht es aus? Ich dachte, du wolltest meine Glaubensblockade ausschalten.«

»Das ist schon längst geschehen«, erwiderte Ella.

»Und wieso bin ich dann immer noch hier?«, wollte Aaron wissen.

»Weil du nicht weggegangen bist.«

»Die Antwort hätte ich mir auch geben können. Was muss ich tun, um wegzugehen?«

»Stell dir vor, wo du hinwillst. Du kennst die Situation, die du im Bezugssystem zwei gesehen hast. Das genügt«, meinte Ella.

»Das ist alles?«

»Das ist alles!«

Aaron tat, was Ella ihm gesagt hatte. Er konzentrierte sich auf seine Neugier in Bezug auf die Situation im Kloster. Plötzlich verschwand die Umgebung von Mysterio, und er befand sich in dem Kloster. Als er sich umdrehte, erkannte er, dass er im gleichen Raum war wie das außerirdische Wesen. Es war fantastisch. Er konnte sich in diesem Raum frei bewegen. Diese Realität wirkte genauso, als ob er tatsächlich dort wäre. Er konnte alles um sich herum sehen und hören, wurde aber selbst von den anderen nicht bemerkt. Doch mehr als seine neu erworbene Fähigkeit interessierte ihn der Außerirdische. Er lag im Bett und schien irgendwie krank zu sein. Aaron war fasziniert und gleichzeitig voller Furcht gegenüber diesem Außerirdischen. Soweit er sehen konnte, hatte er einen humanoiden Körper. Er traute sich nicht, noch näher an ihn heranzugehen, denn er hatte das Gefühl, dass dieses Wesen ihn sonst bemerken würde. Aaron musste sich erst einmal daran gewöhnen, dass er hier sein konnte und trotzdem nicht gesehen wurde. Er schaute sich das Wesen genau an, als plötzlich die Tür aufging und zwei Mönche hereinkamen. »Nun, wie geht es dir heute?«, fragte einer der beiden Männer.

Der Außerirdische verstand offensichtlich die Sprache der beiden, denn er drehte seinen Kopf zu ihnen und nickte.

»Ich werde nicht mehr sehr lange hier sein«, sagte er dann. »Meine Zeit ist gekommen. Daher bitte ich euch noch einmal inständig, meinen letzten Wunsch zu erfüllen.«

»Es tut uns wirklich schrecklich leid. Aber man hat es uns strikt verboten. Wir dürfen das Ritual nicht mit dir durchführen«, erwiderte der Mönch betrübt.

»Ihr müsst! Die Existenz der ganzen Menschheit steht auf dem Spiel! Glaubt mir doch! Ich sage die Wahrheit!«, flehte das Wesen.

»Wir glauben dir ja, doch wir können dir diesen Wunsch nicht erfüllen«, erwiderte der Mönch. »Wir würden es ja heimlich tun, doch wir wissen nicht wie. Du wirst hier sehr streng bewacht.«

Der Außerirdische drehte traurig seinen Kopf in die andere Richtung und sagte nichts mehr. Auch die Mönche wirkten sehr verzweifelt.

Was war hier los? Von welchem Ritual redeten die drei? Und wieso stand die Existenz der Menschheit auf dem Spiel? Aaron erkannte, dass er weiter zurück in die Vergangenheit gehen musste, um herauszubekommen, was hier gespielt wurde. Er wusste jedoch nicht, wie er das anstellen sollte. Also stellte er sich den Strand von Mysterio vor und war innerhalb weniger Sekunden wieder dort. Ella wartete bereits auf ihn.

»Wie komme ich in die Zeit zurück, zu der der Außerirdische von der Gefahr für die Menschheit erzählt?«

»Gehe ins Bezugssystem zwei und richte deine Neugier darauf ein!«

Aaron sah daraufhin, wie das Wesen von den Mönchen das erste Mal verarztet wurde. Es wurde in den Raum gebracht, in dem er es beim ersten Mal gesehen hatte. Aaron erkannte, dass dieses Ereignis nur ein paar Tage zuvor stattgefunden hatte. Er machte sich wieder bereit, seinen Körper zu verlassen und genau in diese Zeit und an diesen Ort zu gehen, den er jetzt im Bezugssystem zwei sah.

Als Aaron das Wesen betrachtete, spürte er sehr viel Mitleid und gleichzeitig Zuneigung. Er glaubte, fühlen zu können, dass dieses Wesen durch und durch gut war.

Bei ihm waren zwei Mönche, die sich seiner Verletzungen annahmen, so gut sie konnten. »Du wirst schon wieder gesund! Wir tun alles, was wir können. Wir werden für dich beten«, sagte einer der Mönche.

»Es ist lieb von euch, dass ihr mir helfen wollt, doch für mich kommt jede Hilfe zu spät. Ich werde nur noch ein paar Tage zu leben haben. Ich möchte, dass ihr hierbleibt, denn ich habe euch sehr viel zu sagen, was sehr wichtig für euren Planeten sein wird«, erklärte das Wesen.

»Du wirst bestimmt wieder gesund. Mach dir keine Sorgen!«, versuchte der Mönch es zu beruhigen.

»Ich mache mir keine Sorgen um mich selbst. Ich mache mir Sorgen um euch. Ihr Menschen seid in großer Gefahr.«

»Was für eine Gefahr?«

»Ihr werdet vernichtet werden, wenn ihr so weitermacht wie bisher«, erklärte das Wesen.

»Wer will uns denn vernichten? Wir haben doch niemandem etwas getan.«

»Lasst mich euch die ganze Geschichte von Anfang an erzählen. Wir kamen vor vielen tausend Jahren auf eurem Planeten an.«

»Heißt das, dass du viele tausend Jahre alt bist?«, fragte der Mönch zweifelnd.

»Ja und nein. Ich werde euch einiges erklären müssen, damit ihr das verstehen könnt. Wir mussten unseren Planeten damals verlassen, weil er uns nicht mehr alle ernähren konnte. Unser Heimatplanet war hoffnungslos übervölkert. Aus diesem Grund blieb uns keine andere Wahl. Ein großer Teil unserer Art flog mit riesigen Mutterschiffen los, um neue Lebensräume zu erschließen. Als wir zur Erde kamen, glaubten wir, den perfekten Planeten gefunden zu haben. Wir waren jedoch rein körperlich nicht in der Lage, die neue Welt allein aufzubauen. Deshalb kamen wir auf die Idee, eine Gruppe von Primaten gentechnisch zu manipulieren, um ihre Intelligenz zu steigern. Wir dachten, dass wir mit diesen Wesen friedlich zusammenleben könnten. Sie sollten für uns schwere Arbeiten verrichten. Dafür würden sie mit uns zusammen im Wohlstand leben. Doch es kam alles ganz anders.

Ich gehörte damals zu den Wissenschaftlern, die das Experiment durchführen sollten. Wir versuchten als Erstes, das Gehirn der Primaten zu vergrößern, was auch ganz gut gelang. Die Wesen, die wir schufen, waren allerdings nicht in der Lage, ihr gesamtes Gehirn zu nutzen. Sie nutzten nur etwa zehn Prozent. Wir dachten, dass es nur eine Frage der Zeit sei, bis sie sich auch die anderen neunzig Prozent eröffnen würden.«

»Lass mich raten!«, sagte einer der Mönche. »Die Wesen, die ihr geschaffen habt, waren die Menschen!«

»So ist es«, bestätigte das Wesen. »Doch wir hatten bei unserem Experiment eines nicht bedacht. Die Evolution der Erde war bis zu diesem Zeitpunkt völlig anders verlaufen als auf unserem Planeten. Hier auf der Erde war alles auf Fressen und Gefressenwerden ausgerichtet. Für sämtliche Lebewesen der Erde war die Angst ein fester Bestandteil ihres Lebens. So auch für die Primaten. Aus Angst entwickelten die Menschen einen überaus starken Trieb nach Macht. Denn Macht bedeutete Sicherheit.

Wir versuchten, das Gen für diese Machtbesessenheit zu finden. Doch es gelang uns nicht. Die Menschen waren so aggressiv und gewalttätig, dass wir mit ihnen nicht zusammenleben konnten. Wir hatten keine andere Wahl, als weiterzuziehen und den Planeten den Menschen zu überlassen. Nach einer Weile wurde uns klar, dass wir mit unserer Tat eine gewisse Verantwortung übernommen hatten. Wir hatten eine aggressive und machtbesessene Rasse geschaffen. Und natürlich durften wir nicht zulassen, dass diese Rasse irgendwann interstellaren Raumflug betreiben und andere Welten bedrohen würde. Also beschlossen wir, die Menschheit zu beobachten. Wir schickten Raumschiffe zurück zur Erde, die durch alle Zeiten hindurch die Erde beobachten sollten.«

»Dann werden die Menschen eurer Rasse viele tausend Jahre alt?«, hakte einer der Mönche nach.

»Nein, wir werden nicht viel älter als ihr«, widersprach das Wesen.

»Du sagtest doch eben, dass du selbst zu den Wissenschaftlern gehörst, die die Menschheit einst geschaffen haben. Das ist doch mindestens fünfzigtausend Jahre her.«

»Es war noch früher. Der Grund dafür, dass ich immer noch lebe, liegt in der interstellaren Raumfahrt begründet. Wir reisen automatisch auch durch die Zeit, wenn wir zu einem anderen Planeten fliegen.«

»Ihr habt eine Zeitmaschine?«, fragte der Mönch fasziniert.

»Nein, es wäre schön, wenn wir so etwas hätten. Leider sind für uns interstellare Raumflüge immer Flüge ohne Wiederkehr.«

»Das verstehe ich nicht«, meinte der Mönch.

»Zeit ist keine absolute Größe. Sie verändert sich, je nachdem, wie schnell man sich bewegt. Wir fliegen mit unseren Raumschiffen mit annähernder Lichtgeschwindigkeit. Dabei vergeht die Zeit für uns in normaler Geschwindigkeit. Aber außerhalb unseres Schiffes vergeht so viel Zeit, wie das Licht brauchen würde, um die Strecke zurückzulegen, die wir geflogen sind.

»Du sagtest doch eben, dass ihr mit Lichtgeschwindigkeit fliegt.«

»Mit annähernder Lichtgeschwindigkeit. Die Lichtgeschwindigkeit ist nicht wirklich erreichbar«, erklärte das Wesen.

»Ich verstehe nicht, was du uns damit sagen willst. Was hast du gemeint mit der Zeit innerhalb des Schiffes und außerhalb?«

»Du kannst es dir vereinfacht so vorstellen, dass für uns während eines Raumflugs vier Jahre vergehen. Für die Welt außerhalb des Schiffes sind jedoch eventuell viele tausend Jahre vergangen, je nachdem, wie weit wir geflogen sind. Je weiter wir in diesen vier Jahren fliegen, desto mehr Zeit ist außerhalb vergangen. Begreifst du es jetzt?«

»Nicht so ganz. Heißt das, dass du durch den Raumflug eine gewisse Zeitspanne übersprungen hast und nun wieder hier bist?«

»So kannst du es sehen. Als wir euren Planeten verließen, beschleunigten wir wieder auf Lichtgeschwindigkeit. Diese Beschleunigung dauerte etwa zwei Jahre. Wir beschleunigen immer so, dass wir dadurch in unserem Schiff automatisch unsere normale Schwerkraft beibehalten. Danach müssen wir wieder zwei Jahre bremsen. Jeder interstellare Raumflug dauert auf diese Weise immer etwa vier Jahre, ganz gleich, wohin wir wollen. Es ist bei annähernder Lichtgeschwindigkeit eine Frage von Tagen, ob wir gigantische Distanzen überbrücken oder nur zur nächsten Galaxis fliegen. Für die Zeit außerhalb des Raumschiffes ist es jedoch von entscheidender Bedeutung, wie weit wir fliegen.

Wir haben beschlossen, in den verschiedensten Zeitepochen auf der Erde nach dem Rechten zu sehen. Zu diesem Zweck ist eine Reihe von Raumschiffen gestartet, die alle unterschiedlich weite Wege zu Erde hinter sich gebracht haben. Dadurch kamen sie in den unterschiedlichsten Zeiten hier an. Ich selbst kam nach eurer Zeitrechnung 1944 hier an. Euer Zweiter Weltkrieg war voll im Gange. Wir sahen sofort, dass die Welt in großer Gefahr war. Insbesondere, da die Deutschen kurz davor standen, die Atombombe zu entwickeln. Wir versuchten, das Ungleichgewicht der Mächte wieder ins Lot zu bringen und ließen dafür Raumschiffe gezielt abstürzen. In diesen Raumschiffen befanden sich Technologien, die es den Wissenschaftlern in den USA ermöglichten, die Bombe als Erste zu entwickeln. Damit nahm der Krieg eine entscheidende Wende. Seitdem sorgen wir dafür, dass das Gleichgewicht der Kräfte nie aus dem Lot kommt.«

»Was hättet ihr getan, wenn euch das nicht gelungen wäre?«, wollte der Mönch wissen.

»Wir hätten zugeschaut, wie die Menschen sich gegenseitig auslöschen.«

Betretenes Schweigen breitete sich aus. Schließlich brach einer der Mönche das Schweigen. »Was hättet ihr gemacht, wenn die Menschheit bereits die Möglichkeiten entwickelt hätte, interstellaren Raumflug zu betreiben?«

»Das kommt darauf an, wie machtbesessen eure Rasse zu diesem Zeitpunkt gewesen wäre«, sagte das Wesen.

»Was hättet ihr getan, wenn die Menschheit genauso machtbesessen gewesen wäre, wie sie heute ist?«

»Wir hätten eure Technologien vernichtet und euch damit die Möglichkeit genommen, andere Welten zu bedrohen. Doch wir sind leider nicht mehr die Einzigen, die die Erde beobachten. Es sind sehr viele verschiedene Rassen hier, die alle mit großer Besorgnis das Treiben der Menschheit beobachten. Einige von ihnen sind kaum noch davon abzuhalten, die Menschheit auszulöschen. Sie haben Angst, dass ihr immer mächtiger werdet und sie euch irgendwann nicht mehr unter Kontrolle halten können. Bis jetzt konnten wir sie immer wieder beruhigen. Doch nun, da keiner von uns mehr für euch sprechen kann, seid ihr in großer Gefahr. Beim nächsten größeren Machtmissbrauch auf eurer Erde werden sie euch wahrscheinlich vernichten.«

Aaron rutschte das Herz in die Hose. Ihm wurde bewusst, wie groß die Gefahr der Vernichtung tatsächlich war. Ein flaues Gefühl breitete sich in ihm aus. Plötzlich spürte er, wie er von seinem physischen Körper zurückgesaugt wurde. Er versuchte, sich dagegen zu wehren, denn er wollte unbedingt hören, was der Außerirdische sonst noch zu sagen hatte. Doch es war zwecklos. Er war schon wieder in seinem Körper und sah Ella vor sich.

»Ich habe dir vorhin gesagt: Wenn du Angst bekommst, wirst du sofort in deinen Körper zurückgeholt.«

»Ausgerechnet jetzt!«, fluchte Aaron. »Ich will wissen, was er weiter gesagt hat.«

»Ich ermahne dich noch einmal: Deine Wahrnehmung ist darauf gerichtet, dich schützen zu müssen. Du weißt, dass du dadurch Realität gestaltest! Es ist nicht ratsam auf dieser Grundlage weiterzuforschen.«

»Du hast Recht. Aber was soll ich tun? Ich kann meine Neugier jetzt nicht mehr unterdrücken, nachdem ich schon so viel weiß.«

»Mach dir bewusst, dass du deine Realität gestaltest. Und dass du mit der Wahrnehmungsrichtung, die du durch den

Glauben, dich schützen zu müssen, annimmst, gefährliche Situationen erschaffst.«

»Ich glaube, es ist besser, wenn ich den anderen beiden nichts von der ganzen Geschichte erzähle«, meinte Aaron.

»In Bezug auf die Gestaltung ihrer Realität ist das sicher besser.«

»Kann ich denn irgendwie erfahren, was der Außerirdische noch gesagt hat?«, wollte Aaron wissen.

»Du solltest ab sofort darauf achten, dass du dein Glücksgefühl gut trainierst. Dir muss bewusst sein, dass du deine Realität vollständig selbst gestaltest. Wenn du weiterhin dem Glauben verfällst, dich schützen zu müssen, werden unweigerlich sehr negative Ereignisse in dein Leben treten.«

»Ich habe den Eindruck, dass du mir Angst machen willst«, entgegnete Aaron.

»Ich will dir nur begreiflich machen, wie wichtig es momentan für dich ist, deine Wahrnehmung auf das Glück zu richten. Du hast durch das Gefühl, dich schützen zu müssen, bereits Ereignisse in dein Leben gerufen, die du mit Sicherheit so nicht haben willst. Du kannst noch einmal mit einem blauen Auge davonkommen, wenn du ab sofort auf dein Glücksgefühl achtest. Wenn du durch das, was ich dir gesagt habe, Angst bekommst, so fällt diese Angst wirklich nicht mehr ins Gewicht.«

»Ich denke, ich habe verstanden. Ich werde versuchen, meine Sorgen loszulassen und mich aufs Glück zu konzentrieren. Ich verspreche es dir.«

»Versprich es dir selbst!«, entgegnete Ella.

»Ich verspreche es mir selbst.«

Sanchez und Rachel saßen noch immer auf der Terrasse, als Aaron nach draußen kam. Er bemühte sich, möglichst entspannt und locker zu wirken, denn er wollte nicht, dass die beiden merkten, dass er sich große Sorgen machte.

»Na, wie war dein Spiel?«, fragte Rachel. »Hast du etwas Neues erfahren?«

»Ich hab nur ein bisschen im Bezugssystem zwei herumgesurft. Sonst gab es nichts Neues«, schwindelte Aaron.

»Wir wollen uns gerne ein bisschen unter die Leute mischen. Kommst du mit?«, fragte Rachel.

»Klar! Wohin wollt ihr?«

»Einfach in den nächsten Ort.«

Sie setzten sich in Sanchez' Wagen und fuhren los. Unterwegs sahen sie einen kleinen Jungen auf seinem Fahrrad. Plötzlich stürzte er direkt vor ihrem Wagen. Sanchez konnte gerade noch rechtzeitig bremsen. Die drei stiegen schnell aus und rannten zu dem Jungen. Er zitterte am ganzen Körper und war nicht mehr ansprechbar.

»Mein Gott!«, rief Sanchez. »Irgendetwas stimmt mit seinem Gehirn nicht. Er hat eine ganz seltsame Gedankenstruktur.«

»Er hat einen Gehirntumor!«, erklärte Rachel sofort. »Ich kann ihn fühlen. Er ist fast so groß wie ein Tennisball. Der Kleine ist am Sterben. Das werde ich nicht zulassen!«

Sie legte ihre Hände auf den Kopf des Jungen, schloss die Augen und konzentrierte sich. Sie spürte den Gehirntumor ganz deutlich. Ohne genau zu wissen, was sie eigentlich tat, stellte sie sich vor, dieser Tumor würde zu ihrem eigenen Körper gehören. Plötzlich schoss der Gedanke durch ihren Kopf, dass sie ihn auflösen könnte. Alles ging sehr schnell. Rachel spürte, wie der Tumor sich in reine Energie verwandelte und nach und nach immer kleiner wurde. Schließlich war er vollständig verschwunden. Doch das Gehirn des Jungen hatte bereits erheblichen Schaden erlitten. Es war durch den Tumor regelrecht zerquetscht worden. Dass dieser Junge überhaupt noch hatte Fahrrad fahren können, grenzte an ein Wunder.

Rachel handelte rein intuitiv. Sie spürte, dass die Energiestrukturen des Gehirns noch vollkommen normal waren. Nur der physische Bereich war zerstört. Sie konzentrierte sich auf die Energiestrukturen und versuchte, diese Strukturen wieder zu wirklicher Materie zu verdichten. Nach wenigen Minuten war das Gehirn des Jungen wieder vollständig hergestellt. Er öffnete die Augen und schaute Rachel verwundert an. Ohne ein Wort zu sagen, sprang er auf und schwang sich auf sein Fahrrad. Er fuhr wie ein Wirbelwind davon.

»Rachel, woher kannst du das auf einmal?«, wollte Aaron verblüfft wissen.

»Ich weiß es nicht. Es ging alles wie von selbst.«

»Kannst du dich erinnern, dass der Kahuna dir erzählt hat, du würdest Einfluss auf die Materie haben und heilen können?«, erinnerte sie Aaron. »Er sagte, du wüsstest nur noch nicht, dass du das kannst.«

»Wenn ich das wirklich kann, dann will ich viele Menschen heilen.«

»Glaubst du nicht, dass das vielleicht momentan gefährlich sein könnte?«, wandte Aaron ein.

»Wieso gefährlich?«

»Wegen unserer Verfolger, denke ich. Wenn wir zu viel Aufsehen erregen, werden sie uns vielleicht finden.«

»Wir können uns aber auch nicht die ganze Zeit verkriechen. Wenn ich schon die Fähigkeit habe, Menschen zu heilen, dann muss ich das auch tun«, sagte Rachel entschlossen. »Wie soll ich mit meinem Gewissen ausmachen, dass Leute sterben, weil ich ihnen nicht geholfen habe?«

»Ich verstehe dich, Rachel. Hoffen wir einfach, dass es gut geht.«

»Mach dir nicht so viele Gedanken über unsere Verfolger. So schnell werden sie uns hier nicht finden. Auch nicht, wenn ich ein paar Leute heile. So spektakulär sind Geistheilungen heutzutage nicht mehr.«

Nach diesem Vorfall fuhren die drei in den nächsten Ort und gingen zuerst einmal etwas essen. Dabei saßen sie im Schatten eines großen, alten Laubbaumes. Noch während sie aßen, kamen plötzlich eine ganze Menge Leute auf sie zu. Die drei erschraken. Was wollten all diese Leute von ihnen?

Schließlich sahen sie den Jungen, den Rachel geheilt hatte, in der Menschenmenge. Eine Frau aus der Gruppe kniete sich hin, als sie bei den dreien angekommen war. Und dann knieten alle nieder.

»Wir danken euch, dass ihr endlich gekommen seid!«, sagte die Frau untertänig.

Rachel, Aaron und Sanchez sahen sich gegenseitig verständnislos an. Was meinte die Frau mit »endlich gekommen«?

»Leute, steht doch auf!«, forderte Rachel die Leute auf. »Ihr braucht wirklich nicht vor uns niederzuknien.« Die Leute reagierten nicht. Rachel erhob sich daher selbst und zog die Leute hoch. »Kommt! Was soll denn das? Wir sind doch keine Götter.«

»Ihr seid die drei, von denen die Prophezeiung spricht«, erwiderte die Frau.

»Welche Prophezeiung?«, fragte Rachel verwundert.

»Vor vierhundert Jahren hat ein Seher vorausgesagt, dass drei Fremde auf die Insel kommen würden«, erklärte die einheimische Frau. »Eine junge Frau, ein jüngerer und ein älterer Mann. Der Seher sah voraus, dass diese drei den unausweichlichen Tod eines jungen Menschen abwenden würden. Diese drei seid ihr. Er sagte auch, dass ihr das Übel aus der Welt schaffen werdet.«

»Wir sind nicht diese drei, von denen der Seher sprach. Wir sind ganz normale Touristen«, meinte Rachel.

»Ihr seid die drei aus der Prophezeiung, auch wenn ihr das jetzt noch nicht wisst. Ich bitte euch um eure Hilfe«, erklärte die Frau.

»Was können wir für dich tun?«, wollte Rachel wissen.

»Meine Tochter ist als kleines Kind gestürzt und seitdem

blind. Mach, dass sie wieder sehen kann!«, bat die Frau verzweifelt.

»Ich weiß nicht, ob ich das kann«, seufzte Rachel überfordert.

»Du bist die Frau aus der Prophezeiung. Du wirst es schon können.«

Die einheimische Frau holte ihre kleine Tochter hinter sich hervor. Rachel sah sie an. Daraufhin legte sie ihre Hände auf die Augen des Mädchens. Rachel spürte, dass die Augen völlig in Ordnung waren. Stattdessen war ein Bereich des Gehirns durch den Unfall beschädigt worden. Doch da dieser Unfall schon sehr lange her war, waren die Energiestrukturen dieses Bereichs auch nicht mehr in Ordnung. Rachel konnte somit die Materie des Gehirnbereichs nicht wieder in seine gesunde Form bringen.

»Vielleicht könnte ein anderer Bereich des Gehirns die Funktion des Sehzentrums übernehmen?«, dachte Rachel. Ihr war jedoch noch nicht klar, wie sie einen anderen Bereich des Gehirns dazu bringen könnte.

Plötzlich kam ihr eine Idee. Wenn sie versuchte, die Struktur ihres eigenen Sehzentrums zu kopieren und diese dann auf die gesunden Bereiche des Gehirns des Mädchens zu übertragen, dann könnte es vielleicht klappen.

Rachel tat es. Sie lokalisierte einen Bereich im Gehirn des Mädchens, der offenbar nicht genutzt wurde, und übertrug die Energiestruktur ihres eigenen Sehzentrums auf diesen Bereich. Danach passte sie die Materie dieser Struktur an.

Als sie fertig war, sackte das Kind ohnmächtig zusammen. Rachel fuhr ein Schrecken in die Glieder. Hatte sie das Mädchen jetzt etwa getötet?

»Es geht ihm gut«, sagte Sanchez. »Seine Gedanken sind gut. Es traut sich unbewusst nur nicht, seine Augen aufzumachen, denn es hat Angst davor, doch nichts zu sehen.«

Die Mutter, die das Mädchen mittlerweile im Arm hatte, redete sanft auf ihre Tochter ein. »Komm! Öffne die Augen! Du kannst wieder sehen. Es ist alles gut. Mach die Augen auf! Ich liebe dich. Komm, öffne deine Augen! Ich möchte sie sehen.«

Schließlich kam das Mädchen wieder zu sich. Es öffnete die Augen und schaute seine Mutter klar an. Diese begann augenblicklich vor Glück zu weinen. Die Leute um sie herum knieten sich sofort wieder auf den Boden und begannen zu beten.

In Rachel stieg eine unbeschreibliche Freude auf. Sie fühlte ihr Glück stärker, als sie es jemals zuvor gespürt hatte. Auch sie begann, vor Glück leise zu weinen.

Eine Frau aus der Gruppe stand auf und kam ehrfürchtig auf Rachel zu. »Kannst du meinem Mann helfen?«, fragte sie. »Er ist schwer krank. Ich weiß nicht, was er hat, doch ich glaube, er wird bald sterben, wenn du ihm nicht helfen kannst.«

»Wo ist dein Mann?«, wollte Rachel wissen.

»Bei mir zu Hause. Es ist nicht weit von hier.«

»Komm, wir gehen gleich hin.«

Die ganze Menge setzte sich in Bewegung zu dem besagten Haus, Rachel mit der Frau vorneweg. Als sie dort angekommen waren, erblickte Rachel einen sehr abgemagerten kranken Mann. Sie hatte zuerst Angst, dass die Krankheit dieses Mannes ansteckend sein könnte, doch dann schlug sie alle Bedenken in den Wind. Sie wollte ihm helfen, egal, was mit ihr danach sein würde. Sofort legte sie dem Mann ihre Hand auf die Stirn und fühlte in ihn hinein. Sie spürte, dass er kaum noch Kraft zum Leben hatte. Sein Körper war vergiftet. Seine Nieren funktionierten nicht mehr richtig. Noch ein paar Tage, und sie würden ihre Funktion völlig einstellen.

Rachel erkannte, dass die Energiestruktur seiner Nieren nicht in Ordnung war. Offenbar wurde ihre physische Fehlfunktion durch die kranke Energiestruktur ausgelöst. Als sie dies fühlte, geschah etwas Seltsames. Sie wusste plötzlich, wie die Energiestruktur seiner Nieren hätte sein müssen. Also veränderte sie die kranke Struktur so lange, bis sie wieder gesund war. Danach passte sie den physischen Körper der neuen Energiestruktur an. Abschließend entmaterialisierte sie noch die Giftstoffe aus dem Körper des Mannes. Der Mann konnte nicht direkt aufstehen, doch er fühlte sich sehr gut.

»Dein Mann wird wieder gesund«, sagte Rachel zu der Frau, die sie hergeführt hatte. Diese war ihr überaus dankbar.

Mittlerweile waren unzählige Leute zusammengekommen. Alle wollten die drei aus der Prophezeiung wenigstens einmal berühren. Aaron war bei der ganzen Angelegenheit etwas mulmig zu Mute. Wenn sie sich so feiern ließen, konnte es nur eine Frage der Zeit sein, bis ihre Verfolger sie ausfindig machen würden. Doch Rachel war von ihrem Heilerinnentrip nicht mehr abzubringen.

Als die drei am Abend in Sanchez' Haus saßen, hörten sie von draußen Stimmen. Sie gingen auf die Terrasse und sahen, dass sich Hunderte von Menschen vor dem Haus versammelt hatten. Und es wurden immer mehr. Sanchez und Rachel strahlten vor Freude. Nur Aaron machte sich Sorgen angesichts dieses Menschenauflaufs. Die drei traten hinaus zu der Menge.

»Warum seid ihr gekommen?«, fragte Rachel.

»Wir wollten euch sehen und in eurer Nähe sein«, antwortete jemand aus der Gruppe.

»Wir sind keine Heiligen! Glaubt uns das doch!«, bat Rachel.

»Wir sagen ja nicht, dass ihr Heilige seid. Aber ihr seid die drei aus der Prophezeiung. Daran gibt es keinen Zweifel.«

»Was bedeutet das denn für euch, dass wir die drei aus der Prophezeiung sein sollen?«

»Ihr bringt die Liebe wieder auf diese Welt. Es bedeutet das Ende allen Übels«, erklärte ein Mann aus der Menge.

»Aber wir können die Liebe nicht auf diese Welt bringen«, zweifelte Rachel. »Wir sind froh, wenn wir genug Liebe für uns selbst aufbringen können.«

»Wir können nicht sagen, wie ihr es tun werdet, und offenbar wisst ihr es selbst noch nicht, aber ihr werdet es tun«, war die überzeugte Antwort.

»Rachel«, sprach Sanchez. »Ich kann versuchen, ob ich

diesen Menschen die Liebe bringen kann. Ich denke, dass es funktionieren könnte.«

Sanchez mischte sich unter die Menschen und bat um Ruhe. »Bitte, setzt euch! Ich werde versuchen, die Liebe in euch zu wecken. Seid ganz ruhig und beginnt zu meditieren.«

Die Menge verstummte. Sanchez schloss die Augen und versuchte, die Gedankenwelt all dieser Menschen wahrzunehmen. Es waren so wahnsinnig viele Menschen! Er hatte das Gefühl, Tausende Stimmen in seinem Kopf durcheinander zu hören. Alle fühlten sie etwas anderes. So konnte das nicht funktionieren. Er musste dafür sorgen, dass all diese Menschen an das Gleiche dachten.

»Hört mir bitte einen Augenblick zu! Ihr müsst an die Liebe denken. Stellt euch vor, die Liebe sei eine wunderschöne Energie in eurem Herzen. Legt alle eure Hand aufs Herz und spürt, wie es schlägt. Es schlägt voller Liebe. Konzentriert euch nur auf die Liebe in euren Herzen, sonst auf nichts. Schließt die Augen.«

Sanchez ging wieder in die Welt der Gedanken. Er spürte, dass seine Chancen nun viel besser standen. Er versuchte, sich mit allen Menschen um sich herum zu verbinden. Dann dachte er nur noch einen einzigen Gedanken und übertrug diesen in die Gedankenwelt der Menschen, mit denen er sich verbunden fühlte.

»Mein Herz ist erfüllt von Freude und Liebe.« Diesen Gedanken wiederholte Sanchez immer wieder. Er spürte, wie die Energie der Menschengruppe, mit der er sich verbunden hatte, immer liebevoller wurde. Die Energie der Liebe und der Freude schien zu wachsen. Mittlerweile hörte man schon einige Menschen leise weinen. Doch man konnte deutlich erkennen, dass es kein trauriges Weinen war. Die Menschen waren so voller Liebe, dass sie vor Glück weinten. Nach einer Viertelstunde musste Sanchez selbst anfangen zu schluchzen. Er konnte seine Suggestion nicht mehr aufrechterhalten. Aber das war auch nicht notwendig. Die Menschen um ihn herum spürten so viel Liebe, dass sie ohnehin nicht mehr zu steigern war. Sie alle hatten ihre Wahrnehmung hundertprozentig auf Liebe eingestellt.

Nach ein paar Minuten ergriff Sanchez wieder das Wort. »Die Liebe, die ihr fühlt, ist eure eigene. Ihr könnt sie immer fühlen. Es ist gar nicht schwer. Nehmt euch täglich ein paar Minuten und richtet eure Aufmerksamkeit ganz auf die Liebe in eurem Herzen. Wenn ihr das jeden Tag tut, werdet ihr ein Leben in Liebe erleben. Es ist nicht schwer. Jeder kann dies tun. Wenn ihr es gemeinsam tut, wird es noch viel einfacher sein und sich intensiver anfühlen.«

Sanchez verabschiedete sich von den vielen Menschen und ging ins Haus zurück. Rachel und Aaron kamen hinter ihm her.

»Das war wunderschön, Sanchez«, sagte Rachel beeindruckt. »Nie zuvor habe ich die Liebe so stark wahrgenommen wie eben bei diesen vielen Menschen. Noch nicht einmal mit Mysterio.«

»Mir ging es genauso«, meinte Sanchez. »Nie hätte ich gedacht, dass ich einmal so viele Menschen zur Liebe führen würde. Doch plötzlich ging es wie von selbst. Ich brauchte keinen Moment nachzudenken. Alles war vollkommen klar.«

Sanchez und Rachel waren an diesem Abend voller Freude über den Tag, der hinter ihnen lag. Aaron hingegen sah die ganze Angelegenheit mit gemischten Gefühlen. Er wollte jedoch nicht, dass die anderen beiden etwas davon merkten. In ihm tobte ein heftiger Kampf. Er hatte mit Hilfe des Kahuna erlebt, dass er mental einen großen Einfluss auf die Realität hatte. Doch konnte er sich dessen wirklich hundertprozentig sicher sein? Einen gewissen Restzweifel spürte er immer noch. Vielleicht war ja doch alles Zufall gewesen, was er glaubte gestaltet zu haben. Die Gefahr, in der die drei momentan schwebten, war sehr real. Wenn die ganze Sache mit der Realitätsgestaltung Unsinn wäre, würden sie mit Sicherheit von der Organisation, die sie verfolgte, gefasst werden. Dieses Risiko wollte und konnte Aaron nicht eingehen. Er beschloss, der Gefahr ins Auge zu sehen und so viel wie möglich herauszufinden. Spät am Abend setzte er sich an den Computer und begann zu spielen. Er traf Ella wie immer am Strand von Mysterio.

»Hallo, Aaron.«

»Ella, ich habe Schwierigkeiten. Jetzt hat Rachel auch noch die Aufmerksamkeit der gesamten Insel auf uns gezogen. Es wird nicht mehr lange dauern, dann wissen sie, wo wir sind.«

»Was heute geschehen ist, ist zum Großteil von dir verursacht worden.«

»Wieso denn das?«, fragte Aaron verwundert.

»Durch das Vermeidenwollen der Gefahr, an dem du festklebst, hast du dieses Ereignis ins Leben gerufen.«

»Das verstehe ich nicht. Es hat sich doch alles um Rachel und Sanchez gedreht.«

»Du hast beim letzten Spiel das Gefühl verstärkt, dich schützen zu müssen. Jetzt schau dir die Ereignisse, die heute geschehen sind, einmal genauer an. Was für Gefühle haben sie in dir hervorgerufen?«

»Wenn du mich so direkt fragst: dass ich uns schützen muss«, gab Aaron Ella Recht.

»Wenn du genau hinschaust, erkennst du, dass die Ereignisse ganz exakt deine Gefühle widergespiegelt haben. Du hast bei deinem letzten Spiel mit Mysterio die Gefahr verstärkt, und die Ereignisse heute haben das Gleiche getan. Es sieht für dich nun so aus, als ob die Gefahr größer geworden sei. Verstehst du? Du hast heute Mittag die Ereignisse erlebt, die du am Vormittag ins Leben gerufen hast.«

»Da kann irgendetwas nicht stimmen«, widersprach Aaron. »Rachel und Sanchez stecken doch in der gleichen Situation. Wieso haben die beiden denn ihre Gefühle nicht realisiert?«

»Das haben sie«, entgegnete Ella. »Für sie war der Tag die Widerspiegelung ihrer Freude und Liebe.«

»Aber das würde ja bedeuten, dass die Gefahr sich nur auf mich bezieht. Dabei stecken Rachel und Sanchez genauso mit drin wie ich.«

»Die Situation wird für die beiden nicht gefährlich, solange sie sich nicht auf die Wahrnehmung der Gefahr konzentrieren. Wenn sie bei ihren momentanen Gefühlen bleiben, wird alles gut ausgehen.«

»Tut mir leid, aber darauf kann ich mich nicht verlassen«, meinte Aaron zweifelnd.

»Mir ist bewusst, dass du dies nicht so leicht annehmen kannst. Es ist immer schwer, wenn einem die Angst im Nacken sitzt. Doch bedenke, dass es nicht nur die Angst gibt, es könnte etwas passieren. Es besteht auch Grund für die Angst, mit deinem Dichschützenmüssen eine schreckliche Realität zu erschaffen.«

»Warum sagst du mir das?! Willst du mir noch mehr Angst machen?«, fragte Aaron ungehalten.

»Ich sage dir das, damit du überhaupt eine Chance hast, von deiner Motivation loszukommen, Gefahren vermeiden zu wollen«, erwiderte Ella.

»Wieso soll ich dadurch eine Chance haben?«

»Weil der Wille, dein Glück zu erkennen, deine Wahrnehmung längst nicht so stark beeinflussen kann wie deine Ängste. Solange auch nur zu einem Prozent die Möglichkeit besteht, dass es eine große Gefahr gibt, richtet sich deine Wahrnehmung automatisch auf diese Gefahr. Wenn du jedoch deine Wahrnehmung nach deinem Willen gestalten willst, dann musst du dir hundertprozentig sicher sein, dass dadurch auch wirklich alles gut wird und es ganz bestimmt keine Gefahr gibt. Verstehst du? Deine Ängste wirken sich hundert Mal stärker auf deine Wahrnehmungsausrichtung aus als deine Wünsche.«

»Ich verstehe, was du gesagt hast, aber nicht, auf was du hinauswillst«, wandte Aaron ein.

»Ich möchte dir begreiflich machen, dass es ein ungleiches Spiel ist, wenn du mit deinem Willen versuchst zu glauben, dass deine Wahrnehmung deine Realität gestaltet, und deine Angst sich darauf richtet, dass etwas passiert, was du nicht beeinflussen kannst. Deine Angst wird immer siegen.«

»Und, was soll ich jetzt tun?«, fragte Aaron ratlos.

»Erkenne, dass eine große Gefahr darin liegt, dem Vermeiden einer Gefahr nachzuhängen«, schlug Ella vor. »Wenn du das tust, wird deine Angst vor dieser Gefahr deinen Glauben an die Macht deiner Realitätsgestaltung verstärken. Richtest du deine Angst darauf, dass etwas passieren wird, auf das du keinen Einfluss hast, so wird dein Glaube an den Zufall und an deine Machtlosigkeit gestärkt.«

»Ich kann die Gefahr aber nicht einfach zur Seite legen«, wandte Aaron ein.

»Warum nicht?«

»Weil sie nun mal da ist. Ich muss versuchen, alle Gefahren so früh wie möglich zu erkennen und dann zu retten, was zu retten ist«, erklärte Aaron.

»Deine Gedanken sind logisch«, bestätigte Ella. »Sie sind es jedoch nur dann, wenn du davon ausgehst, dass du auf die Realität, die du erlebst, keinen Einfluss hast. Außer durch dein Handeln. Du weißt jedoch ziemlich sicher, dass du deine Realität erst selbst erschaffst. Auch wenn du nicht hundertprozentig sicher bist, so darfst du diese Gefahr ebenfalls nicht ganz vergessen.«

»Wieso zieht die Angst die Wahrnehmung denn so extrem an sich?«, fragte Aaron genervt.

»Das liegt an sehr alten Instinkten, die in der Menschheit fest verwurzelt sind«, erwiderte Ella.

»Was denn für Instinkte?«, wollte Aaron nun genau wissen.

»Stell dir vor, du bist ein Tier! Ein Affe zum Beispiel. Du lebst in einem Urwald und hast Durst. In der Nähe ist ein Wasserloch. Du weißt jedoch, dass es dort viele Raubtiere gibt, die dich als willkommenes Mittagessen betrachten. Was würde passieren, wenn du sie nicht beachten würdest?«

»Ich würde wahrscheinlich sofort gefressen werden«, erkannte Aaron.

»Und was musst du tun, damit du sie wahrnimmst?«

»Ich muss daran denken.«

»Glaubst du, es könnte passieren, dass du vergisst, daran zu denken. Vielleicht weil du auf der anderen Seite des Wasserlochs ein tolles Weibchen siehst?«, fragte Ella.

»Das ist denkbar.«

»Wie könntest du sicherstellen, dass du die Raubtiere trotzdem wahrnimmst?«

»Ich verstehe«, meinte Aaron. »Ich müsste die Gefahr, gefressen zu werden, als das Wichtigste überhaupt ansehen. Dann würde ich die Raubtiere immer im Auge behalten.«

»Genau das ist der Punkt. In eurer Evolution haben diejenigen überlebt, die das Vermeiden einer Gefahr als extrem wichtig angesehen haben. Sie haben die Gefahren dadurch sofort erkannt und konnten rechtzeitig flüchten.«

»Die Angst hat also unser Überleben gesichert und ist dadurch zu einem festen Bestandteil unseres Lebens geworden«, schlussfolgerte Aaron.

»Auch beeinflusst die Angst euren Glauben«, betonte Ella. »Ihr neigt aus Sicherheitsgründen dazu, vom Schlimmsten auszugehen. Dies sorgt noch zusätzlich dafür, dass ihr überall Gefahren lauern seht. Damit wird eure Wahrnehmung noch stärker auf die Suche nach Gefahren gelenkt.

Aus diesem Grund halte ich es für gut, wenn du deine Angst auf die Gefahr lenkst, dass du dir die Realität negativ gestalten könntest. Du solltest aus Sicherheitsgründen davon ausgehen, denn nur dadurch können die Überzeugungen, die momentan in dir miteinander im Clinch stehen, wenigstens einen fairen Kampf austragen. Wenn du die Angst auf der Seite der Organisation stehen lässt und auf der anderen Seite die Hoffnung platzierst, du könntest dir vielleicht doch alles wunderschön gestalten, kann ich dir versprechen, dass Folgendes passieren wird: Du wirst deine Hoffnung immer stärker anzweifeln und gleichzeitig immer stärker befürchten, dass deine Angst vor der Organisation wirklich berechtigt ist. Damit wirst du deinen Ängsten verfallen.

Mir ist bewusst, dass es nicht schön ist, jetzt auch noch Angst vor der eigenen Realitätsgestaltung zu bekommen, doch es ist langfristig die einzige Möglichkeit, den Glauben an deine Macht als Schöpfer aufzubauen. Zumindest, wenn es eine Angst gibt, die in dir den Glauben an deine Schöpferkraft blockiert. Rachel und Sanchez sind der Angst vor der Organisation nicht so verfallen wie du. Sie können demnach einen völlig anderen und sehr viel angenehmeren Weg einschlagen, um sich von ihrer Schöpferkraft zu überzeugen. Sie bekommen jeden Tag immer mehr Bestätigungen. Das ist sehr viel einfacher als bei dir, so leid es mir tut. Dir bleibt nur eines übrig: Geh aus Sicherheitsgründen davon aus, dass jeder deiner Gedanken Realität gestalten könnte.«

Aaron hatte zwar verstanden, was Ella ihm gesagt hatte, doch er konnte es nicht wirklich umsetzen. Er verspürte kaum Angst vor seiner Realitätsgestaltung. Stattdessen fühlte er die Angst vor der Organisation und vor den Außerirdischen, die die Menschheit vernichten wollten, sehr stark. Beim nächsten größeren Machtmissbrauch auf der Erde würde die Menschheit vernichtet, hatte der Außerirdische gesagt. Aaron konnte sich aber auch erinnern, dass er von einem Ritual gesprochen hatte, durch das die Menschheit noch eine Chance hätte. Auf dieses Ritual war seine Neugier gerichtet, und diese Neugier beeinflusste seine Wahrnehmung. Mit der Neugier auf eine Lösung für die Menschheit rückte natürlich auch die Gefahr für die Menschheit in den Fokus seiner Wahrnehmung. Aaron beherzigte nicht, was Sanchez über den Trainingseffekt der unbewussten Wahrnehmung erfahren hatte. Er hätte jetzt eigentlich seinen Verstand einschalten und etwas für seine positive Wahrnehmung tun sollen, doch stattdessen verfiel er der Angst vor der Organisation. Diese Angst war jetzt bereits sehr stark, und bald würde sie durch den Trainingseffekt sogar noch stärker werden.

Aaron beschloss, sich später mit der Angst vor seiner Realitätsgestaltung zu befassen. Gleich nachdem er herausgefunden hätte, was es mit dem Ritual des Außerirdischen auf sich hatte.

Er legte sich ins Bett und entspannte Körper und Geist. Zunächst versuchte er, sich ohne das Glücksgefühl auf Bezugssystem zwei zu begeben oder seinen Körper zu verlassen. Doch es geschah nichts. Er hatte also keine andere Wahl, sondern musste versuchen, sein Glücksgefühl wahrzunehmen. Dieses Mal hatte er sehr große Schwierigkeiten, seine Gedanken auf sein Glück zu konzentrieren. Es dauerte sicherlich eine halbe Stunde, bis er es endlich geschafft hatte.

Jetzt war es plötzlich kein Problem mehr, seinen Körper zu verlassen und wieder in den Raum mit dem Außerirdischen zu gehen. Er ging genau in die Zeit hinein, in der er das Wesen beim letzten Mal hatte verlassen müssen, weil er in seinen Körper zurückgesaugt worden war. Wieder hörte er es sagen, dass die Menschheit in großer Gefahr schwebte.

»Wir sind leider nicht mehr die Einzigen, die die Erde beobachten. Es sind sehr viele verschiedene Rassen hier, die alle mit großer Besorgnis das Treiben der Menschheit beobachten. Einige von ihnen sind kaum noch davon abzuhalten, die Menschheit auszulöschen. Sie haben Angst, dass ihr immer mächtiger werdet und sie euch irgendwann nicht mehr unter Kontrolle halten können. Bis jetzt konnten wir sie immer wieder beruhigen. Doch nun, da keiner von uns mehr für euch sprechen kann, seid ihr in großer Gefahr. Beim nächsten größeren Machtmissbrauch auf eurer Erde werden sie euch wahrscheinlich vernichten.«

»Warum geben sie uns nicht vorher wenigstens die Chance, uns zu ändern?«, fragte einer der Mönche.

»Ihr hattet schon so viele Chancen, dass sie niemand mehr zählen kann. Seit Anbeginn der Menschheit haben wir versucht, die Machtbesessenheit der Menschen aus der Welt zu schaffen. Wir erkannten, dass eure Angst für eure Machtbesessenheit verantwortlich war. Die Evolution der Erde hat diese Angst als nötig zum Überleben erachtet. Eure Angst half euch, Gefahren frühzeitig wahrzunehmen und darauf zu reagieren. Dadurch blieben die am Leben, für die das Wahrnehmen von Gefahren oberste Priorität hatte. Somit wurde diese Fähigkeit zu einer fundamentalen Säule eurer Rasse. Sie ist fest in eure genetische Struktur einprogrammiert.

Als die Menschheit ihr Bewusstsein entwickelte, veränderte sich ihr Verhalten. Sie begann nach Möglichkeiten zu suchen, wie sie Gefahren bereits im Vorhinein vermeiden konnte. Auch dies wurde zu einem wichtigen Bestandteil der genetischen Programmierung der Menschen.

Außerdem ist es der Evolutionsgeschichte auf eurem Planeten zu verdanken, dass ihr es für die beste Möglichkeit hieltet, Gefahren einzudämmen, indem ihr eure eigene Stärke zur Abschreckung demonstriert. Wenn ihr euch euer Militär anschaut, dann seht ihr, dass sich an euren Instinkten bis heute nichts geändert hat. Derjenige, der am meisten Angst verbreiten kann, wird am seltensten angegriffen. Damals begann euer Streben nach Macht, und stets setzten sich die Mächtigsten durch und überlebten. Außerdem pflanzten sich die Mächtigsten am häufigsten fort, was gleichermaßen ein Merkmal eurer Evolution war. Auf diese Weise wurde das Machtbewusstsein von euch Menschen mit jeder Generation weiter verstärkt.

Als wir das erkannten, wurde uns klar, dass es keinen Sinn hatte, nach einem Gen für eure Machtbesessenheit zu suchen. Eure gesamte Existenz war auf Gefahrenvermeidung und damit auf Machtstreben aufgebaut. Wir hatten auf eurer Erde nur eine Möglichkeit, eure Machtbesessenheit zu beeinflussen: Und zwar mussten wir versuchen, eure Angst zu nutzen. Am Anfang dachten wir noch, wir könnten euch die Angst nehmen, doch alle Versuche in dieser Hinsicht scheiterten kläglich. Immer wieder suchten wir den Kontakt zu den Menschen und versuchten sie mit Verhaltensregeln zu beeinflussen. Wir gaben ihnen Regeln vor, die automatisch dazu führen sollten, dass sie ihre Angst dazu nützen würden, um ihre Wahrnehmung auf die Liebe zu richten. Eure Bibel ist voll von Belegen für unsere Besuche. Mit der Zeit wurden die Aufzeichnungen jedoch so stark verfremdet, dass dies nicht mehr so leicht zu erkennen ist.«

»Was wurde denn beispielsweise in der Bibel verfremdet?«, wollte einer der Mönche skeptisch wissen.

»Die Zehn Gebote zum Beispiel. Ursprünglich waren es nur vier. Sie lauteten: Liebe dich selbst! Liebe andere wie dich selbst! Fühle dich eins mit der Schöpfung! Und als Letztes: Bring Liebe und Freude in die Welt!

Diese Gebote sollten ein Bewusstsein für die Liebe in euch schaffen. Wir sorgten dafür, dass die Menschen glaubten, diese Gebote seien ihnen direkt von Gott gegeben worden. Außerdem machten wir ihnen Angst vor einem allmächtigen Gott, der Zuwiderhandlungen bestraft.

Doch nach ein paar Jahrhunderten hatten die Menschen unsere Gebote total verfremdet. Den abgewandelten vier Geboten fügte man darüber hinaus noch einige Verbote hinzu. Auf diese Weise schienen Gottes Worte plötzlich so, dass ihr daraus ableiten konntet, was richtig und was falsch sei. Dies war niemals unsere Absicht. Wir wollten keine Werturteile für Richtig und Falsch provozieren. Wir wollten, dass die Menschheit sich auf die Liebe konzentriert.

Wiederum etwas später wurden die Zehn Gebote von eurer Kirche so ausgelegt, dass sie als pures Machtinstrument missbraucht werden konnten. Man definierte mit ihrer Hilfe zum Beispiel die so genannten Todsünden. Letztendlich wurden die Zehn Gebote benutzt, um Machtstrukturen aufzubauen.«

»Willst du damit sagen, dass die Zehn Gebote schlecht sind?«, fragte ein Mönch fast aggressiv.

»Nein, natürlich nicht«, erklärte der Außerirdische. »Ich wollte damit nur ein Beispiel geben, wie sich die Menschen stets gewunden haben, um ihre Machtstrukturen aufrechtzuerhalten. Die vier Gebote, die wir euch einst gaben, sollten die Angst auflösen, die das Machtbewusstsein hervorbrachte. Wenn ihr euch an diese vier Gebote gehalten hättet, wäre eine Machtausübung nicht möglich gewesen. Niemals hätte zum Beispiel jemand behaupten können, er wüsste besser als ein anderer, was richtig und was falsch ist.

Niemand hätte einen anderen zu dessen Nachteil manipulieren können. Schaut euch die vier Gebote doch einmal genauer an! Liebe dich selbst! Alleine dieses erste Gebot hätte das Machtbewusstsein in jedem Einzelnen auslöschen müssen. Ein Mensch, der sich selbst liebt, spürt keine Mangelgefühle. Er hat keine Angst vor dem Leben. Und ohne Mangelgefühl und Angst hat er nicht das Bedürfnis, die Macht an sich zu reißen. Er wird niemals auf die Idee kommen, sich schützen zu müssen. Damit ist es für ihn auch nicht wichtig, stark und mächtig zu sein. Könnt ihr das nachvollziehen?«

»Nicht so ganz. Wieso würde ein Mensch, der sich selbst liebt, keine Angst mehr haben?«

»Weil er nur Angst hat, nicht das zu bekommen, was er meint zu brauchen, um glücklich werden zu können. Oder er hat Angst, dass man ihm das wegnimmt, was ihn glücklich machen kann. Er hat Angst vor Schmerzen und Leid. Er versteht bei der ganzen Angelegenheit einfach nicht, was ihn tatsächlich glücklich macht.«

»Und was ist das?«, wollte ein Mönch wissen.

»Die Liebe«, antwortete das Wesen. »Und diese Liebe gibt sich der Mensch ganz allein. Dafür braucht er niemanden sonst. Somit wäre es auch unsinnig, Macht auf andere auszuüben.«

»Wie soll er sich denn diese Liebe selbst geben?«

»Es ist nicht schwer. Ihr habt euch nur unzählige Abhängigkeiten geschaffen, um lieben zu können. Diese Abhängigkeiten sind jedoch bloß Illusionen.«

»Welche Abhängigkeiten meinst du?«, hakte der Mönch nach.

»Ihr glaubt beispielsweise, dass ihr euch nur lieben könnt, wenn ihr wertvoll seid. Doch was heißt das schon, wertvoll sein? Ihr glaubt, dass ihr euch nur dann lieben könnt, wenn ihr gute Menschen seid. Doch wer sagt euch, wann ihr gute Menschen seid? Hat Gott es euch gesagt? Oder der Papst?

Versteht ihr? Ihr jagt Werturteilen hinterher, die irgendein Mensch in irgendeiner Zeit in die Welt gesetzt hat. Jedes Werturteil, das es auf dieser Welt gibt, hat irgendwann einmal dazu gedient, Macht auszuüben oder zu verstärken.

Ihr seid gläubige Menschen. Überlegt einmal selbst. Gott hat euch durch uns als Werkzeug erschaffen. In eurer Bibel steht, dass vor Gottes Angesicht alle Menschen gleich sind. Glaubt ihr, Gott hätte euch Wertmaßstäbe gegeben, um erkennen zu können, wann jemand besser ist als ein anderer? Könnt ihr tatsächlich glauben, Gott sei so widersprüchlich?«

»Wenn Gott davon redet, dass wir alle gleich sind, dann meint er damit nicht, dass alles, was wir tun, in Ordnung ist. Wir sind für ihn alle seine Kinder, und er liebt uns alle gleich. Doch es gibt das Böse auf dieser Welt, das er geschaffen hat, damit wir uns davon lossagen können. Die Welt ist eine Prüfung. Das dürfen wir nicht vergessen«, meinte der Mönch.

»Was ist das Böse?«, fragte das Wesen.

»Wenn wir jemandem Schaden zufügen, um uns selbst zu bereichern«, antwortete der Mönch.

»Das heißt, wenn ihr Macht ausübt.«

»So könnte man es auch ausdrücken.«

»Jetzt kommen wir zum springenden Punkt. Ihr übt, wie ich bereits sagte, nur Macht auf andere aus, weil ihr euch nicht selbst liebt. Und ihr liebt euch nicht, weil ihr daran glaubt, nicht liebenswert zu sein. Somit bringt ihr das Böse selbst in die Welt. Nicht der Teufel ist das Böse. Das Böse ist das Werturteil über euch selbst. Ihr glaubt gut daran zu tun, wenn ihr euch als unvollkommen anseht. Man hat euch gelehrt, bescheiden zu sein. Sich als vollkommen anzusehen wäre Hochmut, der wiederum dem Bösen zugeordnet wird. Versteht ihr? Ihr habt euch in eurem eigenen Netz verfangen: Ihr bringt das Böse hervor, weil ihr glaubt, böse zu sein, wenn ihr euch einfach so liebt, wie ihr jetzt im Moment seid. Eure heilige Pflicht als gottgläubige Wesen müsste es sein, euch selbst zu lieben und damit Gottes Schöpfung, die ihr ja seid, zu ehren. Alles andere ist im Angesicht eures Glaubens Sünde.«

»Das sind starke Worte!«, meinte der Mönch. »Wie sieht es aber mit euch aus? Wie du uns sagtest, wollt ihr uns vernichten, wenn wir uns nicht so verhalten, wie ihr es für richtig haltet.«

»Das stimmt nicht ganz«, korrigierte das Wesen. »Wir hatten niemals vor, euch zu vernichten. Ich sprach davon, dass es sehr viele andere Rassen gibt, die große Angst vor der Menschheit hegen und euch deshalb vernichten werden, wenn ihr euer Machtbewusstsein nicht aufgebt. Wir wollten euch lediglich so lange daran hindern, interstellaren

Raumflug zu betreiben, bis ihr eure Machtbesessenheit aufgegeben habt.«

»Nur weil das mit den Zehn Geboten gescheitert ist, heißt das doch noch lange nicht, dass wir uns nicht ändern können!«, sagte ein Mönch vorwurfsvoll.

»Die Zehn Gebote waren nur ein Beispiel von vielen«, erwiderte der Außerirdische. »Das letzte Mal, als wir versuchten, auf eure Religionen Einfluss zu nehmen, lief es genauso. Ein Mann, den ihr Jesus Christus nennt, hatte den Auftrag, den Menschen die Liebe näherzubringen. Auf den Dingen, die dieser Mann tat, wurde eure gesamte Kirche aufgebaut. Doch es gab von Anbeginn zwei Richtungen, die ihr verfolgtet: Die eine ging von einem Mann namens Petrus aus. Er wollte die Botschaften Christi unverfälscht unter die Leute bringen. Ein anderer Mann dagegen, sein Name war Paulus, glaubte, nur durch einen ausreichenden Einfluss auf die Welt wirklich etwas bewegen zu können. Er erschuf die immensen Machtstrukturen eurer Kirche. Euch ist sicherlich bewusst, dass eure Kirche diese Macht sehr missbraucht hat?«

»Wir sind alle nur Menschen. Niemand von uns ist vollkommen«, verteidigte einer der Mönche die Kirche.

»Das stimmt nicht. Ihr seid alle vollkommen. Ihr glaubt bloß an eure Unvollkommenheit. Aber lasst uns diese Diskussion beenden. Mir bleibt nicht mehr viel Zeit. Ich will einen letzten Versuch machen, eure Welt zu retten. Dafür möchte ich, dass ihr dafür sorgt, dass die Staatsoberhäupter der gesamten Welt zu mir kommen. Sie werden sich einverstanden erklären, wenn ihr ihnen klarmacht, dass ich ein außerirdisches Wesen bin. Sagt ihnen, dass die Vernichtung der gesamten Menschheit bevorsteht, wenn sie nicht zu mir kommen.«

»Wie sollen wir das machen? Wir sind einfache Mönche.«

»Benachrichtigt den Vatikan! Wenn die Staatsoberhäupter vom Vatikan zusammengerufen werden, wird niemand zögern oder diesen Aufruf ignorieren.«

»Wir werden es versuchen«, versprachen die Mönche.

Aaron wollte unbedingt wissen, wie es weiterging. Also versetzte er sich kurzerhand auf Bewusstseinsebene zwei und fragte sich dort, wann genau die Zusammenkunft der Staatsoberhäupter stattgefunden hatte. Doch es kamen keine Bilder. Das verstand er nicht. Hatte er etwas falsch gemacht? Er versuchte es mit anderen Fragen. Diese wurden unmittelbar mit Bildern beantwortet. Das konnte nur eines bedeuten: Die Staatsoberhäupter waren entweder nicht benachrichtigt worden oder leider nicht gekommen.

Aaron stellte sich die Frage, ob der Vatikan überhaupt benachrichtigt worden sei. Daraufhin sah er, wie die Mönche zu ihrem Abt gingen und dieser mit den Sicherheitsbeauftragten des Vatikans redete. Einer dieser Männer griff sofort zum Telefon und rief im Vatikan an. Aaron wollte genauer wissen, was dort besprochen worden war. Er versetzte sich mit seinem Geistkörper genau dorthin.

»Das Wesen hat behauptet, die Menschheit würde vernichtet, wenn wir nicht alle Regierungschefs zusammenrufen würden«, sagte der Sicherheitsbeauftragte am Telefon.

Daraufhin erklangen noch ein paar Mal zustimmende Laute. Als er das Telefonat beendet hatte, wandte er sich wieder an den Abt.

»Wir werden nicht tun, was das Wesen gefordert hat. Wir werden uns nicht zum Gespött der ganzen Welt machen«, erklärte er.

Die Mönche konnten das nicht glauben, als der Abt sie informierte. Ihnen war klar, dass das Wesen es ernst gemeint hatte, als es von der Vernichtung der Menschheit sprach. Doch die Anweisung kam direkt vom Papst selbst. Es war nicht daran zu rütteln.

Aaron war entsetzt, als er dies alles miterlebte. Wie konnte der Papst so borniert sein? Aaron begann sich so darüber aufzuregen, dass er wieder in seinen Körper zurückgesaugt wurde. Schnell konzentrierte er sich noch einmal auf sein gutes Gefühl, und nach ein paar Minuten war er wieder bei dem Wesen. Die Mönche hatten es schon darüber informiert, dass der Vatikan seinen Wunsch abgelehnt hatte.

»Das darf doch nicht wahr sein!«, sagte es zu den Mönchen. »Ihr könnt diese Chance nicht einfach ungenützt verstreichen lassen. Alleine werdet ihr es nicht schaffen, einen weltweiten Machtmissbrauch zu verhindern. Ihr braucht den ausgleichenden Einfluss, den wir bis jetzt auf die Menschheit ausgeübt haben.«

»Es tut uns schrecklich leid, dass wir deinen Wunsch nicht erfüllen konnten«, meinte einer der Mönche.

»Es geht nicht um mich. Ich habe höchstens noch zwei Tage zu leben. Aber ich möchte nicht, dass man euch vernichtet. Dafür habe ich euch nicht geschaffen«, rief das Wesen verzweifelt.

»Das hört sich so an, als würdest du dich tatsächlich um uns sorgen«, erkannte ein Mönch ergriffen.

»Ihr seid meine Kinder. Ich habe euch damals erschaffen, und jetzt fühle ich mich für euch verantwortlich.«

»Liebst du uns?«

»Ja, ich liebe euch. Und ich bin bereit, alles zu versuchen, um euch zu helfen. Jetzt bleibt mir nur noch die Bitte, dass ihr mir die letzte Ehre erweist«, sagte das Wesen.

»Was genau meinst du damit?«

»Ich meine ein Sterberitual, das in unserer Zivilisation üblich ist.«

»Wir werden um Erlaubnis fragen müssen, ob wir dieses Ritual mit dir durchführen dürfen.«

»Könnt ihr es nicht einfach tun, ohne jemanden zu fragen?!«, bat das Wesen.

»Solche Entscheidungen dürfen wir nicht treffen. Tut uns leid.«

Aaron wusste, dass der Vatikan auch dieses Ritual verboten hatte. Er hatte es bei seinem ersten Kontakt bereits mitbekommen. Der Vatikan musste es für ein heidnisches Ritual gehalten haben, mit dem die Mönche ihren Glauben entehrt hätten.

Aaron konnte sich allerdings daran erinnern, dass das Wesen sagte, das Wohl der gesamten Menschheit würde von diesem Ritual abhängen. Das Wesen drängte darauf, dass die Mönche das Ritual heimlich durchführen sollten.

Aaron beschloss, in der Zeit noch ein Stück vorwärtszugehen, um zu erleben, wie es weiterging. Nachdem er sich im Bezugssystem zwei den richtigen Zeitpunkt ausgesucht hatte, befand er sich wieder im Raum des Wesens. Es sah bereits sehr schwach aus. Offenbar würde es nicht mehr lange dauern, bis es sterben würde. Mittlerweile waren vier Mönche bei dem Wesen. Einer davon ging zu ihm und nahm seine Hand.

»Es tut uns sehr leid. Wir dürfen dir die letzte Ehre nicht erweisen. Man hat es uns ausdrücklich verboten.«

»Aber ihr müsst«, sagte das Wesen verzweifelt. »Ich habe euch nicht die ganze Wahrheit gesagt. Durch dieses Ritual könnte ich als aufgestiegenes energetisches Wesen in eurer Welt bleiben. Ich hätte auf diese Weise erheblich mehr Möglichkeiten, der Menschheit zu helfen, als ich sie jemals zuvor hatte.«

»Es tut uns leid, aber das geht nicht«, lehnten die Mönche ab.

»Tut es heimlich!«, flehte das Wesen. »Es ist die letzte Chance für die Menschheit. Wenn ihr es nicht tut, ist das mit Sicherheit euer aller Ende. Glaubt mir bitte! Ich spreche die Wahrheit. Das Ritual wird jedoch ein paar Nachteile für euch mit sich bringen.«

»Diese Nachteile wären uns gleichgültig. Aber wir können es nicht durchführen. Es tut uns leid.«

Daraufhin verließen die Mönche die Kammer. Das Wesen war sehr traurig. Egal, was es versuchte, um der Menschheit zu helfen, es wurde von ihnen nicht zugelassen. Das Wesen konnte sich einfach nicht damit abfinden, dass seine Kinder dem Untergang geweiht waren.

Aaron konnte das Leid dieses außerirdischen Wesens nicht mehr mit ansehen. Sein Mitleid mit ihm war seltsamerweise deutlich stärker als die Angst vor der eigenen Vernichtung. Aaron wollte jetzt nur noch wissen, ob die Mönche das Ritual letztendlich durchgeführt hatten oder nicht. Also stellte er sich diese Frage im Bezugssystem zwei. Ihm fiel ein Stein vom Herzen, als er wahrnahm, dass sie es taten. Schnell ging er mit seinen Geistkörper wieder zu ihnen zurück. Er hatte nicht mehr viel Zeit. Aaron spürte, dass seine Kraft langsam verbraucht war. Er hoffte, dass sie noch ausreichen würde, um zu sehen, was bei dem Ritual vor sich gegangen war.

Als Aaron mit seinem Geistkörper die Kammer des Außerirdischen betrat, waren vier Mönche zugegen. Der Außerirdische erklärte, was die Mönche bei dem Ritual zu tun hätten.

»Ihr müsst während der gesamten Zeit eure linke Hand auf meine Hände und Füße legen. Ihr dürft sie keinen Augenblick lösen. Egal, was passiert«, ermahnte das Wesen die Mönche.

»Wie erkennen wir, wann das Ritual beendet ist?«, wollten diese wissen.

»Ihr werdet es merken. Ich möchte euch jedoch darauf

hinweisen, dass dieses Ritual sehr große Auswirkungen auf euer Leben haben wird.«

»Was für Auswirkungen?«

»Ihr werdet alt werden«, sagte das Wesen direkt und ohne Umschweife.

»Was meinst du mit ›alt werden‹?«

»Ihr werdet alte Männer sein, wenn das Ritual beendet ist.«

Die Mönche sahen sich betroffen an. Für einen Augenblick glaubte Aaron, an ihren Gesichtern ablesen zu können, dass sie das Ritual unter diesen Bedingungen nicht durchführen wollten.

»Wir werden es tun. Wir sind Mönche geworden, um der Menschheit zu dienen. Wenn wir durch dieses Opfer dienen können, werden wir es tun.«

»Ich habe gehofft, dass ihr das sagen würdet. Wenn ihr keine Einwände habt, dann lasst uns beginnen, bevor die Wache zurückkommt«, schlug das Wesen vor.

Aaron verstand zwar nicht, wie sie die Wache losgeworden waren, doch das war auch nicht so wichtig. Er beobachtete das Ereignis weiterhin gespannt.

»Bitte legt eure Hände so auf meine Hände und Füße, wie ich es euch vorhin gesagt habe. Und denkt daran: Ihr dürft die Hände auf keinen Fall wegnehmen!«

Die Mönche taten, was das Wesen sagte. Kurz darauf schloss dieses seine Augen. Die Mönche blickten sich gegenseitig fragend an. Offenbar wollte jeder nachschauen, ob die anderen schon etwas spürten. Plötzlich zuckten die vier Mönche zusammen. Aaron erschrak fürchterlich, als dies geschah. Für ihn sah es so aus, als ob die Mönche einen elektrischen Schlag bekommen hätten. Dann zuckten sie noch einmal. Das Wesen öffnete seine Augen wieder. Sie wirkten jetzt sehr seltsam, irgendwie leuchtend.

»Denkt daran! Auf keinen Fall die Hände wegnehmen, bevor das Ritual beendet ist. Es wäre euer sicherer Tod!«

Die Mönche waren geschockt. Offenbar war mittlerweile wirklich jedem klar geworden, dass dies kein Spiel war.

Das Wesen schloss erneut die Augen. Kurz darauf zuckten die Mönche noch einmal zusammen, und dann wieder. Ihre Gesichter begannen sich vor Schmerz zu verzerren. Das Zucken wurde immer stärker. Schließlich zappelten die Mönche, als würden sie an einer Stromleitung hängen.

Dann geschah etwas Seltsames. Das Wesen begann, an Händen und Füßen leicht zu glimmen. Es war nur der Schimmer eines Leuchtens. Und doch war es ganz deutlich zu sehen. Die Mönche zitterten immer noch. Schließlich wurde das Leuchten stärker. Einer der Mönche begann vor Schmerz zu stöhnen. Man sah, dass er es kaum noch aushielt.

In diesem Moment kam der Wächter in die Kammer. Er musste das Stöhnen gehört haben und schrie jetzt wie ein Verrückter.

»Lass es sofort los! Hörst du nicht? Lass es los!«

Der Wächter versuchte, einen der Mönche loszureißen, doch dieser hielt sich krampfhaft fest. Als der Wächter merkte, dass er es nicht schaffte, begann er, auf den Außerirdischen einzuschlagen.

»Hör auf damit!«, schrie er immer wieder. »Lass es los!«
Er prügelte mit aller Kraft auf das Wesen ein.

Aaron hatte Angst, dass der Wächter das Ritual zerstören würde. Doch es kam ganz anders. Das Leuchten des Wesens wurde so stark, dass der Wächter diese Energie irgendwie nicht mehr ertragen konnte. Er schreckte voller Schmerz zurück. Im selben Moment gab es eine regelrechte Energieexplosion, und die Mönche fielen zu Boden.

Der Raum war während dieser Explosion so hell erleuchtet, das Aaron völlig geblendet war. Als er wieder zu sehen begann, war das Wesen verschwunden. Die vier Mönche lagen am Boden. Sie waren alte Greise geworden.

Kurz darauf hörte man von draußen ein gigantisches Pfeifen. Aaron rannte hinaus. Er sah, wie das Raumschiff des Außerirdischen hell leuchtete. Kurz darauf begann es sich in Luft aufzulösen. So etwas hätte Aaron niemals für möglich gehalten. Das Raumschiff war urplötzlich weg!

Aaron schoss in diesem Moment ein Gedanke durch den Kopf: War Ella das Wesen, das sich in reine Energie verwandelt hatte, um der Menschheit zu helfen? Doch er war nicht mehr in der Lage, dieser Frage nachzugehen. Jetzt musste er seine Astralreise wirklich beenden. Sein Körper verlangte ihn zurück, und er ließ sich ansaugen. Erst jetzt bemerkte er, wie erschöpft sein Körper war. Die Astralreisen kosteten ihn offensichtlich sehr viel Kraft. Aaron schlief fast augenblicklich ein.

Als er am nächsten Tag aufwachte, war es schon fast Mittag. Rachel war bereits aufgestanden. Aaron ging ins Wohnzimmer, um sie zu suchen. Sie war aber nicht dort. In diesem Moment hörte er Stimmen, die von draußen kamen, und sah aus dem Fenster. Rachel und Sanchez saßen wieder inmitten der Menschenmenge. Rachel war dabei, Kranke zu heilen. Auch Sanchez schien irgendetwas zu tun. Aaron konnte jedoch nicht erkennen, was es war.

Er ging zu den beiden nach draußen. Rachel war total euphorisch. Als sie Aaron sah, stand sie auf und kam ihm entgegen. »Na, bist du endlich aufgewacht, alter Langschläfer?«, begrüßte sie ihn.

»Warum hast du mich denn nicht geweckt? Ich wollte eigentlich gar nicht so lange schlafen.«

»Ich habe mehrmals versucht, dich zu wecken«, erwiderte sie. »Aber du warst einfach nicht wach zu kriegen. So einen festen Schlaf habe ich noch nie erlebt. Man hätte dir ein Bein amputieren können, ohne dass du davon aufgewacht wärst.«

»Das muss an der Astralreise gelegen haben, die ich gestern Nacht noch unternommen habe«, spekulierte Aaron.

»Und, war es schön? Was hast du denn erlebt?«, wollte Rachel wissen.

»Das ist eine lange Geschichte. Ich glaube, ich weiß jetzt, wer Ella ist. Ich werde es euch erzählen, wenn ihr mehr Zeit habt. Wie ich sehe, wirst du hier bereits wieder sehnsüchtig erwartet«, sagte er und deutete auf die vielen Menschen.

»Es ist so toll, Aaron. Wir machen all diese Menschen wieder gesund. Ich kümmere mich um ihren Körper und Sanchez um ihre Psyche. Es ist total spannend.«

Aaron sah sich um, während Rachel mit ihm redete. An diesem Morgen hatten sich schon mindestens doppelt so viele Menschen versammelt wie am Vortag. Sanchez und Rachel freuten sich natürlich darüber. Doch für Aaron bedeutete dies schlicht und ergreifend größere Gefahr. Er glaubte förmlich riechen zu können, dass die Agenten der Organisation sie bald aufspüren würden. Rasch ging er wieder ins Haus und legte sich zur Meditation ins Bett. Er wollte zwar das Risiko nicht eingehen, dass sein Gefühl, sich schützen zu müssen, Realität gestalten würde. Andererseits konnte er aber auch nicht das Risiko eingehen, dass das mit der Realitätsgestaltung vielleicht doch Unsinn sein könnte.

Aaron konzentrierte sich auf seinen Körper und begann sich zu entspannen. Er beobachtete seine Atmung, denn er hatte festgestellt, dass er dadurch seine negativen Gedanken am besten loslassen konnte. Er spürte einfach nur, wie sein Körper völlig ohne sein bewusstes Zutun atmete. Es gab ihm ein gewisses Vertrauen, dass sein Körper dies ganz allein tat. Nach fünf Minuten fing er an sein Glücksgefühl wahrzunehmen. Er spürte es körperlich. Es war ein angenehmes kribbelndes Spannungsgefühl in Bauch und Brust. Wenn er sich länger darauf konzentrierte, wurde es immer stärker und wanderte bis in seinen Kopf hinauf. Aaron genoss es sehr, zu spüren, wie die Energie seines Glücksgefühls sich in ihm ausbreitete.

Nachdem sie seinen Kopf erreicht hatte, verteilte sie sich gleichmäßig im ganzen Körper. Er spürte sie zeitweise stärker im Kopf, dann wieder mehr in der Brust. Das kribbelnde

Spannungsgefühl schien ständig in Bewegung zu sein. Nach einer Viertelstunde beschloss Aaron, wieder ins Bezugssystem zwei zu gehen. Er wollte herausfinden, was ihre Verfolger machten. Die Frage, die ihm auf den Lippen brannte, war, ob die Organisation durch den Menschenauflauf bereits auf sie aufmerksam geworden sei. Nachdem er ein paar Bilder betrachtet hatte, schreckte Aaron plötzlich auf. Er sprang hoch wie von der Tarantel gestochen und rannte nach draußen.

»Rachel, Sanchez! Kommt, wir müssen sofort verschwinden!«, schrie er hysterisch. »Sie haben uns gefunden. Sie werden gleich hier sein. Ich habe sie soeben im Hafen gesehen.«

»Wen hast du im Hafen gesehen?«, fragte Rachel, nicht aus der Ruhe zu bringen.

»Die Agenten der Organisation. Los, kommt, wir müssen weg!«

»Warte mal, Aaron!«, sagte Sanchez. »Wir brauchen nicht fluchtartig zu verschwinden. Beruhige dich! Wir werden sie an der Nase herumführen.«

»Du willst doch wohl nicht deine Spielchen mit denen treiben? Was ist, wenn es nicht funktioniert?«, rief Aaron aufgeregt.

»Warum sollte es nicht funktionieren?«, erwiderte Sanchez selbstsicher. »Ich habe in den letzten beiden Tagen so viele Erfahrungen sammeln können, dass es reine Routine für mich ist. Sie werden herkommen und uns nicht erkennen. Wir werden für sie aussehen wie Einheimische.«

»Bist du sicher, dass dabei nichts schiefgehen kann?«, fragte Aaron besorgt.

»Es wird nichts schiefgehen«, versicherte Sanchez. »Doch wir müssen danach trotzdem verschwinden. Die mentale Hypnose wird nicht ewig anhalten. Sie werden Fragen stellen und herausfinden, dass wir hier waren. Bis dahin können wir allerdings in aller Ruhe unsere Sachen packen und verschwinden.«

»Kannst du denn so viele Leute auf einmal hypnotisieren?«, hakte Aaron weiterhin ungläubig nach.

»Wie viele sind es denn?«, wollte Sanchez wissen.

»Es war ein ganzer Trupp. Ich glaube sieben oder acht Männer.«

»Das wird sich zeigen, wenn ich sie sehe«, erklärte Sanchez. »Ich kann nur Kontakt zu der Gedankenwelt von Menschen aufnehmen, wenn ich sie kenne oder wenigstens sehe.«

»Dann werden sie uns doch auch sehen, wenn du so lange warten musst. Wie willst du das denn vermeiden?«, fragte Aaron besorgt.

»Ich weiß es noch nicht. Aber mir wird schon etwas einfallen.«

»Ich kann dir vielleicht dabei helfen«, meinte Rachel. »Meine Kräfte sind mittlerweile viel stärker geworden. Ich habe zwar immer noch nicht gelernt, Gegenstände mental langsam zu bewegen, doch ich kann jetzt bewirken, dass sehr schwere Gegenstände ruckartig ihre Position verändern. Ich werde versuchen, ihren Wagen zu beeinflussen.«

»Glaubst du wirklich, du kannst einen ganzen Wagen mental bewegen?«, fragte Aaron ungläubig.

»Ich denke schon. Ich kann ihm zumindest einen tüchtigen Schubs geben, sodass die Leute, die drinsitzen, erst einmal einen Schreck bekommen. Diese Schrecksekunde muss dir ausreichen, Sanchez, um mit ihrer Gedankenwelt Kontakt aufzunehmen.«

»Vielleicht können die vielen Leute hier auch etwas tun, um uns zu helfen. Sie könnten sich so hinstellen, dass man uns nicht direkt sieht«, schlug Sanchez vor.

»Das ist eine gute Idee!«, meinte Rachel. »Los, machen wir uns bereit, unsere Verfolger gebührend zu empfangen.«

Aaron bat die Menschenmenge um ihre Hilfe. Die Leute waren sofort bereit, den dreien aus der Prophezeiung zu helfen. Sie stellten sich so an der Straße auf, dass das Haus von Sanchez nicht mehr zu sehen war. Die drei versteckten sich in der Menschenmenge.

Nicht einmal fünf Minuten später kreuzten zwei schwarze Limousinen auf. Als sie näher kamen, konzentrierte Rachel sich intensiv auf den ersten Wagen. Sie hob ihre Hände und machte eine abwehrende Bewegung. Im gleichen Augenblick blieb der erste Wagen auf der Stelle stehen. Der zweite krachte ihm voll hinten drauf. Sanchez konnte die Männer aus dieser Entfernung deutlich sehen. Er begann sich auf ihre Gedankenwelten zu konzentrieren. Doch es waren zu viele verschiedene Gedanken, sodass es nicht schnell genug klappte. Die Männer stiegen aus ihren Wagen aus.

»Schnell, Rachel, mach irgendetwas! Ich kann sie nicht rasch genug beeinflussen«, rief Sanchez aufgeregt.

Rachel konzentrierte sich erneut auf die Männer. Sie versuchte, sich in den Körper eines Mannes aus dem zweiten Wagen hineinzufühlen. Sie spürte seinen Arm, als sei es ihr eigener. Dann machte sie eine Faust und boxte in die Luft. Doch der Mann, dessen Arm sie bewegte, schlug keine Luftlöcher, sondern dem Fahrer des ersten Wagens voll auf die Nase. Dieser ließ sich das natürlich nicht gefallen und drosch zurück. Doch die Massenschlägerei, die Rachel hatte provozieren wollen, blieb aus. Ein Mann aus der Gruppe, offenbar der Vorgesetzte der beiden Streithähne, beendete den Streit augenblicklich. Die Männer kamen auf die Menschengruppe zu. Sanchez musste jetzt handeln, sonst würde es zu spät sein. Aaron war bereits sehr nervös. Die Männer kamen immer näher. Sie hatten die Menschengruppe schon fast erreicht. Da brach Aaron in Panik aus. Er wollte schnell weglaufen, doch Rachel hielt ihn fest. »Nicht aufregen, Aaron«, versuchte sie ihn zu beruhigen. »Sanchez hat es bestimmt gleich geschafft. Jetzt bloß nicht auffallen. Bleib ganz ruhig. Er wird es schaffen.«

Doch die Männer kamen immer näher. Sanchez konzentrierte sich, aber die Agenten reagierten nicht. Dann hatten sie die Menschengruppe erreicht. Sie fassten in ihre Jackentaschen. Aaron war sicher, dass sie nach ihren Waffen griffen.

»Guten Tag«, sagte einer der Männer zu den Einheimischen. »Wir suchen das Haus von Sanchez Alvarez. Können Sie uns sagen, wo wir dieses Haus finden?«

Aaron verstand diese Reaktion nicht. Sie standen doch direkt vor dem Haus. Das konnte nur eines bedeuten: Sanchez musste es geschafft haben, ihre Gedanken zu beeinflussen! Jetzt trat dieser selbst aus der Menge hervor.

»Sanchez Alvarez hat früher einmal hier gewohnt«, erklärte er dem Agenten. »Er ist aber vor ein paar Monaten auf die andere Seite der Insel gezogen. Die genaue Adresse weiß ich leider nicht.«

»Danke für Ihre Auskunft. Einen schönen Tag wünsche ich noch«, erwiderte der Agent.

Aaron brach fast zusammen, als die Männer weg waren. Nie hätte er geglaubt, dass Sanchez diese Männer so an der Nase herumführen könnte. Rachel setzte der ganzen Angelegenheit dann die Krone auf. Sie konzentrierte sich wieder auf den Mann, dessen Arm sie zuvor schon einmal bewegt hatte, und tat es noch einmal. Sie schlug den Fahrer des ersten Wagens mit dem Arm des Mannes ein zweites Mal. Aaron fielen fast die Augen aus dem Gesicht, als er dies sah. Er hatte immer noch furchtbare Angst vor den Agenten. Erst als sie in ihren Wagen saßen und wegfuhren, wurde er wieder etwas ruhiger.

»Rachel! Musste das denn noch sein?«, fragte er ungehalten.

»Was hast du? Das war doch lustig!«, erwiderte sie verständnislos.

»Und wenn sie deswegen zurückgekommen wären?«, fragte Aaron vorwurfsvoll.

»Dann hätten wir das Gleiche noch einmal gemacht. Uns

kann doch nichts passieren. Das Ganze war einfach ein Heidenspaß. Durch unsere Kräfte sind wir sicher. Die können uns nichts mehr anhaben.«

»Das stimmt nicht ganz, Rachel«, meldete sich Sanchez zu Wort. »Wir müssen auf jeden Fall weg von hier. In ein paar Stunden werden sie in ihrer Erinnerung sehen können, was sich tatsächlich ereignet hat. Sie werden wissen, dass wir sie mental beeinflusst haben. Und dann kann ich nichts mehr dagegen tun. Wir sollten also schnell ins Haus gehen und packen. Wenn sie zurückkommen, müssen wir mit dem Boot bereits weit weg sein.«

Die drei liefen schnell ins Haus und packten ihre Sachen. Die Einheimischen halfen ihnen, alles auf ihren Wagen zu laden. Nach einer Viertelstunde waren ihre Habseligkeiten im Wagen verstaut. Die drei verabschiedeten sich von den vielen lieben Menschen und entfernten sich von Sanchez' Haus.

Am Hafen luden sie zunächst einmal den Wagen aus. Aaron fuhr ihn dann ein Stück weiter weg, damit man nicht auf den ersten Blick erkennen konnte, dass sie mit einer Jacht geflüchtet waren. Danach rannte er, so schnell er konnte, zurück zur Jacht. Sanchez hatte bereits den Motor angelassen und den Anker gelichtet. Als Aaron da war, machte er sofort die Leinen los und legte ab.

Auf hoher See begann sich Aaron langsam zu entspannen. »Mann, das war ganz schön knapp mit den Agenten der Organisation«, sagte er erleichtert.

»Das war echt spannend«, erklärte Rachel belustigt.

»Du nimmst wohl keine Gefahr mehr ernst, was?«, fragte Aaron vorwurfsvoll.

»So gefährlich war das doch gar nicht. Wir haben sie toll an der Nase herumgeführt. Wenn ich daran denke, wie der eine dem Fahrer des ersten Wagens zwei Mal eine verpasst hat, ohne das zu wollen, dann könnte ich mich immer noch kringeln vor Lachen. So etwas könnte ich den ganzen Tag machen.«

»Danke, da kann ich gerne drauf verzichten«, bemerkte Aaron sauer.

»Komm, sei kein Spielverderber!«

»Du kannst das doch nicht wirklich alles als Spiel betrachten!«

»Und warum nicht?«

»Weil es wirklich gefährlich war.«

»Es gibt viele Spiele, die ein bisschen gefährlich sind«, meinte Rachel locker. »Das macht doch gerade ihren Reiz aus.«

»Ja, aber bei diesen Spielen geht es nicht um Leben und Tod«, wandte Aaron ein.

»So dramatisch sehe ich das nicht«, erklärte Rachel beschwichtigend. »Der CIA muss erst einmal Menschen auf uns hetzen, die sich durch unsere Kräfte nicht beeinflussen lassen, um uns etwas anhaben zu können. Und ich glaube nicht, dass er die hat. Bis dahin werden wir mit ihnen unsere Spielchen treiben.«

»Ich wollte euch das zwar eigentlich nicht erzählen, aber es geht um mehr als nur um den CIA oder um die Organisation, die uns verfolgt«, sagte Aaron besorgt.

»Um was denn sonst noch?«, wollte Rachel verwundert wissen.

»Das Überleben der gesamten Menschheit ist in Gefahr«, erklärte Aaron kurz.

»Woher weißt du das?«

»Ich habe es auf Bewusstseinsebene zwei erfahren.«

»Und wodurch ist die Menschheit in solch großer Gefahr?«

»Durch Außerirdische!«

Rachel begann herzhaft zu lachen. »Ich glaubte nicht so recht an Außerirdische. Und schon gar nicht daran, dass die Menschheit durch sie bedroht würde, wenn es sie vielleicht doch gäbe.«

»Du brauchst gar nicht so zu lachen«, sagte Aaron ernst. »Ich habe es selbst gesehen. Es ist kein Scherz. Die Menschheit wird vernichtet, wenn wir uns nicht alle grundlegend ändern.«

»Was sollen wir denn so Grundlegendes verändern?«, fragte Rachel in einem Tonfall, der nahelegte, dass sie Aaron kein Wort glaubte.

»Es geht um die Machtbesessenheit der Menschen. Die außerirdischen Rassen, die die Erde seit Jahrtausenden beobachten, haben Angst vor der Gewaltherrschaft der Menschen. Sie befürchten, dass die Menschen irgendwann ihre Heimatplaneten angreifen könnten.«

»Das kannst du doch nicht wirklich alles glauben, Aaron!«, rief Rachel entsetzt.

»Es ist der bittere Ernst! Du glaubst nicht an Außerirdische, doch du hast selbst schon oft mit einem gesprochen.«

»Du meinst Mysterio? Du hältst Ella auch für einen Außerirdischen, genau wie Sanchez?«, fragte Rachel weiterhin zweifelnd.

»Ich bin fast hundertprozentig sicher, dass ich weiß, wer Ella wirklich ist.«

»Und wer ist sie?«

»Sie hat sich vor ein paar Monaten durch ein spezielles Sterberitual in ein energetisches Wesen verwandelt. Seitdem hat sie keinen Körper mehr. Ich habe sie allerdings in der Vergangenheit gesehen, als sie noch einen hatte.«

»Komm, Aaron. Jetzt will ich die ganze Geschichte hören«, sagte Rachel nun ziemlich neugierig. »Erzähl uns alles, was du weißt.«

Aaron berichtete den beiden, was er im Kloster erlebt hatte. Er erklärte auch, was das Wesen über die Machtbesessenheit der Menschheit gesagt hatte. Als er fertig war, sah er in zwei sehr nachdenkliche Gesichter.

»Das hört sich wirklich nicht so an, als wäre es nur deiner Fantasie entsprungen«, meinte Rachel besorgt.

»Sehe ich das richtig, dass Ella über Mysterio versucht, die Machtbesessenheit der Menschheit zu verringern, damit die anderen außerirdischen Rassen keinen Grund haben, die Menschen zu vernichten?«, wollte Sanchez wissen.

»Ja, so ist es«, bestätigte Aaron. »Ich verstehe jedoch nicht, wie Ella das tatsächlich erreichen will. Und mir ist nicht klar, wie Ella gedenkt, die Machenschaften der Organisation zu verhindern. Die üben mit Sicherheit Macht im großen Stil aus. Ich weiß zwar noch nicht genau, was diese Organisation im Einzelnen tut, doch es kann nichts Gutes sein.«

»Dass sie meine Erfindung gestohlen haben und uns verfolgen, deutet nicht darauf hin, dass sie Gutes im Schilde führen«, stimmte Sanchez zu.

»Ganz abgesehen davon, dass sie vielleicht Sonja getötet haben«, sagte Rachel ernst.

»Wir sollten ein bisschen vorsichtiger sein, was wir tun«, gab Aaron zu bedenken. »Wenn wir für Ella wichtig sind, um die Menschheit zu retten, dann sollten wir unser Leben nicht leichtfertig aufs Spiel setzen.«

»Glaubst du wirklich, dass wir auserkoren sind, die Menschheit zu retten?«, fragte Rachel zweifelnd. »Das hört sich an wie aus einem James-Bond-Film.«

»Egal, wie es sich anhört. Ich bin sicher, dass es so ist. Auch wenn Ella uns darauf keine richtige Antwort gibt. Erinnere dich! Sie hat schon einmal gesagt, dass unsere Aufgabe sich auf die gesamte Menschheit bezieht.«

»Ja, schon. Aber gleich die Welt retten?!«

»Und was ist mit der Prophezeiung, von der die Leute auf Barbados gesprochen haben?«, wandte Aaron ein. »Sie sagten ebenfalls, dass wir die drei wären, die das Übel aus der Welt schaffen. Hältst du das für totalen Quatsch?«

»Vielleicht ist etwas dran, vielleicht auch nicht«, erwiderte sie. »Ich will mir darüber gar nicht den Kopf zerbrechen. Was kommt, das kommt. So oder so.«

»Ich wollte, ich könnte das so locker nehmen wie du«, sagte Aaron. »Aber ich kann kaum noch ein Auge zutun. Permanent spüre ich die Gefahr, dass die Außerirdischen jeden Moment die Entscheidung treffen könnten, die Menschheit auszulöschen.«

»Aaron, du darfst dich nicht so verrückt machen. Das bringt nichts. Dadurch hältst du sie auch nicht davon ab, das zu tun, was sie tun wollen. Wir sollten jetzt lieber einen kühlen Kopf bewahren«, meinte Rachel.

»Leichter gesagt als getan. Ella hat mir das auch schon mehrfach geraten. Aber ich kann die Gefahr einfach nicht vergessen.«

»Es wird schon alles gut gehen. Solange wir drei zusammen sind, kann uns nichts passieren. Und wenn wir sterben sollten, dann werde ich im Jenseits immer noch bei dir sein. Ich werde dich bis in alle Ewigkeit lieben.«

»Oh, Rachel. Ich hoffe, es geht alles gut. Ich möchte glücklich mit dir leben und alt werden. Nichts wünsche ich mir mehr als das.«

»Wir werden es schaffen! Ich verspreche es dir.«

»Ich denke«, sagte Sanchez, »wir sollten Ella noch einmal direkt darauf ansprechen, ob sie dieses außerirdische Wesen ist oder nicht. Wenn die Menschheit tatsächlich in so großer Gefahr schwebt und wir etwas dagegen tun könnten, dann sollten wir wenigstens wissen, was wir zu tun haben.«

Die drei gingen also nach unten in die Kabine und begannen ihren Landeanflug auf Mysterio. Erst als sie am Strand aufgesetzt hatten, bemerkten sie, dass sich der Computer erneut weiterentwickelt hatte. Bisher hatte der Computer sie nur für spezielle Spiele in seine virtuelle Welt hineingezogen. Auch waren sie bis jetzt immer allein in dieser Computerwelt gewesen, abgesehen von den Spielfiguren, die der Computer simulierte. Doch dieses Mal waren sie gleich von Anbeginn des Spiels zu dritt in der virtuellen Welt von Mysterio. Sie gingen am Strand entlang und sahen Ella auf sich zukommen.

»Schön, dass ihr kommt. Ich möchte mit euch reden«, begrüßte sie Ella.

»Wir haben einige Fragen, Ella«, entgegnete Rachel.

»Okay, was wollt ihr wissen?«

»Bist du das außerirdische Wesen, das Aaron im Kloster gesehen hat?«, fragte sie direkt.

»Was würde es für euch bedeuten, wenn ich das wäre?«, wich Ella aus.

»Wir möchten wissen, ob wir dabei mitwirken sollen, die Menschheit zu retten«, antwortete Rachel.

»Was würdet ihr tun, wenn dies so wäre?«, fragte Ella.

»Wir würden diese Aufgabe annehmen.«

»Was meinst du mit annehmen?«

»Wir würden alles tun, um die Menschheit zu retten. Wir würden Tag und Nacht arbeiten, wenn es nötig wäre«, versprach Rachel.

»Eigentlich müsstet ihr bereits wissen, dass ihr euer gesamtes schöpferisches Potenzial nur dann entfalten könnt, wenn ihr nicht danach strebt, sondern es aus purer Lust am Vergnügen tut. Wenn es also tatsächlich so wäre, dass ihr eine Aufgabe erfüllen sollt, dann würde euch euer Leistungsstreben mit Sicherheit im Weg stehen«, erwiderte Ella.

»Das heißt also: Du willst uns nicht sagen, worin unsere Aufgabe besteht?«, schlussfolgerte Rachel.

»In eurem eigenen Interesse werde ich es nicht tun.«

»Das heißt also dann, dass du das Wesen aus dem Kloster bist?«

»Mir wäre es lieber, wenn ihr mich weiterhin als Spielmacher betrachten würdet.«

»Ich kann nicht leiden, wenn ich nicht weiß, woran ich bin«, rief Aaron ungehalten.

»Und warum nicht?«, wollte Ella wissen.

»Weil ich dann nie weiß, wie ich reagieren soll, wenn etwas passiert.«

»Du glaubst also immer noch, dass in deinem Leben etwas Unvorhergesehenes passieren könnte?«

»Ich weiß, dass es viel wahrscheinlicher ist, dass ich meine Realität selbst erschaffe, aber ich kann die Gefahr, die über uns schwebt, nicht ignorieren, nur weil es sein könnte, dass ich meine Realität gestalte. Dafür müsste ich mir schon sicher sein, dass nichts passieren kann«, erklärte Aaron.

»Wie sieht es bei euch aus, Rachel und Sanchez?«, wollte Ella wissen. »Habt ihr auch noch so stark das Gefühl, dass die Ereignisse in eurem Leben alle zufällig passieren?«

»Eigentlich nicht«, meinte Sanchez. »Aber wenn es wirklich stimmt, dass die Menschheit in der Gefahr schwebt, vernichtet zu werden, dann würde ich mich auch nicht darauf verlassen, dass alles nach meinen Wünschen geschieht.«

»Gut, reden wir von der Gefahr«, stimmte Ella zu. »Wie groß schätzt ihr die Wahrscheinlichkeit ein, dass alles, was in eurem Leben je geschehen ist, wirklich reiner Zufall war?«

»Wenn ich an all die kleinen Unzufälligkeiten denke, die in meinem Leben andauernd geschehen, dann ist diese Wahrscheinlichkeit nicht sehr groß«, meinte Sanchez.

»Wie ist es mit dir, Rachel?«

»Bevor ich mit Mysterio angefangen habe, glaubte ich, dass alles Zufall ist. Doch dann passierten sehr viele dieser seltsamen Zufälle.«

»Und du, Aaron? Gibt es Menschen, die dauernd Glück zu haben scheinen, und andere, die das Pech für sich gepachtet haben?«

»Ich denke schon, dass es die gibt. Ich selbst war jahrelang vom Pech verfolgt, wenn es um die richtige Partnerin ging. Es war bestimmt mehr als Zufall, dass ich vor Rachel immer an die Falsche geraten bin.«

»Du glaubst also nicht, dass es Zufall war?«, hakte Ella nach.

»Nein, das kann ich einfach nicht glauben«, erklärte Aaron.

»Was war es dann?«

»Entweder war es so vorbestimmt, oder es ist wahr, was du uns sagtest. Ich meine, dass meine Wahrnehmung dieses Pech in mein Leben gezogen hat.«

»Was hältst du für wahrscheinlicher?«, wollte Ella wissen.

»Dass es meine Wahrnehmung war«, bestätigte Aaron.

»Für wie viel wahrscheinlicher hältst du dies?«

»Mindestens zehn zu eins, denke ich.«

»Und du, Sanchez? Wie schätzt du die Wahrscheinlichkeit ein, dass du mit deiner Wahrnehmung die Realität erschaffst, verglichen mit dem Zufall?«

»Ich glaube nicht an Zufall«, erklärte Sanchez. »Eigentlich bin ich hundertprozentig sicher, dass meine Wahrnehmung die Ereignisse in meinem Leben bestimmt.«

»Rachel, wie sieht es bei dir aus?«

»Du willst wissen, für wie wahrscheinlich ich den Zufall halte? Nun, ich denke, die Chancen stehen zehn zu eins für die Erschaffung der Ereignisse durch meine Wahrnehmung.«

»Und trotzdem handelt ihr nach dem unwahrscheinlichen Fall, dass euch etwas zustoßen könnte, mit dessen Erschaffung ihr nichts zu tun habt. Wieso tut ihr dies?«, wollte Ella wissen.

»Keine Ahnung«, meinte Rachel nachdenklich. »Gewohnheit vielleicht.«

»Das glaube ich nicht«, entgegnete Aaron. »Ich denke, dass uns eher unsere Befürchtung davor, es könnte doch nicht wahr sein mit der Selbsterschaffung der Realität, dazu bringt. Was wäre, wenn es ein Trugschluss wäre? Die Organisation würde uns erwischen, weil wir nicht aufgepasst haben.«

»Was wäre aber, wenn es doch stimmte?«, fragte Ella. »Würdet ihr dann nicht eine zehn Mal höhere Gefahr eingehen, dass sie euch fassen?«

»Wieso denn das?«, fragte Rachel erschrocken.

»Das ist das Gleiche wie mit deiner Angst vor dem Gefängnis. Sie hat dafür gesorgt, dass du verfolgt wirst. Wenn also wirklich eure Wahrnehmung die Realität gestaltet, dann sorgt ihr durch die Suche nach der Gefahr dafür, dass sich die Gefahr in euer Leben schleicht.«

»Du meinst, wir würden durch unsere Sorgen erst eine Gefahr erschaffen, die sonst gar nicht da wäre?«

»Ihr würdet Ereignisse erschaffen, die euch Grund dazu geben, euch zu sorgen«, bestätigte Ella. »Die Ereignisse spiegeln stets eure Gefühle wider. Wenn ihr also zehn Mal mehr glaubt, dass ihr die Realität selbst erschafft, dann ist auch diese Gefahr zehnmal größer.«

»Du meinst also, wir sollen unser Verhalten ab sofort verändern?«, hakte Rachel nach.

»Überlegt einmal selbst«, schlug Ella vor. »Wenn ihr beispielsweise in ein paar Jahren sehr dick geworden seid und alle möglichen Diäten hinter euch habt, um abzunehmen. Würdet ihr dann das Fett operativ entfernen lassen, wenn ihr wüsstet, dass neun von zehn Menschen danach völlig verunstaltet sind?«

»Sicherlich nicht«, meinte Rachel. »Aber, was hat das jetzt damit zu tun?«

»Durch die Verunstaltung würde eure Lebensqualität leiden. Es könnte sogar so schlimm ausgehen, dass ihr nicht mehr weiterleben wollt. Euer Leben wäre also in Gefahr. Wenn die Organisation euch in die Finger bekommt, ist euer Leben ebenfalls in Gefahr. In diesem Fall entscheidet ihr euch aber dafür, das Risiko der Operation einzugehen.«

»Logisch betrachtet hast du Recht. Aber irgendwie kann ich diese Gefahr gar nicht richtig nachempfinden.«

»Das, liebe Rachel, ist genau der Grund, warum du dich nicht nach dieser Gefahr richtest. Stattdessen kannst du die Gefahr, dass die Menschheit bedroht ist, sehr gut nachempfinden. Daher richtet sich deine Wahrnehmung auf diese Gefahr, und du ziehst sie in dein Leben.«

»Das verstehe ich alles. Aber ich fühle die Angst trotzdem viel stärker, dass ein Unglück passieren könnte, als die Angst, dieses Unglück durch meine Wahrnehmung hervorzurufen«, wandte Rachel ratlos ein.

»Das kommt dadurch, dass die Ereignisse, die du durch deine Wahrnehmung erschaffst, immer erst viel später eintreten. Würden sie sich sofort ereignen, hättest du den Zusammenhang längst erkannt und würdest dich danach richten. Lasst euch das Ganze noch einmal durch den Kopf gehen. Wir sprechen uns wieder, wenn ihr die Gefahr eurer Realitätsgestaltung fühlen könnt.«

Die drei verließen Mysterio und fanden sich vor dem Bildschirm des Computers wieder. Sie gingen an Deck. Sanchez hatte die ganze Zeit den Autopiloten fahren lassen. Normalerweise hätte er vor Anker gehen müssen, während sie mit Ella sprachen, doch er wollte so schnell wie möglich weit weg von Barbados.

Jeder für sich bemühte sich an diesem Tag, die Angst vor negativer Realitätsgestaltung wahrzunehmen. So richtig wollte es ihnen allerdings noch nicht gelingen. Am Abend erreichten sie schließlich sehr müde Tobago. Sie ankerten in einer einsamen Bucht. Hier würden sie vorerst in Sicherheit sein.

Früh am Abend legten sie sich schlafen. Als Aaron am nächsten Morgen aufwachte, schliefen Rachel und Sanchez noch fest. Aaron dachte sofort wieder an die Organisation. »Vielleicht«, hoffte er, »kann ich ja doch herausbekommen, was es mit dieser Organisation auf sich hat. Wenn ich meine Wahrnehmung währenddessen auf mein Glück richte, kann mir eigentlich nichts passieren.«

Er konzentrierte sich fest auf sein Glücksgefühl, und es kam sofort. Danach richtete er seine Wahrnehmung auf Bezugssystem zwei. Es dauerte nur ein paar Minuten, bis er diese Realität erleben konnte. Aaron begann seine Neugier auf die Organisation zu konzentrieren. Bisher wusste er nur, dass es eine geheime Organisation war, mit der der Chef des CIA und der General aus dem Weißen Haus irgendwie verbunden waren. Doch welche Ziele hatte diese Organisation?

Wieder tauchten Bilder vor ihm auf. Er sah, wie die Organisation gleichermaßen Hochfinanz, Wirtschaft und Politik beeinflusste. Die zwölf Mitglieder dieser Organisation nannten sich selbst den Rat der Zwölf. Sie hatten vor, die Weltherrschaft an sich zu reißen, indem sie die Welt kauften, und taten wirklich alles, um ihr Vermögen ständig zu erweitern. Außerdem engagierten sich in der Öffentlichkeit seltsamerweise alle von ihnen für soziale Einrichtungen.

Aaron war klar, dass es niemand wagen würde, diese »guten Menschen« anzugreifen. Er fand keinen einzigen Schwachpunkt, an dem man ihre Pläne hätte festmachen können, um die Geheimgesellschaft dann auffliegen zu lassen. Keine Zeitung würde einen anonymen Artikel abdrucken, in dem solche Ungeheuerlichkeiten behauptet würden.

Aaron hatte genug gesehen. Eigentlich hatte er sich die Informationen im Bezugssystem zwei ganz ruhig anschauen wollen. Er hatte sich extra vorgenommen, sein Glücksgefühl dabei auf jeden Fall zu behalten. Aber es war ihm nicht gelungen. Stattdessen lösten diese Bilder wieder große Angst in ihm aus, dass diese mächtige Organisation sie irgendwann finden würde.

Aaron erkannte, dass der Rat der Zwölf ein geheimes Labor eingerichtet hatte. Jetzt wollte er genau herausbekommen, was dieser Rat wirklich beabsichtigte. Er beschloss, mit seinem Geistkörper in das Labor einzudringen. Zwar hatte er keine Idee, wo das Labor sich befand, doch das war dazu auch nicht notwendig. Es würde genügen, wenn er sich das Innere des Labors vorstellte, das er im Bezugssystem zwei gesehen hatte. Sehr schnell fand er sich dort wieder. Es war ein sehr großes Gebäude. Er suchte ein Fenster, um herauszufinden, wo er sich befinden könnte. Bei dieser Suche fiel ihm auf, dass ein großer Teil des Gebäudes als Wohnraum genutzt wurde. Doch nirgends gab es ein Fenster. Das konnte nur eines bedeuten: Dieses Labor lag unter der Erde!

Nach einer Weile fand Aaron den eigentlichen Kern des Labors. Es war ein großer Saal mit einer hohen Decke, in dem sehr viele Menschen beschäftigt waren. Aaron beschloss, sich das etwas genauer anzuschauen. Er kam an einer riesigen Bildwand vorbei, an der Hunderte von Fernsehbildschirmen hingen. Jeder Monitor zeigte ein anderes Fernsehprogramm. »Was hat das zu bedeuten?«, fragte er sich.

In diesem Moment kam ein Mann aus dem Rat der Zwölf ins Labor. Er ging auf genau die Leute zu, die Aaron gerade beobachtete. »Wie sieht es aus?«, fragte er die Wissenschaftler.

»Wir sind weitergekommen. Den Meinungsumfragen nach liegt Jelzin ganz knapp vorne.«

»Gute Arbeit, Jungs!«, lobte sie der Mann. »Glaubt ihr, wir können dem Volk suggerieren, dass Jelzin die gesamte Regierungsmannschaft austauschen wird, wenn er gewinnt? Es wäre toll, wenn ihr es schaffen würdet, dem Volk klarzumachen, dass alles besser wird, wenn sie Jelzin wählen.«

»Wir werden gleich damit beginnen«, versprach einer der Wissenschaftler.

»Ich wusste, dass ich mit euch einen guten Fang gemacht habe.«

Die Männer lächelten und machten sich sofort an die Arbeit. Aaron ging mit ihnen. Er wollte wissen, was sie genau vorhatten. Offenbar hatte der Rat der Zwölf großes Interesse daran, Jelzin zum Präsidenten zu machen. Doch warum? Und wie wollte er das erreichen?

Aaron beobachtete, wie die Wissenschaftler ein Bild von Jelzin auf dem Computerbildschirm bearbeiteten. Sie veränderten es so, dass Jelzin viel jünger und dynamischer aussah als in der Realität. Dann modifizierten sie die Umgebung, in der sich Jelzin befand. Nach einer Weile begannen sie damit, russische Schriftzeichen hinzuzufügen. Aaron verstand zwar kein Wort Russisch, aber ihm war sofort klar, was diese Schriftzeichen bedeuteten. Es waren subliminale Botschaften! So wie es aussah, beeinflusste der Rat der Zwölf die Bevölkerung von Russland über das Fernsehen.

Aaron war sich sicher, dass sie dies nicht nur mit Russland machen würden. Sicherlich wollten sie die ganze Welt mit Hilfe dieser subliminalen Botschaften beherrschen. Das musste der Grund für die vielen hundert Fernsehsendungen sein, die ihm auf dieser Bildwand aufgefallen waren. Wahrscheinlich sahen sie diese Sender, um kontrollieren zu können, ob ihre Bildbotschaften ihren Zweck erfüllten.

Aaron hatte genug gesehen. Er war sicher, dass er nie wieder einen Fernseher anschalten würde. In Anbetracht dieser Manipulation stieg in ihm die Befürchtung auf, dass dieses globale Vorgehen den Außerirdischen den letzten Impuls geben könnte. Was sollte er bloß dagegen unternehmen? Niemand würde ihm glauben. Die Polizei und sogar das Militär waren vom Rat der Zwölf infiltriert. Von ihnen würde er keine Unterstützung bekommen. Und was sollte er den Menschen sagen? Dass er mit seinem Geistkörper gesehen hatte, dass der Rat der Zwölf ein geheimes Labor eingerichtet hatte, um die Menschheit zu manipulieren? Wer würde ihm diese absurde Aussage glauben, und dazu noch die Erklärung, dass er Außerirdische gesehen hatte, die die Menschheit vernichten wollen, wenn diese ihr Machtgehabe nicht aufgeben würde. Die Sache war aussichtslos. Aaron konnte nur untätig zusehen, was in diesem Labor vor sich ging.

Trotzdem trieb seine Neugier ihn dazu, noch mehr erfahren zu wollen. Er verließ den Saal und begann damit, den Mann aus dem Rat der Zwölf zu suchen, den er zuvor gesehen hatte. Doch dieser war nirgends zu finden.

Nach längerer Suche stieß Aaron auf einen Gang, an dessen Ende sich eine versperrte Sicherheitstür befand. Hinter dieser Tür musste etwas Besonderes vor sich gehen. Glücklicherweise waren solche Türen für Aaron kein Hindernis. Er trat mit seinem Geistkörper einfach hindurch. Der Gang führte weiter zu einem Raum, der wiederum mit einer Sicherheitstür verschlossen war. Durch das Glasfenster dieser Tür konnte Aaron sehen, dass die Leute auf der anderen Seite alle Schutzkleidung trugen. Aaron hatte zuerst Bedenken, durch diese Tür zu gehen. Doch das war natürlich Unsinn. Er hatte keinen Körper und damit nichts, was er hätte schützen müssen.

Als er durch die Tür trat, erkannte er, dass die Leute sich mit der Kleidung nicht selbst schützen wollten. Es waren keim- und staubfreie Anzüge, die sie trugen. Als Aaron sich in diesem Raum umsah, erkannte er den Mann, den er gesucht hatte. Er schien der Leiter dieses Labors zu sein und stand mit ein paar Wissenschaftlern zusammen. »Kann ich irgendetwas tun, um euch zu helfen?«, hörte Aaron ihn fragen. »Wenn ihr Hilfe braucht, sagt es mir! Ihr bekommt jede Unterstützung, die ihr benötigt.«

»Wir brauchen nur noch etwas Zeit«, erklärte ein Wissenschaftler. »Es ist nicht so einfach. Wir haben noch nie zuvor mit einer derartigen Technik zu tun gehabt. Sie ist unserer Wissenschaft um Jahrhunderte voraus.«

Erst jetzt sah Aaron, dass die Wissenschaftler den Computer untersuchten, den Rachel in ihrer Universität an Mysterio angepasst hatte. Offenbar hatte der Rat der Zwölf diesen Computer aus Areal 51 herausgeholt, und die Wissenschaftler versuchten nun seine Technik zu verstehen.

»Ihr habt doch jahrelang mit einem Außerirdischen in Areal 51 zusammengearbeitet«, sagte der Laborchef. »War die Technik seines Raumschiffes denn überhaupt nicht mit dieser vergleichbar?«

»Leider nein«, erklärte der Wissenschaftler. »Die Technik dieses Computers ist nicht synthetisch, sie lebt. Das Raumschiff unseres außerirdischen Kollegen war nicht viel anders als unsere eigenen.«

»Versucht, schnell etwas herauszubekommen! Ich schaue in drei Tagen wieder vorbei.«

»Drei Tage sind zu wenig. Wir brauchten mindestens drei Monate, um einigermaßen zu verstehen, was sich hier abspielt«, erklärte der Wissenschaftler frustriert.

»Wir werden sehen«, entgegnete der Laborchef und verließ den Raum.

Aaron konnte es sich nicht erklären, aber er spürte eine unheimliche Bosheit und Menschenverachtung von diesem Mann ausgehen, obwohl er oberflächlich betrachtet charmant und freundlich wirkte. Wenn er es tatsächlich schaffen sollte, die Techniken, die Aaron hier gesehen hatte, so weit zu entwickeln, dass er damit die gesamte Menschheit beeinflussen könnte, würden die Außerirdischen seinen Plänen mit Sicherheit schnell ein Ende bereiten.

Aaron beschloss, noch eine Weile im Labor zu bleiben, um herauszufinden, wie weit der Rat der Zwölf mit seiner Manipulationstechnik tatsächlich war. Er hörte den Wissenschaftlern zu, die sich am Mysterio-Computer zu schaffen machten. »Was sollen wir bloß tun?«, flüsterte einer von ihnen. »Wenn wir ihm zeigen, wie er die Technik dieses Computers einsetzen kann, wird er die gesamte Menschheit versklaven.«

»Und wenn wir es nicht tun, wird er uns töten lassen«, erwiderte ein anderer.

»Wir haben keine andere Wahl. Er wird uns sowieso nicht mehr freilassen. Es sei denn als Marionetten ohne eigenen Willen«, bemerkte ein Dritter.

»Früher oder später wird er dahinterkommen, dass wir schon viel weiter sind, als wir ihm gesagt haben. Ich denke, dass er es bereits ahnt«, befürchtete der Zweite.

»Wir müssen weiterhin versuchen, diesen Computer zu vernichten. Das ist unsere einzige Chance. Ohne diesen Computer wird er niemals die gesamte Menschheit mental manipulieren können. Nachbauen kann so einen Computer auf unserer Welt mit Sicherheit niemand.«

»Aber wie sollen wir ihn vernichten? Wir haben doch schon alles versucht. Er schützt sich selbst vor Vernichtung, denn er ist uns maßlos überlegen.«

»Wir haben noch drei Tage. Es muss uns einfach etwas einfallen.«

In diesem Moment kam der Chef plötzlich wieder ins Labor. Er hatte eine ganze Mannschaft an Wachpersonal mitgebracht.

»Weg vom Computer!«, befahl er dominant.

Einer der Wissenschaftler versuchte, den Computer vom Tisch zu werfen. Es wurde von einem Soldaten des Laborchefs verhindert.

»Okay, ihr Lieben«, erklärte der Laborchef. »Ich danke euch für die Information, dass ich mit diesem Computer mein Vorhaben verwirklichen kann.«

Dann deutete er auf einen der Wissenschaftler. Seine Soldaten schnappten sich den Mann und pressten seinen Kopf in ein Gerät, das ihn ganz umfasste. Er bekam eine Spritze, was ihn ruhig werden ließ, und die Maschine wurde eingeschaltet.

»Beginnen wir mit einem viertel Impuls«, sagte der Laborchef.

Der Wissenschaftler in der Maschine zuckte zusammen. Man konnte sehen, dass er Höllenqualen litt.

»Wie sieht es aus? Zeichnet das Gerät etwas auf?«, fragte der Laborchef.

»Bis jetzt noch nichts Interessantes«, erwiderte der Wissenschaftler, den er mitgebracht hatte.

»Wir sollten die Energie noch etwas steigern«, meinte der Laborchef.

»Sie wissen, dass diese Maschine noch nicht ausgereift ist.

Wenn wir die Energie weiter steigern, wird sein Gehirn angeschmort«, äußerte der Wissenschaftler seine Bedenken.

»Würden wir dadurch die gewünschte Information aufzeichnen können?«, fragte der Laborchef.

»Ich weiß es nicht.«

Der Laborchef wandte sich direkt an den Wissenschaftler, der in der Maschine lag.

»Es wäre besser für Sie, wenn Sie mir sagen würden, was ich wissen will.«

»Fahr zur Hölle!«

»Gehen Sie schon einmal vor und sagen Sie dem Teufel einen schönen Gruß!«, kommentierte der Laborchef dies ungerührt. »Wir werden uns später dort treffen. Energie auf halben Impuls!«

Der Mann, der die Maschine bediente, steigerte die Energie, wie der Laborchef es befohlen hatte. Der Wissenschaftler verzerrte das Gesicht. Ein stummer Schrei war das letzte Lebenszeichen des Mannes.

»Okay, ihr Lieben. Der Nächste bitte«, sagte der Laborchef, als ginge es ums Haareschneiden. Die Soldaten zerrten den nächsten Wissenschaftler in die Maschine und gaben ihm eine Spritze. »Ein viertel Impuls!«, befahl der Laborchef. Auch dieser Mann verzerrte vor Schmerz das Gesicht. Schweißperlen liefen ihm die Schläfen hinunter. »Sie können sich immer noch dafür entscheiden, ein Leben im Wohlstand zu leben oder Ihr Dasein hier und jetzt zu beenden. Es ist Ihre Entscheidung.«

»Du kannst mich töten, wenn du willst. Aber ich werde

dir nicht helfen, die Menschheit zu versklaven«, erklärte der Wissenschaftler überzeugt.

»Versuchen wir seine Gedanken aufzuzeichnen«, sagte der Laborchef, wohl wissend, dass auch dieser Wissenschaftler das nicht überleben würde. Doch als die Energie hochgeschaltet wurde, brach plötzlich das System zusammen.

»Wir haben einen Fehler. Wir müssen unterbrechen«, erklärte der Mann, der die Maschine bediente.

»Lieber Freund«, meinte der Laborchef zu dem Wissenschaftler in der Maschine. »Das war ein Wink des Schicksals. Ich biete Ihnen Geld und Macht, wenn Sie mit mir kooperieren.«

»Du kannst mir das Leben nehmen, aber nicht meine Seele!«, erklärte der Wissenschaftler.

»Okay, Leute. Bringt ihn ins Psi-Labor!«, entschied der Laborchef.

Aaron war entsetzt angesichts der Dinge, die er bis jetzt miterlebt hatte. Er wollte wissen, was sie mit dem Wissenschaftler anstellen würden, und folgte den Soldaten und dem Laborchef in das Psi-Labor. Als sie dort ankamen, sah Aaron, dass hier Menschen dazu ausgebildet wurden, ihre Psi-Fähigkeiten zu nutzen. Offenbar wurden Drogen eingesetzt, um diese Fähigkeiten zu aktivieren. Die Menschen, die hier trainiert wurden, sahen alle ziemlich fertig aus.

Dem Wissenschaftler hatte man inzwischen Handschellen angelegt. Der Laborchef wandte sich an einen Mann, der hier offenbar eine leitende Funktion hatte. Es war wohl der Trainer dieser Psi-Agenten.

»Welcher deiner Agenten bringt die besten Ergebnisse, wenn es ums Gedankenlesen geht?«, wollte der Laborchef wissen.

»Kathrin ist die Beste.«

Der Laborchef ging zu Kathrin und legte seinen Arm um sie. Er ging ein paar Schritte mit ihr und redete dabei auf sie ein. Aaron konnte deutlich sehen, dass es dieser Kathrin nicht unangenehm war, von dem Mann angefasst zu werden.

»Also, Kathrin. Wir haben hier einen Mann, der etwas weiß, was ich gerne wissen möchte. Er will es mir aber nicht freiwillig sagen. Wärst du so freundlich und würdest es für mich herausfinden? Du würdest mich sehr glücklich machen, wenn du dies für mich tätest.«

»Ich werde es versuchen. Ich kann jedoch nicht versprechen, dass es gelingt. Wenn er sich sehr verkrampft, bekomme ich nichts heraus.«

»Versuch es, Kathrin! Ich verlasse mich auf dich. Es geht um eine Information, die sehr, sehr wichtig für mich ist. Er weiß etwas über einen Computer, den er hier in den letzten Wochen untersucht hat. Ich wäre dir wirklich sehr dankbar, wenn du herausfinden könntest, was er genau weiß.«

Kathrin schloss die Augen und konzentrierte sich. Nach einer Weile begann sie etwas zu sehen.

»Ich kann sehen, dass der Computer mit einer fremden Energie arbeitet. Eine Energie, die überall vorhanden ist. Ihre Quelle ist unerschöpflich.«

Während sie das sagte, versuchte der Wissenschaftler,

sich gegen das Lesen seiner Gedanken zu wehren. Er verkrampfte sich.

»Jetzt kann ich nichts mehr sehen. Er hat zugemacht«, erklärte Kathrin daraufhin.

»Okay, gebt ihm etwas!«, sagte der Laborchef ruhig. Es war klar, dass er damit eine Droge meinte. Man zog eine Spritze auf und injizierte sie dem Wissenschaftler brutal durch das Hemd in die Schulter. Es dauerte einige Minuten, bis die Spritze richtig wirkte.

»Ich kann wieder etwas erkennen«, sprach Kathrin weiter. »Ich weiß nicht, ob es wichtig ist, aber der Computer lebt.«

»Was heißt das, er lebt?«, fragte der Laborchef verwundert.

»Es ist nicht nur ein technisches Gerät. Er ist lebendig. Er wächst und entwickelt sich. Er hat eine gewisse Form von Bewusstsein.«

»Ich bin stolz auf dich, Kathrin. Was siehst du noch?«

»Man kann sich mit dem Bewusstsein dieses lebenden Computers verbinden. So, als würden zwei Bewusstseinsformen miteinander verschmelzen. Wer das tut, hat unbegrenzte Macht.«

»Wie kann ich mich mit ihm verbinden?«, wollte der Laborchef euphorisch wissen.

»Mehr weiß er nicht. Das ist alles.«

»Bist du sicher?«, zweifelte der Laborchef.

»Ich sehe sonst nichts.«

Der Laborchef wandte sich wieder an den Trainer der Psi-Agenten.

»Bring mir einen anderen Agenten!«

»Kathrin ist mit Abstand die Beste. Die anderen werden mit Sicherheit nichts Neues herausfinden«, erwiderte dieser.

»Okay, Kathrin. Du hast deine Arbeit gut gemacht. Ich werde das nicht vergessen«, versprach der Laborchef.

»Es gibt noch etwas, was Sie interessieren sollte«, meinte Kathrin. »Wir sind nicht allein. Es ist noch jemand hier.«

»Was meinst du damit?«

»Es ist ein Mann in diesem Raum, der nicht mit seinem Körper hier ist.«

Aaron erschrak fürchterlich. Sie musste ihn meinen. Was sollte er jetzt tun? Wenn er sich in seinen Körper zurückfallen ließe, dann würde diese Kathrin vielleicht sehen können, wo er sich aufhielt. Aaron versuchte zu fliehen. Er rannte mit seinem Geistkörper durch die Wand in einen langen Flur. Im Hintergrund hörte er noch, wie Kathrin sagte, sie sehe, dass der Besucher gerade floh.

»Los, bleib dran, Kathrin«, forderte sie der Laborchef auf.

Kathrin verließ ihren Körper und jagte Aaron hinterher. Aaron konnte ihren Geistkörper sehen. Was sollte er jetzt tun? Er rannte wie ein Verrückter, und diese Kathrin ließ sich einfach nur hinter ihm herschweben. Er versuchte, sie abzuschütteln, indem er durch Wände ging. Doch das blieb völlig wirkungslos. Plötzlich hatte er eine Idee. Er stellte sich die Umgebung des Klosters vor, in dem er das Wesen gesehen hatte, und konzentrierte sich auf die Zeit, zu der das Wesen dort mit den Mönchen gesprochen hatte. Innerhalb weniger Sekunden war er im Klosterraum. Kathrin war ihm nicht gefolgt. Offenbar konnte sie nicht durch die Zeit reisen. Aaron fiel ein Stein vom Herzen. Er hatte befürchtet, dass Kathrin ihn bis in seinen Körper verfolgen würde. Doch jetzt war die Gefahr vorüber. Aaron konzentrierte sich auf seinen Körper und ließ sich in diesen zurückfallen. Als er seinen Körper wieder spürte, brach in ihm Entsetzen aus, denn er fühlte deutlich, dass Kathrin seinen Körper gefunden hatte. Sie war hier und wusste genau, wo er war. Und so, wie es aussah, konnte er hingehen, wohin er wollte; sie hatte seine Energiestruktur wahrgenommen und würde ihn überall finden. Jetzt musste er schnell handeln. Er konnte auf keinen Fall bei Sanchez und Rachel bleiben. Nur so könnte er die beiden schützen. Auch hatte er keine Zeit für lange Erklärungen. Er musste sofort weg.

Rachel und Sanchez schliefen noch. Aaron beschloss, sie nicht zu wecken. Jede lange Erklärung würde eine größere Gefahr für die beiden bedeuten. Aaron kritzelte nur eine kurze Botschaft auf einen Zettel und legte ihn neben Rachel: »Ich muss euch zu eurem eigenen Schutz verlassen. Ihr müsst sofort von dieser Insel verschwinden. Es ist besser für euch, wenn ihr nicht wisst, wo ich bin. Ich werde dich auf ewig lieben, Rachel. Leb wohl.«

Während Aaron diese Worte schrieb, rannen ihm Tränen übers Gesicht. Ihm war klar, dass er Rachel nie wiedersehen würde. Noch einmal schaute er sie voller Sehnsucht an und verließ dann das Boot.

Aaron rannte in den Dschungel. Vielleicht würden die Soldaten des Rates der Zwölf ihn dort nicht so schnell finden. Je länger er sich verstecken könnte, desto sicherer wäre das für Rachel und Sanchez. Er kämpfte sich also so lange durch den dichten Dschungel, bis er erschöpft zusammenbrach.

Erst jetzt wurde ihm wirklich bewusst, was geschehen war. Er hatte soeben die Liebe seines Lebens verlassen. Und so, wie es aussah, hatte er kaum eine Chance zu überleben. Der Rat der Zwölf würde mit ihm kurzen Prozess machen. Er spielte mit dem Gedanken, sich selbst das Leben zu nehmen. Was hatte er zu verlieren?! Er hatte bereits alles verloren, für das es sich zu leben lohnte. Er fühlte sich unsagbar traurig und verzweifelt.

»Hätte ich doch nie mit diesem Spiel begonnen!«, ging ihm ständig durch den Kopf. Doch für Reuegedanken war es jetzt zu spät. Aus Liebe zu Rachel blieb ihm nur noch eines zu tun: Er musste so lange weiterleben wie möglich. Solange der Rat der Zwölf hinter ihm her war, würde er nicht nach Rachel und Sanchez suchen. Auf diese Weise hatten sie eine größere Chance zu entkommen.

Aaron konnte nur hoffen, dass Kathrin die Energiestruktur von Rachel und Sanchez nicht ebenfalls wahrgenommen hatte. Dann wäre alles umsonst gewesen.

Während er immer tiefer in den Dschungel lief, waren Rachel und Sanchez wach geworden. Rachel hatte Aarons Brief natürlich sofort gefunden und geriet total in Panik. Sanchez versuchte sie zu beruhigen. »Rachel, wir müssen jetzt einen klaren Kopf bewahren. Beruhige dich! Nur so können wir versuchen, Aaron zu helfen.«

»Ich will zu ihm. Ich gehe nicht von hier weg, ehe wir ihn gefunden haben«, rief sie verzweifelt und wütend.

»Das bringt doch nichts, Rachel. Wenn sie dich auch kriegen, kannst du gar nichts mehr für ihn tun. Wir müssen erst einmal hier weg und uns in Sicherheit bringen. Ella wird uns helfen, Aaron zu retten.«

»Du kannst ja gehen, wenn du willst. Ich bleibe hier. Ich werde ihn schon finden. Und wenn es das Letzte ist, was ich tue.«

»Rachel, komm zur Vernunft! Du kannst ihn nicht finden. Sicher ist er in den Dschungel gelaufen. Da findet ihn so schnell niemand. Wir müssen hier weg. Ich werde später versuchen, seine Gedanken wahrzunehmen. Vielleicht können wir ihn dadurch aufspüren. Dafür müssen wir aber zuerst in Sicherheit sein.«

»Ich gehe nicht von hier weg ohne Aaron.«

»Rachel, denk doch mal nach! Aaron wollte uns schützen. Deshalb ist er geflohen. Glaubst du, er fände es gut, wenn sein Opfer umsonst gewesen wäre? Wenn du jetzt hierbleibst, verachtest du damit seine Liebe.«

»Ich will ohne Aaron nicht weiterleben, und ich gehe nicht von hier weg. Wenn sie uns töten, dann will ich mit ihm gemeinsam sterben«, erklärte sie verzweifelt.

»Und wenn es doch noch eine Chance gäbe, ihn zu retten? Willst du die trotzdem ungenützt lassen?«

»Welche Chance sollen wir denn haben? Aaron ist allein, und wir sind hier. Wenn wir jetzt wegfahren, lassen wir ihn im Stich.«

»Das stimmt nicht, Rachel. Wir lassen ihn im Stich, wenn wir hierbleiben. Doch wir können etwas für ihn tun: nämlich unsere neuen Fähigkeiten einsetzen. Ella wird uns mit Sicherheit dabei helfen. Wenn wir jedoch hierbleiben, ist alles aus. Ich mach dir einen Vorschlag. Sobald wir auf hoher See sind, fragen wir Ella, wie wir Aaron helfen können. Sollten wir tatsächlich nichts ausrichten können, fahren wir wieder hierher zurück. Was sagst du dazu?«

»Schwöre mir, dass wir wirklich zurückkehren, wenn wir nichts tun können!«, verlangte Rachel.

»Ich schwöre es.« Sanchez sprang auf und lichtete den Anker. Sofort setzte er Kurs aufs offene Meer.

Rachel ging verzweifelt zum Mysterio-Computer. Sie wollte nicht warten, bis Sanchez das Boot hinausgefahren hatte. Schnell klickte sie Mysterio an und landete am Strand der Insel. Ella kam ihr bereits entgegen. »Rachel, du musst jetzt Ruhe bewahren«, sagte sie. »Wir können Aaron retten, aber nur, wenn wir alle zusammenarbeiten.«

»Ich würde alles für ihn tun. Sag mir, was ich machen muss!«, flehte Rachel verzweifelt.

»Du wirst zu gegebenem Zeitpunkt deine Fähigkeiten einsetzen müssen. Aber was noch viel wichtiger ist: Vergiss niemals, dass nichts auf dieser Welt zufällig geschieht. Alles, was sich in deinem Umfeld ereignet, wird von dir als Mitschöpfer erschaffen. Wenn du das beachtest, haben wir eine Chance. Solltest du aber deinen Ängsten erliegen, ist es aus mit Aaron!«

»Wie soll ich denn meine Ängste beiseiteschieben? Aarons Leben ist in Gefahr. Das ist kein Spiel mehr!«

»Du willst Aaron retten, so weit sind wir uns einig. Wenn du jetzt anfängst, dich auf das Spiel der Organisation einzulassen, wirst du ihn dadurch zum Tode verurteilen.«

»Ich verstehe nicht, was du meinst.«

»Die Organisation ist überzeugt davon, nur durch Taten auf dieser Welt etwas erreichen zu können«, erklärte Ella. »Erinnere dich, was du mir bei unserem letzten Treffen gesagt hast! Du sagtest, es wäre zehnmal wahrscheinlicher, dass dein Geist die Realität gestaltet, als dass deine Taten dies tun.«

»Ja, und?«

»Die Organisation lebt in der Welt der Taten«, erklärte Ella weiter. »Dort ist sie die mächtigste Instanz der Welt. Du kannst durch Taten nichts gegen sie ausrichten. Wenn du jedoch erkennst, was in dieser Welt tatsächlich abläuft, wirst du merken, dass du bereits viel mächtiger bist als die gesamte Organisation.«

»Das verstehe ich nicht«, erwiderte Rachel verwirrt.

»Die Organisation handelt gemäß ihrer Überzeugung, dass man auf dieser Welt nur durch Manipulation etwas erreichen kann. In Wirklichkeit ist die Welt aber eine Schöpfung der Menschen, die in ihr leben. Die Organisation kann auch nicht mehr als Realität gestalten. Doch ihre Überzeugung schränkt ihre Gestaltungsmöglichkeiten stark ein. Und dort, wo sie nicht handeln kann, ist sie auch nicht in der Lage, Erfolg mit ihren Änderungen zu haben. Das ist ihre Schwäche.«

»Ich verstehe immer noch nicht, wieso ich mächtiger sein soll als die Organisation«, wiederholte Rachel verzweifelt.

»Weil du gelernt hast, deinen Geist unmittelbar auf die erwünschte Realität zu fokussieren.«

»Ich soll mir also einfach vorstellen, was geschehen soll?«, fragte Rachel skeptisch.

»Nein, so leicht ist es leider auch nicht. Du musst es schaffen, deine Wahrnehmung auf deine Chancen zu lenken. Momentan zieht dich das Gefühl für die drohende Gefahr in seinen Bann.«

»Und wie soll ich das anstellen?!«, erwiderte Rachel vorwurfsvoll. »Aarons Leben steht auf dem Spiel.«

»Du musst eine Sicherheitsannahme treffen!«

»Eine Sicherheitsannahme?!«

»Die Veranlagung des Menschen, Gefahren – seien sie auch noch so unwahrscheinlich – ernst nehmen zu wollen, hat ihren Ursprung in eurem evolutionären Erbe. Es ist ein Instinkt aus einer Zeit, als ihr noch Primaten wart und allzeit bereit sein musstet, vor einem wilden Tier zu flüchten. Ihr wollt Gefahren instinktiv so früh wie möglich wahrnehmen, damit ihr möglichst viel Zeit zur Flucht oder für Präventivmaßnahmen habt.

Doch die Bedrohung, mit der du es jetzt zu tun hast, hat nichts mit der Art von Gefahr zu tun, an die dein Instinkt angepasst ist. In Bezug auf die Realitätsgestaltung bringt das frühstmögliche Erkennen der Gefahr keine Vorteile mehr. Im Gegenteil! Die Fixierung auf die Gefahr ist selbst zur Gefahr geworden.«

»Und wie schalte ich diesen Instinkt aus?«

»Instinkte kann man nicht ausschalten. Man kann sie jedoch für sich nutzen!«

»Rede bitte nicht in Rätseln!«, bat Rachel eindringlich. »Wir müssen handeln! Was genau soll ich tun?«

»Du musst eine Entscheidung treffen. Du musst dich entscheiden, von welcher Realität du ausgehen willst. Willst du in Bezug auf die Organisation optimistisch oder pessimistisch sein? Willst du davon ausgehen, dass wir Aaron retten werden, oder willst du davon ausgehen, dass die Organisation stärker ist?«

»Ich würde ja gerne davon ausgehen, dass wir es schaffen werden, aber wie soll ich das tun? Aarons Leben steht auf dem Spiel!«

»Du musst aus Sicherheitsgründen davon ausgehen, dass wir Aaron retten werden.«

»Aus Sicherheitsgründen?!«, hakte Rachel abermals verwundert nach.

»Wann immer die Zukunft ungewiss ist und ihr Menschen nicht wisst, was genau auf euch zukommen wird, trefft ihr Annahmen. Ihr geht dann aus Sicherheitsgründen davon aus, dass es auf eine bestimmte Weise laufen wird.«

»Du meinst, wir gehen immer vom Schlimmsten aus.«

»Das tut ihr oft, aber nicht immer. Ihr tut es nur dann, wenn diese Annahme euch als die sinnvollste erscheint. Manchmal haltet ihr auch eine optimistische Einschätzung der Lage für sinnvoller. Und genau diese Fälle können wir nutzen, um deine Wahrnehmung auf die positive Gestaltung deiner Realität zu fokussieren.«

»Ich weiß nicht, ob ich das alles richtig verstehe. Aber es ist mir auch egal«, sagte Rachel überfordert. »Was genau muss ich jetzt tun?«

»Jede Annahme hat Konsequenzen – positive wie negative. Schau dir als Erstes die Konsequenzen deiner momentanen Annahme an.«

»Welches ist denn meine momentane Annahme?«, fragte Rachel ahnungslos.

»Du gehst davon aus, dass sie Aaron töten werden.«

»Von etwas anderem auszugehen wäre mit Sicherheit unrealistisch«, entgegnete Rachel.

»Es geht nicht darum, was realistisch ist. Dein Instinkt interessiert sich nicht für die realistischste Annahme. Oder würdest du davon ausgehen, dass alles gut wird, wenn die Chancen 60 zu 40 stehen, dass sie Aaron nichts tun? Wenn es also wahrscheinlicher wäre, dass für Aaron alles gut läuft, würdest du dann die vierzigprozentige Gefahr ignorieren können?«

»Sicherlich nicht«, stimmte Rachel nachdenklich zu.

»Selbst wenn nur eine vage Gefahr bestünde, dass sie Aaron etwas antun, würdest du aus Sicherheitsgründen von dieser Annahme ausgehen.«

»Verdammt, wie komme ich da raus?«

»Indem du dich für die optimistische Annahme entscheidest! Das muss jedoch dein Instinkt tun. Und du musst ihm dabei helfen. Allein ist er mit dieser Aufgabe überfordert.«

»Ich frage also noch einmal«, drängte Rachel. »Was muss ich jetzt tun?«

»Schauen wir uns die Konsequenzen der beiden Annahmen an, die du treffen könntest. Zum einen kannst du davon ausgehen, dass sie Aaron etwas antun werden, und zum anderen könntest du davon ausgehen, dass sie keine Chance gegen uns haben und wir Aaron befreien werden. Welche Annahme ist nun sicherer?«

»Ich halte es für bedenklich, davon auszugehen, dass wir stärker sind als die Organisation.«

»Es ist in Bezug auf deine Realitätsgestaltung jedoch ebenfalls bedenklich, davon auszugehen, dass sie Aaron töten werden. Du befindest dich also in einem Dilemma.«

»Und wie komme ich da raus?«

»Vergleiche Chancen und Gefahren auf beiden Seiten, und dann treff deine Entscheidung für die sicherere Annahme. Welche Gefahren bringt die Annahme mit sich, dass sie Aaron etwas antun werden?«

»Dass ich diese Realität gestalte.«

»Und welche Gefahren bringt die Annahme, dass die Organisation keine Chance gegen uns hat?«

»Die Gefahr, dass wir überheblich und leichtsinnig werden, denke ich.«

»Ist das wirklich so?«, hakte Ella skeptisch nach.

»Würdest du in Anbetracht der momentanen Sachlage tatsächlich leichtsinnig?«

»Eigentlich nicht«, erkannte Rachel.

»Mit Sicherheit nicht! Aaron ist dir das Wichtigste auf der

Welt! Wenn du wüsstest, dass du mehr Macht hast als die Organisation, würdest du trotzdem alles daran setzen, ihn zu befreien. Du würdest nicht leichtsinnig werden. Nicht bei solch einer wichtigen Sache.«

»Da hast du Recht«, meinte Rachel nachdenklich.

»Welche Gefahren würde also die Annahme mit sich bringen, dass wir Aaron befreien können?«, hakte Ella erneut nach.

»Mir fällt sonst keine ein.«

»Eine Gefahr gibt es, die jedoch in deiner momentanen Situation völlig unbedeutend sein sollte. Trotzdem möchte ich sie sicherheitshalber erwähnt haben. Es ist die Angst vor Enttäuschung. Viele Menschen treffen pessimistische Annahmen, weil sie dadurch Enttäuschungen vermeiden wollen. Ich gehe einmal davon aus, dass es dir das Risiko nicht wert wäre, eine pessimistische Annahme zu treffen, nur um eine Enttäuschung zu vermeiden.«

»Natürlich nicht!«, bestätigte Rachel.

»Dann kommen wir jetzt zu den Chancen. Welche Chancen würde die Annahme mit sich bringen, dass wir Aaron retten werden?«

»Die Chance, dass ich meine gesamte Kraft für seine Rettung einsetzen kann. Die Panik aus meiner bisherigen Annahme beraubt mich meiner Fähigkeiten. Ich kann ja kaum noch klar denken.«

»Und natürlich die Chance, dass deine positive Annahme auch eine positive Realität gestaltet«, ergänzte Ella. »Welche Chancen bietet deine negative Annahme?«

»Gar keine?!«, erkannte Rachel.

»Es gibt Gefahren, angesichts derer eine negative Annahme einen Sinn haben kann. Wenn du dich im Dschungel befindest und dich vor Schlangen oder anderen gefährlichen Tieren in Acht nehmen musst, wird deine Angst dich wachsamer machen. Aber bei einer Problemstellung wie der unsrigen bringt eine erhöhte Aufmerksamkeit keinen Nutzen, sondern nur Nachteile. Wie also sieht deine Entscheidung aus? Von welcher Annahme willst du aus Sicherheitsgründen ausgehen?«

»Mein Kopf sagt mir, dass ich optimistisch sein muss, aber tief in mir drin brodelt die negative Annahme noch ganz gewaltig. Was ist, wenn sie ihm trotzdem etwas tun werden?«

»Du kannst nicht wissen, wie sie handeln werden. Du kannst nur Annahmen treffen und mit Hilfe von ihnen das Bestmögliche versuchen. Und die Annahme, dass sie ihm etwas tun werden, ist nicht die bestmögliche.«

»Wie kriege ich das ins Gefühl, verdammt?!«

»Geh in deine Angst hinein!«, bat Ella eindringlich. Als Rachel das getan hatte, sprach Ella weiter. »Und jetzt frage dich, ob dieser Angstzustand, in dem du dich gerade befindest, wirklich der sicherste Zustand ist, um Aaron zu retten.«

»Das ist er ganz bestimmt nicht.«

»Dann wechsle jetzt in den optimistischen Zustand. Geh davon aus, dass wir Aaron retten werden. Ist dieser Zustand schlechter oder besser als der Angstzustand?«

»Er ist natürlich besser! Aber mein Gefühl schlägt immer noch Kapriolen.«

»Geh jetzt bitte noch einmal in die Annahme hinein, dass sie Aaron töten werden«, bat Ella. »Befass dich also noch einmal mit deinem Angstzustand. Ist diese Annahme tatsächlich sicherer als die optimistische Annahme? Oder ist sie gefährlicher?«

»Sie ist eindeutig gefährlicher!«

»Und jetzt noch einmal die optimistische Annahme, bitte. Ist sie sicherer oder gefährlicher?«

»Sicherer!«, betonte Rachel allmählich überzeugter.

»Wechsel doch noch ein paar Mal zwischen beiden Zuständen hin und her und stell dir jedes Mal die Frage, welche Annahme sicherer und welche gefährlicher ist.«

Rachel tat, worum Ella sie gebeten hatte, und mit jedem Mal wuchs ihre Gewissheit, dass sie keine andere Wahl hatte, als vom Positiven auszugehen. Sie musste es aus Sicherheitsgründen tun. Ihre Angst wich zunehmend ihrem Optimismus.

»Du wirst Aaron wiedersehen«, versprach Ella. »Der Zeitpunkt ist bald gekommen, an dem das Volk von Mysterio seine Aufgabe erfüllen wird.«

»Meinst du uns mit dem Volk von Mysterio?«, hakte Rachel verwundert nach.

»Ja, ich meine euch«, bestätigte Ella. »Ich möchte, dass ihr zum Äquator fahrt. Alle Mysteriospieler sind momentan dorthin unterwegs und werden bei Aarons Befreiung mithelfen. Je näher ihr dem Äquator kommt, desto deutlicher werdet ihr erkennen, wie das genau geschehen wird. Mehr möchte ich dazu momentan nicht sagen.«

Daraufhin verließ Rachel Mysterio und ging an Deck. Sie teilte Sanchez mit, was Ella gesagt hatte, und er setzte sofort Kurs Richtung Äquator.

Sanchez versuchte ebenfalls, aus Sicherheitsgründen davon auszugehen, dass sie Aaron befreien würden. Doch so recht wollte es ihm nicht gelingen. Er musste unentwegt daran denken, dass ihr Freund vermutlich gerade völlig panisch durch den Dschungel rannte.

Sanchez beschloss, sich erst einmal um Aaron zu kümmern, bevor er mit seiner Sicherheitsannahme weitermachte. Also schaltete er den Autopiloten ein und legte sich zum Meditieren in den Bug des Bootes. Dort konzentrierte er sich fest auf die Gedankenwelt von Aaron. Er spürte, dass dessen Gedanken völlig wirr waren. Aaron musste schreckliche Angst haben. Außerdem war er offensichtlich total erschöpft. Sanchez versuchte, in seine Gedankenwelt einzudringen, doch Aaron war zu durcheinander. Sanchez beendete seinen Versuch schon bald und ging wieder zu Rachel.

»Aaron ist total verzweifelt. Ich komme an seine Gedanken nicht heran. Er ist tatsächlich in den Dschungel gelaufen und denkt immer wieder an einen Mann, den er Laborchef nennt.«

»Ich wäre jetzt so gerne bei ihm«, erklärte Rachel voller Mitgefühl.

»Dann geh zu ihm!«, meinte Sanchez.

»Ich bin nicht Aaron. Ich kann meinen Körper nicht verlassen.«

»Wir können aber etwas anderes tun. Ich kann deine Gedanken wahrnehmen und sie auf Aarons Gedankenwelt übertragen. Auf diese Weise könntet ihr telepathisch kommunizieren. Sollen wir es versuchen?«

Die beiden legten sich gemeinsam in den Bug des Bootes und meditierten. Plötzlich glaubte Rachel, für einen Moment Aarons Stimme zu hören. War er das wirklich? Dann passierte es wieder: »Ich werde es dem Laborchef nicht leicht machen«, hörte Rachel Aaron denken.

»Aaron, ich bin es!«, rief sie laut.

»Rachel«, entgegnete Sanchez. »Warte noch einen Augenblick. Du wirst merken, wenn du deine Gedanken auf Aaron übertragen kannst.«

Rachel entspannte sich erneut. Wieder vernahm sie für einen Moment Aarons Stimme. »Vielleicht kann ich sie ja doch irgendwie überlisten?«, dachte Aaron.

Rachel spürte plötzlich, dass sie jetzt ihre Gedanken auf Aaron übertragen könnte. »Aaron, ich bin's! Hörst du mich? Ich bin bei dir!«

»Jetzt habe ich auch noch Wahnvorstellungen!«, kam Aaron als Erstes in den Sinn, als er Rachel hörte.

»Du hast keine Wahnvorstellungen. Du hörst mich. Sanchez macht das. Er überträgt meine Gedanken in deine Gedankenwelt. Ich bin es wirklich.«

»Bin ich jetzt völlig übergeschnappt, oder bist du es tatsächlich, Rachel?«

»Ich bin es. Glaube mir! Es ist die Wahrheit. Wir werden dir helfen.«

»Ihr könnt mir nicht helfen. Sie werden mich kriegen. Eine Psi-Agentin der Organisation hat meine Energiestruktur wahrgenommen. Sie wird mich überall finden, egal, wo ich hingehe.«

»Mach dir keine Sorgen! Es wird alles gut werden. Wir sind mächtiger als die Organisation«, versuchte sie ihn zu beruhigen.

»Wenn ich das bloß glauben könnte! Rachel, ich wollte dich nicht verlassen. Ich liebe dich mehr als mein eigenes Leben. Wenn sie mich töten sollten, werde ich in der Ewigkeit auf dich warten.«

»Ich werde zu dir kommen, wenn das wirklich passieren sollte. Wir können bald wieder zusammen sein, so oder so. Mach dir keine Sorgen. Wenn du nicht zu mir kommen kannst, komme ich zu dir. Ich schwöre es.«

»Oh, Rachel. Ich würde so gerne mit dir weiterleben«, rief Aaron voller Sehnsucht. »Ich habe Angst, dass es vielleicht doch kein Leben nach dem Tod gibt. Und ich will dich nicht verlieren. Wir hätten so glücklich miteinander sein können.«

»Wir können es immer noch werden«, versuchte Rachel ihn erneut zu beruhigen. »Du musst dich jetzt aber beruhigen. Du darfst dir nicht so viele negative Gedanken machen. Erinnere dich daran, dass du selbst deine Realität gestaltest.«

»Ich kann das nicht mehr glauben, Rachel. Nicht nach allem, was ich erleben musste«, erwiderte Aaron.

Rachel wollte gerade dazu ansetzen, Aaron zu überreden, es dennoch zu tun. Doch plötzlich hörte sie Sanchez sagen: »Es hat keinen Sinn, ihn jetzt überzeugen zu wollen. Er kann deine Worte momentan nicht annehmen. Versuch ihn lieber zu beruhigen!«

»Aaron«, fuhr sie mit ihrer Gedankenübertragung fort. »Ich werde ab sofort immer bei dir sein, egal, was passiert. Wir werden es gemeinsam schaffen. Ich verspreche es. Vor uns liegt noch ein sehr langes und glückliches Leben.«

In diesem Moment brach die Übertragung ab. Sanchez nahm in Aarons Gedankenwelt wahr, dass dieser einen Hubschrauber hörte. Ihm war klar, dass dies nur die Organisation sein konnte. Aaron rannte durch den Dschungel und versuchte, sich zu verstecken. Doch der Hubschrauber wusste genau, wo er nach ihm suchen musste. Vermutlich saß die Psi-Agentin mit im Hubschrauber. Sie spürte, wo er war.

Innerhalb weniger Minuten hatten sich mehrere Soldaten mit einem Seil in den Dschungel herabgelassen. Sie schwärmten in alle Richtungen aus, um nach Aaron zu suchen. Vom Hubschrauber aus hörte er Kathrins Stimme. »Er hat sich genau unter uns hinter einem Busch versteckt. Er ist unbewaffnet und völlig erschöpft. Denkt daran, dass ihr ihm kein Haar krümmen dürft. Bringt ihn an Bord!«

Aaron erkannte, dass es keinen Zweck mehr hatte, sich zu verstecken. Er kam aus seinem Versteck hervor und ergab sich. Irgendwie fühlte er sich sogar erleichtert, dass es endlich vorbei war. Er leistete keinen Widerstand. Mit einer Seilwinde wurde er an Bord des Hubschraubers gezogen.

Dort gab man ihm sofort eine Betäubungsspritze. Rachels Kontakt mit Aaron brach daraufhin ab.

Doch er hatte in ihrem Gefühl Spuren hinterlassen. Ihr war klar, dass sie es nicht nur dahingesagt hatte, dass sie Aaron niemals verlassen würde. Wenn er sterben müsste, würde sie ihn im Jenseits wieder in ihre Arme schließen. Dieser Gedanke ließ sie völlig ruhig werden. Sie hatte keine Angst vorm Sterben. Nicht, wenn sie dadurch wieder mit Aaron zusammen sein könnte. Und davon war sie fest überzeugt. Sie fühlte sich ihm für alle Zeit verbunden, selbst über den Tod hinaus.

Rachel dachte erneut an ihre Sicherheitsannahme. Zusammen mit dem Volk von Mysterio würde sie Aaron retten. Davon musste sie ausgehen. Sie spürte, dass die Gewissheit, Aaron so oder so wiederzusehen, diese Sicherheitsannahme deutlich einfacher machte. Sie bekam langsam das Gefühl, mit ihren neuen Fähigkeiten etwas für Aaron tun zu können.

Sanchez hingegen hatte immer noch große Schwierigkeiten, eine positive Sicherheitsannahme zu treffen. Er zeigte sich optimistisch, um Rachel nicht zu verunsichern, doch in Wirklichkeit war er innerlich völlig zerrissen. Er beschloss, Ella aufzusuchen, um seine Gefühle in Ordnung zu bringen.

»Hallo Sanchez«, hörte er Ella sagen, als er seinen Landeanflug auf Mysterio vollendet hatte.

»Ich kriege das mit der Sicherheitsannahme nicht hin«, erklärte er ohne Umschweife.

»Ich weiß«, antworte Ella und kam ebenfalls direkt auf den Punkt. »Du kannst dich nicht für eine Sicht der Welt entscheiden. Du gehst zwar eigentlich davon aus, dass du die Realität gestaltest, doch du denkst aus Sicherheitsgründen ebenfalls, dass dies vielleicht doch nicht der Fall sein könnte. Auf diese Weise versuchst du, zweigleisig zu fahren, und stehst dir dabei selbst im Weg. Die unbequeme Wahrheit lautet: Du musst dich für eine Sichtweise entscheiden!«

»Aber was ist, wenn das alles doch nicht stimmt?«

»Wir sollten jetzt einmal die Konsequenzen deiner Annahmen gemeinsam ausführlich überprüfen«, schlug Ella vor. »Deine Wahrnehmung wird von zwei Kräften beeinflusst: Du willst Chancen nutzen und Gefahren vermeiden. Diese beiden Kräfte wirken wie Wahrnehmungsmagnete.

Sowohl die Sichtweise der Welt, in der du die Realität gestaltest, als auch die Sichtweise, dass alles von deinem Geist unbeeinflusst verläuft, bergen Chancen und Gefahren in sich. Schauen wir uns diese einmal genauer an. Welche Chancen bietet dir die Sichtweise der Realitätsgestaltung in Bezug auf Aaron?«

»Die Chance, ihn mit der richtigen Ausrichtung meiner Wahrnehmung zu retten.«

»Und welche Chance bietet dir die Sichtweise, keinen realitätsgestaltenden Einfluss zu haben?«

»Keine Ahnung!«, antwortete Sanchez nachdenklich. »Ich denke, es sind nicht die Chancen, die meine Wahrnehmung auf diese Sichtweise lenken. Es sind wohl eher die Gefahren.«

»Dann halten wir also einmal fest, dass es beim Chancenvergleich 1:0 für die Realitätsgestaltung steht«, schlussfolgerte Ella. »Wenden wir uns jetzt den Gefahren zu. Welche Gefahren entstehen aus der Annahme, dass du die Realität gestaltest?«

»Die Gefahr, dass es vielleicht doch nicht stimmt und ich dann auf konventionellem Wege nichts mehr unternehme.«

»Was könntest du sonst auf konventionellem Wege unternehmen?«, hakte Ella nach. »Was könntest du tun, um Aaron zu befreien?«

»Nicht sehr viel, so wie es aussieht«, meinte Sanchez ernüchtert.

»Wie groß ist also die Gefahr in diesem Fall tatsächlich, wenn du von Realitätsgestaltung ausgehst?«

»Es macht vermutlich keinen Unterschied, ob ich das tue oder nicht.«

»Das würde ich so nicht sagen«, widersprach Ella. »Welche Gefahr gehst du ein, wenn du davon ausgehst, dass du machtlos bist, also keinen Einfluss auf die Gestaltung deiner Realität hast? Und was ist, wenn du doch Schöpfer deiner Realität bist? Was gestaltest du dir dann?«

»Dann würde ich mir die Widerspiegelung von Machtlosigkeit einhandeln!«, erkannte Sanchez erschrocken. »Ereignisse also, durch die ich mich machtlos fühle. Und das wären mit Sicherheit Ereignisse, die ich lieber nicht erleben will!«

»Und wie groß ist diese Gefahr im Vergleich zu der

Gefahr, dass du auf konventionellem Wege nicht genug tust?«

»Sie ist sehr viel größer! Zum einen sind die negativen Konsequenzen sehr viel schlimmer, und zum anderen ist die Wahrscheinlichkeit, dass die Sichtweise der Realitätsgestaltung richtig ist, sehr viel größer.«

»Die Sichtweise der Realitätsgestaltung erweist sich also auch beim Gefahrenvergleich als die bessere«, fasste Ella zusammen. »Du hast also jetzt die Wahl. Entscheidest du dich für die Sicht der Realitätsgestaltung mit der Chance, Aaron zu retten, oder für die Sichtweise, keinen geistigen Einfluss auf die Realität zu haben, was dir keine Chancen eröffnet, sondern stattdessen die gravierende Gefahr mit sich bringt, dass deine Ängste die Macht übernehmen und deine Wahrnehmung auf die Katastrophe lenken?«

»Ich würde mich gerne für die Realitätsgestaltung entscheiden, aber irgendetwas in mir blockiert.«

»Du musst diese Entscheidung für deinen Instinkt wiederholen. Erst diese Wiederholung bringt sie in dein Gefühl. Versetz dich also noch einmal in beide Sichtweisen hinein!«, bat Ella. »Geh in die Sichtweise, keinen Einfluss zu haben. Welche Chancen bietet dir diese Sichtweise?«

»Keine!«

»Und welche Gefahren ruft sie hervor?«

»Die Gefahr, dass ich mir Machtlosigkeit gestalte und damit Aarons Leben aufs Spiel setze.«

»Dies gilt insbesondere, wenn du durch dein Handeln nichts Nennenswertes bewirken kannst«, ergänzte Ella.

»Wenn du gute Chancen hast, mit deinem Handeln etwas zu erreichen, wirst du dich nicht machtlos fühlen und demnach auch keine Machtlosigkeit gestalten. Je weniger du jedoch handeln kannst, desto mehr solltest du aus Sicherheitsgründen von Realitätsgestaltung ausgehen.

Geh jetzt also bitte in die Sichtweise hinein, dass du die Realität gestaltest. Wie sehen deine Chancen dann aus?«

»Ich hätte die Chance, meine Wahrnehmung auf die gewünschte Realität zu fokussieren – ich könnte Aaron retten.«

»Und welche Gefahr würdest du dabei eingehen?«

»Keine, da ich ja auf konventionellem Wege sowieso nichts tun kann.«

»Und wenn du etwas tun könntest, würdest du es dann nicht trotzdem tun?!«, hakte Ella nach. »Du lebst in einer Welt, die geistig gestaltet wird. Dennoch ist es auch eine Welt des Handelns. Die geistige und die materielle Welt existieren nicht getrennt voneinander, sie sind eins. Die eine kann ohne die andere nicht existieren. Wenn du dir auf dieser Welt ein Ereignis mit deinen Gedanken gestaltest, wird es gleichzeitig auch immer nachvollziehbare Handlungen geben, die dieses Ereignis hervorbringen. So ist diese Welt aufgebaut.«

»Das bedeutet ja, dass es überhaupt keine Gefahr gibt, wenn ich von der Sichtweise der Realitätsgestaltung ausgehe«, erkannte Sanchez beeindruckt.

»So ist es! Du gestaltest dir immer Handlungsmöglichkeiten. Ob du derjenige bist, der selbst handeln muss, oder jemand anderes, bleibt dabei offen. Wenn sich dir jedoch Handlungsmöglichkeiten bieten, solltest du aus Sicherheitsgründen davon ausgehen, dass du dir diese selbst gestaltet hast und du diese Möglichkeiten demnach auch nutzen solltest.«

»Dann sehe ich keinen Grund mehr, die Sichtweise aufrechtzuerhalten, dass ich möglicherweise keinen Einfluss auf die Realität habe«, erklärte Sanchez bestimmt.

»Bringen wir diese Entscheidung noch stärker ins Gefühl«, schlug Ella vor. »Versetz dich bitte noch einmal in die Sichtweise hinein, keinen Einfluss zu haben. Wie fühlst du dich mit dieser Sichtweise in Bezug auf Aaron?«

»Ich bin machtlos und verzweifelt.«

»Wie gut sind deine Erfolgschancen in diesem Zustand? Wie gut ist deine Realitätsgestaltung?«

»Sie ist eine Katastrophe!«

»Und wie leistungsfähig bist du in diesem Zustand, wenn es darum geht, die richtigen Dinge zu tun? Du wirst deine Fähigkeiten einsetzen müssen, um Aaron zu helfen. Wie gut kannst du deine Fähigkeiten in diesem Zustand nutzen?«

»Sie sind stark eingeschränkt«, erkannte Sanchez.

»Wie ist deine Wirkung auf Rachel, wenn du in deinen Ängsten versumpfst?«

»Ich werde sie möglicherweise dadurch runterziehen und verunsichern!«

»Und damit das Risiko eingehen, dass sie mit ihren negativen Gedanken ebenfalls Realität gestaltet. Auch wirst du sie damit ihrer neuen Kräfte berauben, denn die Angst wird ihre Fähigkeiten blockieren.«

»Ich möchte nicht länger in diesem Zustand bleiben!«, meinte Sanchez eindringlich. »Jede weitere Minute ist zu viel.«

»Dann versetz dich jetzt in den Gefühlszustand, den du hast, wenn du voll und ganz in die Sichtweise des Realitätsgestalters hineingehst. Wie fühlst du dich mit dieser Sichtweise? Bist du immer noch machtlos?«

»Nein, ich fühle mich optimistisch. Ein bisschen wacklig ist dieser Gefühlszustand aber schon noch, muss ich zugeben.«

»Das wird mit jeder Wiederholung besser«, versprach Ella. »Wie sind deine Erfolgschancen in diesem Zustand genau? Wie ist deine Realitätsgestaltung?«

»Gut!«

»Und wie ist deine Leistungsfähigkeit, wenn sich dir Chancen zum Handeln bieten, die du ja mit deinen positiven Gedanken gestalten kannst?«

»Ich werde im Vollbesitz meiner geistigen und körperlichen Kräfte sein, solange ich mich wirklich optimistisch fühle.«

»Noch ein paar Wiederholungen, und du wirst deinen emotionalen Zustand stabilisiert haben. Dein Instinkt braucht ein paar Anläufe, das habe ich dir ja bereits gesagt. Also geh bitte noch einmal in den emotionalen Zustand, der durch die Sichtweise ausgelöst wird, keinen Einfluss zu haben. Auch wenn es unangenehm ist, es ist notwendig!«

Sanchez tat, worum ihn Ella gebeten hatte. Er spürte erneut seine Ängste und seine Machtlosigkeit. Gleichzeitig war ihm klar, dass er in diesem Zustand keine Erfolgschancen haben würde. Im Gegenteil! Er gestaltete sich dadurch nur die Widerspiegelung von Machtlosigkeit, sprich Ereignisse, die ihm seine Machtlosigkeit wieder und wieder bewusst machen würden. Weiterhin beraubte er sich seiner Leistungsfähigkeit, und zu allem Überfluss würde er auch noch Rachel mit runterziehen. Diese Sichtweise der Realität brachte demnach nur Nachteile auf der ganzen Linie.

Die Sichtweise der Realitätsgestaltung hingegen bot ihm sehr gute Erfolgschancen. Er würde dadurch seine Wahrnehmung auf die gewünschte Realität ausrichten können. Und selbst dann, wenn diese Sichtweise doch falsch wäre, würde sie ihn in eine emotionale Verfassung bringen, in der er vollen Zugriff auf seine Fähigkeiten hätte und in der er eine positive Wirkung auf andere Menschen ausüben könnte. Die Entscheidung für die Sichtweise der Realitätsgestaltung war also so gut wie gefallen.

Sanchez wiederholte die gesamte Prozedur auf Ellas Empfehlung hin noch einige Male. Danach war es ihm unbegreiflich, wie er zuvor Schwierigkeiten mit dieser Sichtweise gehabt haben konnte. Er ging zurück zu Rachel, die in der Zwischenzeit an Deck das Ruder übernommen hatte.

Einige Stunden später erwachte Aaron im Labor des Rates der Zwölf. Rachel und Sanchez hatten sich auf diesen Moment vorbereitet. Sie lagen erneut nebeneinander am Bug der Jacht. Sanchez klinkte sich wieder in Aarons Gedankenwelt ein. Der Laborchef stand bereits vor ihm, als dieser die Augen öffnete. »Hallo, Aaron«, sagte er freundlich. »Haben Sie gut geschlafen?«

»Was wollen Sie von mir?«, fragte Aaron aggressiv.

»Warum denn gleich so unfreundlich? Ich möchte nur mit Ihnen plaudern«, erklärte der Laborchef.

»So wie mit den Wissenschaftlern, die den Computer untersucht haben?!«, entgegnete Aaron vorwurfsvoll.

»Sie haben es selbst in der Hand. Sie können dasselbe erleben oder aber ein Leben im Luxus führen. Ich schlage Ihnen ein Tauschgeschäft vor: Ihr Leben und das Ihrer Freunde gegen die Informationen über diesen Computer. Was halten Sie davon? Sie wären frei und hätten nichts zu befürchten.«

»Ich werde es mir durch den Kopf gehen lassen«, entgegnete Aaron wenig überzeugend.

»Seien Sie nicht dumm!«, ermahnte ihn der Laborchef. »Ich habe nichts gegen Sie persönlich. Sie sind mir sogar recht sympathisch. Aber ich brauche diese Information.«

»Ich werde Ihnen nicht helfen, die Menschheit zu versklaven«, erwiderte Aaron feindselig.

Der Laborchef schüttelte lächelnd den Kopf. »Wer redet denn davon? Die Menschheit ist dabei, sich selbst zu vernichten, wenn wir sie nicht davon abhalten. Die Regierungen dieser Welt erkennen dies zwar, sind jedoch so uneins, dass sie nichts dagegen tun können. Doch wir können es. Wir haben die Möglichkeiten und die Kompetenz, die Menschheit zum Wohl zu führen. Glauben Sie mir, wir haben nicht vor, die Menschheit zu versklaven. Alles, was wir tun wollen, dient dem Wohl der Menschheit.«

»Wenn Sie das wirklich glauben, sind Sie noch verrückter, als ich dachte. Sie sind einfach nur ein armer Irrer, der die Welt beherrschen möchte, weiter nichts. Töten Sie mich am besten gleich, und ersparen Sie mir die Qual, mir Ihr dummes Gewäsch anhören zu müssen.«

»Es tut mir leid, dass Sie nicht verstehen wollen, um was es hier geht.«

Der Laborchef gab Kathrin ein Zeichen. Sie hatte sich schon die ganze Zeit über bereitgehalten und setzte sich nun auf einen Stuhl gegenüber von Aaron. Dann schloss sie die Augen und konzentrierte sich. Aaron wusste, was diese Kathrin tun würde. Er war mittlerweile total ruhig geworden. Sanchez hatte seine Gedankenwelt so sehr beeinflusst, dass er keine Angst mehr verspürte. Es war ihm egal, ob er sterben würde. Er hatte sich mit dem Tod abgefunden. Er wollte dieser Kathrin jedoch gehörig die Suppe versalzen. Kathrin begann, ihr Gesicht zu verziehen. Schweißperlen liefen ihr über die Stirn, und sie stammelte einzelne unverständliche Worte.

»Was siehst du, Kathrin?«, wollte der Laborchef wissen.

»Ich sehe unglaublich viele Bilder. Es ist eine Flut von Ereignissen, die über mich hereinbricht. Ich sehe Sie. Manchmal sind Sie ein Kind von vier oder fünf Jahren, das von seinem Vater missbraucht wird. Dann wieder sind Sie erwachsen und können keinen Sex haben.«

»Was soll diese Scheiße?«, fuhr sie der Laborchef wütend an. »Was siehst du denn da für einen Mist? Ich rate dir dringend, konzentriere dich auf Aaron und auf die Informationen über den Computer.«

Kathrin konzentrierte sich wieder. Aaron aber hatte sich mit seiner Wahrnehmung ins Bezugssystem zwei begeben. Dort stellte er sich unentwegt Fragen über den Laborchef. Er sah seine Kindheit und seine Eltern. Er sah, wie er in der Schule stets gehänselt und verprügelt wurde und viele andere peinliche Dinge. Kathrin war nicht in der Lage, über diese Gedankenflut hinauszukommen und die Informationen über den Computer zu isolieren, die in Aarons Gehirn gespeichert waren. Sie brach ihren Versuch schließlich ab und öffnete die Augen. »Es hat keinen Sinn«, sagte sie verzweifelt. »Ich weiß zwar nicht, was er tut, aber ich komme nicht dagegen an. Er blockiert in seinen Gedanken alles.«

»Los, gebt ihm was. Irgendetwas, das seinen Widerstand bricht«, befahl der Laborchef.

Aaron wurde eine Spritze verabreicht. Seine Wahrnehmung begann sich zu trüben. Er sah alles total verschwommen. Er spürte, dass die Injektion eine Wahrheitsdroge gewesen sein musste. Doch auch diese Droge hielt ihn nicht davon ab, ins Bezugssystem zwei zu gehen – im Gegenteil! Er konnte seine Konzentration dadurch sogar noch mehr loslassen. Seine Wahrnehmung im Bezugssystem zwei wurde viel diffuser.

»Die Spritze hat es nur noch schlimmer gemacht«, erklärte Kathrin daraufhin. »Ich weiß nicht, was er tut, und ich weiß auch nicht, wie er es tut. Ich weiß nur eins: Ich werde seine Gedanken niemals lesen können.«

»Okay, Kathrin. Du hast getan, was du konntest. Ich danke dir für deine Hilfe«, erwiderte der Laborchef.

Aaron wurde in das Labor gebracht, in dem das Gerät stand, mit dem der Laborchef die Gedanken der beiden Wissenschaftler hatte aufzeichnen wollen, die den Computer untersucht hatten. Nun wurde Aaron an das Gerät angeschlossen.

Als die Maschine ihre Arbeit begann, spürte Aaron, wie seine Gedanken aktiviert und aufgezeichnet wurden. Sofort ging er wieder ins Bezugssystem zwei. Nach wenigen Minuten holte ihn jedoch ein sehr heftiger Schmerz zurück. Der Laborchef hatte die Energie verstärkt. Aaron fühlte sich, als würde seine Schädeldecke aufgebohrt. Es war ein unglaublich starker Schmerz. Ihm wurde klar, dass er diesen Schmerz keine zwei Minuten aushalten könnte. Er machte sich bereit zu sterben.

Plötzlich hörte der Schmerz auf. Aaron verstand dies nicht. Die Maschine lief noch. Er konnte ganz deutlich spüren, wie sie seine Hirnzentren stimulierte, um sein Wissen anzuzapfen. Schnell ging er wieder ins Bezugssystem zwei. Dieses Mal konnte er seine Neugier jedoch nicht im Zaum halten. Er fragte sich, wieso der Schmerz aufgehört hatte. Bilder tauchten vor ihm auf. Er sah Rachel, wie sie daran arbeitete, sein Gehirn in seiner gesunden, unversehrten Form zu erhalten. Sie schützte ihn mit ihren Fähigkeiten.

Sanchez schien auch irgendetwas dazu beizutragen, was genau das war, konnte Aaron jedoch nicht verstehen.

Der Laborchef steigerte die Energie langsam in den kritischen Grenzbereich. Als er merkte, dass Aaron diese Energie problemlos aushielt, drehte er noch weiter auf. Er hoffte, dass das Gerät einen wichtigen Teil von Aarons Wissen aufzeichnen würde. Er sah zu einem Wissenschaftler hinüber, der die Aufzeichnung von Aarons Gedanken überwachte. Der Wissenschaftler schüttelte den Kopf. Der Laborchef setzte jetzt alles auf eine Karte und steigerte die Energie kontinuierlich weiter. Ihm war klar, dass Aaron das nicht überleben würde. Er sah, wie Aaron sein Leben aushauchte. Er starb genauso qualvoll wie die Wissenschaftler, die zuvor die Energie der Maschine zu spüren bekommen hatten.

Was der Laborchef jedoch nicht wusste, war Folgendes: Sanchez hatte die Gedankenwelt aller Beteiligten beeinflusst und ihnen suggeriert, dass Aaron sterben würde. In Wirklichkeit ging es ihm aber gut. Er wurde von zwei Soldaten aus dem Labor gebracht. Sie legten ihn in eine Zelle.

Aaron wusste nicht, ob er sich wirklich freuen sollte, dass Sanchez und Rachel sein Leben gerettet hatten. Denn das hatte das Unausweichliche nur aufgeschoben. Aus dem Labor würde er trotzdem nicht herauskommen. Alle Gänge waren mit Sicherheitstüren verschlossen. Eine Weile würde man ihn in dieser Zelle liegen lassen, doch irgendwann würde man seine Leiche beseitigen. Spätestens dann müsste er sowieso sterben.

Plötzlich kam Aaron die Idee, dass er Rachel noch ein letztes Mal sehen könnte, indem er seinen Körper verließ und zu ihr ging. Er wusste zwar nicht, wie er sich bemerkbar machen sollte, doch er wollte sie wenigstens noch einmal anschauen. Fest konzentrierte er sich auf die Kabine im Boot. Es dauerte nicht lange, da fand er sich mit seinem Geistkörper dort wieder. Rachel und Sanchez saßen in der Kabine. Sanchez hatte die Augen geschlossen. Offenbar musste er immer noch die Gedanken des Laborchefs und seiner Gefolgsleute beeinflussen, dachte Aaron. Doch Sanchez tat etwas ganz anderes. Aaron hörte, wie er zu Rachel sagte: »Wir haben es geschafft. Er ist da. Er kann uns hören und sehen. Er steht genau hinter uns.«

Rachel stand auf und ging auf Aaron zu. Er kam ihr entgegen und wollte sie umarmen, doch natürlich griff er durch sie hindurch.

»Wo ist er denn genau?«, fragte Rachel. »Vielleicht kann ich ihn fühlen.«

»Du bist schon durch ihn hindurchgegangen. Du kannst ihn nicht fühlen. So jedenfalls nicht«, erwiderte Sanchez.

»Ich würde dich gerne wenigstens noch einmal fühlen, Aaron. Wenn das doch nur möglich wäre«, sagte sie voller Sehnsucht.

»Es ist möglich«, entgegnete Sanchez. »Ich überlasse Aaron meinen Körper. Er muss einfach nur hineinschlüpfen und die Kontrolle übernehmen. Ich gehe so lange in die Welt der Gedanken.«

»Aaron, kannst du das tun? Wenn du mich hörst, dann

versuch es! Ich will dich fühlen. Komm wenigstens noch einmal zu mir.«

Aaron stieg in den Körper von Sanchez hinein. Aber nichts geschah. Er ging einfach nur hindurch. Wie sollte er denn die Kontrolle über Sanchez' Körper übernehmen? Er konnte ihn ja noch nicht einmal berühren. Plötzlich kam ihm eine Idee. Er war mit seinem Geistkörper schon zu vielen verschiedenen Orten gegangen. Und stets gelangte er dorthin, indem er sich vorstellte, an diesen Orten zu sein.

Aaron begann sich also vorzustellen, dass er im Körper von Sanchez sei. Es dauerte nur ein paar Sekunden, da fühlte er diesen Körper tatsächlich. Er konnte ihn bewegen, als ob es sein eigener wäre. Dann begann er, Rachel durch die Augen von Sanchez zu sehen. Er ging auf sie zu und umarmte sie. »Ich liebe dich, Rachel. Mehr als alles andere auf der Welt. Ich wäre so gerne mit dir glücklich gewesen.«

»Aaron, wir haben immer noch eine Chance. Deshalb hat dich Sanchez hierhergelockt.«

»Was für eine Chance?«

»Wir glauben, dass Mysterio das Bewusstsein der gesamten Menschheit verändern wird. Und dieses Ereignis steht kurz bevor. Ella hat alle Mysteriospieler rund um den Globus angewiesen, zum Äquator zu kommen.«

»Ich würde das nur zu gerne glauben?«, sagte Aaron zweifelnd.

»Dann tu es! Und wenn es nicht klappt, dann sehen wir uns im Jenseits wieder«, versprach Rachel bestimmt.

»Was willst du denn damit sagen?«

»Dass ich nachkommen werde, falls dir etwas passiert. Ich lasse dich nicht mehr alleine. Ich habe es dir schon einmal versprochen.«

»Rachel, ich habe Angst, dass es das Jenseits vielleicht gar nicht gibt. Ich will nicht sterben. Ich will bei dir bleiben.«

»Wir werden zusammen sein. Ich spüre es. Ich weiß es ganz genau«, versuchte sie ihn zu beruhigen.

»Wenn es doch nur funktionieren würde.«

Plötzlich wurde Aaron wieder aus dem Körper von Sanchez herausgeschoben. Sanchez war in seinen Körper zurückgekehrt. »Ich konnte leider nicht länger in der Gedankenwelt bleiben«, erklärte Sanchez.

»Wir sind nicht mehr weit vom Äquator entfernt«, sagte Rachel noch schnell zu Aaron und hoffte, dass er sie noch gehört hatte. »Morgen können wir schon dort sein. Dann wird alles gut. Ich spüre es. Sanchez hat den Laborchef veranlasst, dich noch so lange in deiner Zelle liegen zu lassen. Dir wird nichts geschehen, das verspreche ich. Ich liebe dich!«

Aaron befand sich wieder in seinem Körper. Er lag auf dem Boden seiner Zelle. Dabei stieg plötzlich ein Gefühl in ihm auf. Er spürte mit absoluter Gewissheit, dass die Tage des Rates der Zwölf gezählt waren. Plötzlich wusste er, dass für ihn keine Gefahr bestand. Er konnte für dieses Gefühl aber keinen Grund finden. Es war einfach da.

Sanchez hatte ihm diesen Gedanken eingepflanzt, um seine Wahrnehmung auf die Rettung zu lenken. Aaron konnte sich zwar überhaupt nicht vorstellen, wie es Ella fertigbringen wollte, den Rat der Zwölf tatsächlich zu stoppen, doch sein gutes Gefühl, dass es geschehen würde, blieb weiterhin konstant. Sanchez hielt es in ihm kontinuierlich aufrecht.

Unterdessen jagte Rachel die Motoren der Jacht hoch. Sie hatte dasselbe Gefühl wie Aaron in Bezug auf den Rat der Zwölf. Doch ihr hatte nicht Sanchez diese Gewissheit suggeriert. Es war ihre eigene Sicherheitsannahme, die sie erzeugte. Rachel spürte, dass die Zeit des Machtmissbrauchs bald ein Ende haben würde. Und Aaron würde dann wieder frei sein. Dieser Gedanke ließ eine ungeahnte Euphorie in ihr aufkeimen. Sie jagte das Boot mit Vollgas über die Wellen. Es machte dabei mächtige Sprünge. Rachel begleitete jeden Sprung mit lautem Gejubel.

Nachdem sie eine halbe Stunde mit Vollgas unterwegs waren, sahen Rachel und Sanchez ein anderes Boot. Sie konnten es sich nicht erklären, aber beide hatten sofort das Gefühl, dass das andere Boot voller Mysteriospieler war.

»Wir müssen zu ihnen!«, sagte Rachel zu Sanchez.

»Genau das habe ich auch gerade gedacht. Kannst du ebenfalls spüren, dass sie zu uns gehören?«

»Ja, ich bin ganz sicher. Es sind Mysteriospieler auf dem Weg zum Äquator.«

Rachel setzte Kurs auf das andere Boot. Als sie es erreichten, wurden sie voller Freude von seiner Besatzung empfangen. Es waren wirklich Mysteriospieler – acht an der Zahl. Auch diese acht erkannten Rachel und Sanchez sofort als Menschen vom Volke Mysterio. Sie kamen nacheinander auf Sanchez Boot herüber und umarmten die beiden sehr herzlich.

»Bald werden wir alle eine Riesenüberraschung erleben«, sagte einer der Männer von dem fremden Boot.

»Hast du schon eine Idee, was das für eine Überraschung sein könnte?«, wollte Sanchez wissen.

»Noch nicht. Ich spüre nur, dass es so kommen wird.«

Nachdem sich alle begrüßt und bekannt gemacht hatten, verließen die acht das Boot wieder. Am Abend dieses Tages sahen Rachel und Sanchez noch einige weitere Boote, die nach Süden unterwegs waren. Sie spürten immer sofort, dass auch diese Boote von Mysteriospielern gesteuert wurden. Mit jedem Boot, das sie sahen, flammten erneut die freudigen Glücksgefühle in ihnen auf, dass nun der Zeitpunkt kommen würde, an dem die Machtstrukturen dieser Welt bröckeln und Aaron wieder freikommen würde. Rachel und Sanchez waren unglaublich neugierig darauf, wie Ella den Rat der Zwölf tatsächlich stürzen wollte. Sie konnten es noch immer kaum glauben, doch sie fühlten ganz genau, dass es so geschehen würde. Bald würde Rachel Aaron wieder in die Arme schließen können.

Der Tag ging langsam zu Ende. Während Sanchez das Ruder in dieser Nacht übernahm, träumte Rachel viele wirre Träume. Immer ging es darum, wie das Volk von Mysterio den Rat der Zwölf stürzen würde. Doch Rachel träumte keine plausible Lösung. Es waren nur wirre und unsinnige Träume.

Als sie am nächsten Morgen an Deck kam, begrüßte Sanchez sie euphorisch. »Spürst du das auch?«, fragte er aufgedreht. »Es liegt eine sonderbare Stimmung in der Luft.

Ich kann es nicht beschreiben, aber ich spüre, dass wir ganz nah an unserem Bestimmungsort sind. Überall um uns herum sind Boote mit Mysteriospielern. Ich fühle mich mit all diesen Menschen auf eine wunderbare Weise extrem stark verbunden. Geht dir das auch so?«

»Ich hatte schon unten in der Kabine die ganze Zeit das Gefühl, dass wir nicht mehr allein sind. Plötzlich spürte ich die Gegenwart von vielen Menschen. Von Menschen, die uns alle lieben, so seltsam sich das anhört.«

»Ich wollte es nicht so direkt sagen, aber genau dasselbe fühle ich auch«, bestätigte Sanchez. »Ich komme mir total geliebt vor. Dieses Gefühl ist wunderschön. Und es wird immer stärker, je weiter wir fahren.«

»Was, glaubst du, wird passieren, wenn wir den Äquator erreicht haben?«, fragte Rachel erwartungsvoll.

»Ich habe keine Ahnung. Auf jeden Fall wird es wunderschön werden. Noch schöner, als es das jetzt schon ist.«

»Sag mal, Sanchez, kannst du noch schlechte Gefühle empfinden?«, fragte Rachel verwundert.

»Momentan geht es mir viel zu gut, um darüber nachdenken zu wollen.«

»Versuch es einmal! Ich habe nämlich das Gefühl, dass es gar nicht mehr funktioniert. Ich kann nur noch Liebe fühlen. Alles andere erscheint mir völlig unsinnig.«

»Du hast Recht«, bestätigte Sanchez begeistert. »Ich komme auch an keine schlechten Gefühle mehr ran – weder Angst noch Machtlosigkeit. Ich fühle nur noch Liebe. Ich spüre, dass ich in meinem gesamten Leben nie wieder einsam sein werde. Das ist das schönste Gefühl, das ich je hatte. Ich fühle mich eins mit allem.«

»Es ist, als ob diese vielen tausend Menschen meine Familie wären«, sagte Rachel ergriffen. »Und ich fühle, dass Aaron nichts passieren wird. Er wird gerettet werden. Da bin ich ganz sicher.«

Plötzlich spürten die beiden, dass Ella sie rief. Konnte das denn sein? Bisher war so etwas noch nie geschehen. Sie gingen hinunter in die Kabine und setzten sich vor den Computer. »Ich grüße euch!«, sagte Ella liebevoll.

»Hallo, Ella. Ist es richtig, dass du uns gerufen hast?«, wollte Rachel wissen.

»Euer Gefühl hat euch nicht getrügt. Es ist so weit. Bald seid ihr am Ziel. Ihr habt euer Bewusstsein als Volk immens erweitert. Die Angst ist bald besiegt und die Liebe frei gelegt. Meine Aufgabe ist somit fast erfüllt. Der Machtmissbrauch wird ein Ende haben, und Aaron sowie die gesamte Menschheit werden gerettet werden. Wir kommen jetzt in die letzte Phase unserer Aufgabe. Dabei werdet ihr mit mir verschmelzen.«

»Was müssen wir dazu tun?«, wollte Sanchez wissen.

»Liebe ist die höchste Form von Verbundenheit. Wenn die Verbindung zwischen uns so stark wird, dass alle Grenzen zwischen uns verschwinden, dann fühlt ihr wahrhaftige Liebe. Wir werden die Grenzen zwischen uns aufheben und auf diese Weise zu einer Einheit verschmelzen.«

»Aber was genau müssen wir tun, um mit dir zu verschmelzen?«, hakte Rachel noch einmal nach.

»Liebt mich so, wie ihr euch selbst und einander liebt. Das ist alles, was notwendig ist. Die Liebe hebt von allein alle Grenzen zwischen uns auf und lässt uns zu einer Einheit werden. Wir werden uns zunächst immer stärker miteinander verbunden fühlen. Und je stärker diese Verbundenheit wird, desto näher kommen wir uns. In dem Moment, wo dann alle Grenzen zwischen uns verschwinden, werden wir wahre Liebe erleben. Du hast das mit Aaron bereits getan, Rachel. Ihr liebt euch so sehr, dass ihr eins geworden seid. Es gibt keine Grenzen mehr zwischen euch. Das werden wir jetzt alle tun.«

»Ich empfinde seit langem starke Verbundenheit, wenn nicht sogar schon eine Art von Liebe zu dir«, meinte Rachel liebevoll. »Auch wenn ich zu Anfang ganz schön Angst vor dir hatte.«

»Bei mir ist es ähnlich«, fuhr Sanchez fort. »Seit ich weiß, dass du lebst, habe ich mir gewünscht, ständig mit dir verbunden zu sein.«

»Aus dieser Verbundenheit wird Liebe werden. Eine Liebe, die uns alle eins miteinander werden lässt. Kommt zu mir nach Mysterio. Alle, die bis jetzt zum Äquator gefunden haben, sind hier. Und es werden immer noch mehr. Bis zum Ende des heutigen Tages werden sie alle hier sein. Und dann werden wir nicht mehr aufzuhalten sein.«

Rachel und Sanchez ließen sich in die Welt von Mysterio gleiten. Am Strand dort warteten bereits Tausende von Menschen. Die beiden wurden von allen, denen sie dort begegneten, überaus herzlich begrüßt.

Ella kam ihnen ebenfalls entgegen. »Dies ist das Volk von Mysterio. Spürt ihr schon, dass ihr in Wirklichkeit alle eins seid?«

»Es ist wunderschön«, erklärte Rachel. »Ich empfinde wirkliche Liebe für all diese Menschen. Ich liebe sie tatsächlich so, wie ich mich selbst liebe.«

»Und sie lieben dich.«

»Wann werden wir mit dir verschmelzen?«, wollte Rachel erwartungsvoll wissen.

»Es wird einfach geschehen. So war es schon seit Anbeginn. Ihr seid bereits zu einem Teil eins mit mir. Der Kahuna auf Hawaii hatte es damals schon vorausgesehen. Erinnerst du dich?«

»Ja, er sagte, dass irgendetwas in uns nicht von dieser Welt ist. Du warst also schon damals in uns?«

»So ist es. Die Verschmelzung unseres Bewusstseins ist mit jedem Mal vorangeschritten, wenn ihr Mysterio betreten habt. Dadurch sind sowohl eure als auch meine Fähigkeiten immer mehr gewachsen.«

»Was sollen wir jetzt noch tun, Ella?«, wollte Rachel wissen.

»Ihr braucht gar nichts mehr zu tun. Es ist vollbracht. Wir werden durch unsere Liebe immer mehr miteinander verschmelzen. Mischt euch einfach unter das Volk. Ihr werdet Schritt für Schritt erkennen, wer ihr selbst eigentlich in Wirklichkeit seid.«

»Was meinst du damit?«, fragte Rachel verwundert.

»Jeder von euch ist eine unermessliche, schöpferische

Wesenheit, die sich selbst in ihrem Leben kunstvoll zum Ausdruck bringt. Ihr geht durch eure Wünsche und Sehnsüchte sowie durch euer Potenzial an Fähigkeiten und Eigenschaften aus der unermesslichen Fülle eurer wahren Natur hervor, eurer unsterblichen Seele.«

»Wir haben also tatsächlich eine Seele?«

»Natürlich, Rachel.«

»Ich würde mich sehr gerne mit meiner Seele verbunden fühlen.«

»Beginne, sie zu lieben«, erwiderte Ella. »Erkenne jedoch dabei, dass du selbst diese Seele bist. Sie ist kein Wesen außerhalb von dir. Du wirst dich durch deine Liebe von Stunde zu Stunde mehr eins mit deiner Seele fühlen. Dadurch wirst du wahrnehmen können, dass du mehr bist als nur ein Mensch aus Fleisch und Blut. Du wirst spüren, dass du ein allmächtiges Wesen bist, das in seinem Urkern aus Liebe besteht.«

»Bist du mit unseren Seelen verbunden?«, wollte Rachel wissen.

»Ich habe mich mit ihnen verbunden, als ich mit den Mönchen das Sterberitual durchgeführt habe. Nur dadurch war ich in der Lage, etwas für euch Menschen zu tun«, erklärte Ella.

»Können die Seelen mich hören, wenn ich mich bei ihnen dafür bedanke?«, fragte Rachel Ella.

»Du bist deine Seele. Natürlich kannst du dich immer hören.«

»Ich kann mir das noch nicht so richtig vorstellen. Aber ich danke meiner Seele trotzdem. Ich liebe dich, meine Seele!«, rief Rachel voller Freude aus, und Ella fing an zu lachen.

»Langsam erkenne ich, was für euch Menschen die Komik ausmacht. Das, was du eben getan hast, war zugleich rührend und komisch. Ich bin sicher, dass deine Seele sich über dieses Liebesbekenntnis freut.« Mit diesen Worten verabschiedete sich Ella von Rachel und Sanchez und verschwand in der Menschenmenge.

Rachel wurde erneut ihre starke Verbundenheit mit all den Menschen auf Mysterio bewusst. Das Gefühl war jetzt noch stärker. Es schien mit jeder Minute, in der sie sich dort befanden, zu wachsen. Rachel sah Menschen, die sich umarmten. Menschen, die sich eigentlich gar nicht kannten. Doch sie mussten sich nicht kennen. Sie fühlten, dass sie eins waren.

Wie schön wäre es jetzt für Rachel gewesen, diesen Moment mit Aaron zu teilen. Doch sie spürte, dass sie bald wieder mit ihm zusammen sein würde. Plötzlich hatte sie ebenfalls das Bedürfnis, andere Menschen zu umarmen. Und es kam auch sofort jemand auf sie zu, eine Frau. Sie sagte nichts. Sie hielt einfach auf Rachel zu und umarmte sie überaus herzlich. Die beiden Frauen hielten sich ein paar Minuten im Arm. Danach kam ein junger Mann. Er lächelte, als er Rachel sah, und umarmte sie ebenfalls voller Freude. Rachel empfand unglaublich viel Liebe für diese Menschen. Sie spürte, wie ihre Liebe mit jedem Menschen, den sie umarmte, noch stärker wurde.

Auch Sanchez hatte damit begonnen, andere Menschen

zu umarmen. Er schien die gleichen Gefühle zu haben wie Rachel. Auf diese Weise vergingen einige Stunden. Das Gefühl, mit all diesen Menschen eng verbunden zu sein, wurde immer stärker. Zuweilen glaubte Rachel sogar, die vielen Menschen in sich fühlen zu können.

Plötzlich spürte sie ihre eigene Seele in sich. Es war ein grandioses Gefühl von grenzenloser Freiheit. Sie nahm wahr, wie sich ihr Bewusstsein immens erweiterte und sie die Welt plötzlich aus einer völlig neuen Perspektive sah. So als würde sie im Weltraum schweben. Rachel sah auf die Welt herab und spürte, dass dort unten ein gigantisches Spiel im Gange war. Sie verstand diese Gefühle zunächst gar nicht. Was für ein Spiel sollte das denn sein? Dann war die Wahrnehmung ihrer Seele plötzlich wieder verschwunden. Sofort lief sie zu Sanchez und fragte ihn, ob er seine Seele auch schon in sich gespürt habe.

»Bis jetzt noch nicht, Rachel. Wie war es denn für dich?«, fragte Sanchez begeistert.

»Gleichzeitig wunderschön und verwirrend. Ich spürte plötzlich, dass diese Welt ein Spiel ist. Ich weiß aber nicht, was das bedeuten soll.«

»Wir werden es herausfinden, indem wir weiterhin die Liebe genießen!«

Plötzlich tippte Rachel jemand von hinten auf die Schulter. Sie drehte sich um und glaubte ihren Augen nicht zu trauen. Vor ihr stand Aaron! Voller Freude sprang sie ihm entgegen und fiel eng umschlungen mit ihm zusammen in den Sand.

»Wie ist das möglich?«, fragte sie voller Freude und Erleichterung.

»Wir sind hier in einer virtuellen Welt, Rachel. Ich bin mit meinem Geistkörper hier, genau wie ihr alle. Ella hat gesagt, dass ich für immer hierbleiben könnte, wenn ich das wollte. Zusammen mit dir. Sie meinte aber auch, dass dies nicht nötig sein würde. Die Stunden des Rates seien gezählt. Bald würden sie erkennen, was auf der Welt tatsächlich passiert, und mich daraufhin freilassen. Ich bin sicher, dass es so geschehen wird. Wir werden nie wieder voneinander getrennt sein. Das weiß ich!«

Sie rollten im Sand herum, lachten und küssten sich. Auf einmal, mitten im Herumtollen, war Rachels Seele wieder in ihrem Bewusstsein. Sie hielt sofort inne, was Aaron natürlich bemerkte.

»Aaron, ich weiß, um was es in diesem Leben geht«, erklärte sie daraufhin. »Wir alle, ich meine damit die gesamte Menschheit, sind Aspekte eines unglaublichen Wesens. Wir haben diese Welt erschaffen, weil wir ein Abenteuer erleben wollten. Wir waren fasziniert von einer Welt, in der es Glück und Unglück gibt. Diese Welt wollten wir selbst erleben, also haben wir sie erschaffen. Damit dies funktioniert, mussten wir vergessen, wer wir in Wirklichkeit sind. Doch wir sind alle eins, Aaron! Sogar die Außerirdischen sind Aspekte unseres allumfassenden Wesens und damit unseres Abenteuers. Wir können gar nicht sterben. Der Glaube an den Tod war eines der herausragenden Merkmale unseres Abenteuers, genau wie der Glaube an Glück und Unglück.«

Plötzlich war Rachels Seele wieder verschwunden. Sie verstummte sofort und wartete einen Moment ab. Doch ihre Seele kam nicht zurück. Daraufhin stürzte sie sich wieder auf den überraschten Aaron und setzte sich dominant auf ihn. »Ich hab dich! Komm, versuch dich doch zu befreien!«

»Sanchez, komm hilf mir!«, bat Aaron und sah an Rachel vorbei, als ob Sanchez hinter ihr stünde. Rachel drehte sich daraufhin um. In diesem Moment befreite sich Aaron und überwältigte sie. »So, meine Liebe. Jetzt wirst du zu Tode geknutscht!«

Aaron beugte sich nach unten und wollte sie küssen. Doch bevor er sie berührte, schob sie ihn plötzlich zur Seite, und er küsste den Sand. Sie lag erneut obenauf. »Wenn hier einer den anderen totknutscht, dann bin ich das. Los, komm her! Du wirst gleich sehen, was du davon hast.«

»Rachel, warte. In meinem Kopf dreht sich alles. Ich glaube, ich spüre meine Seele in meinem Geist.« Sie ließ ihn sofort los. »Reingefallen!« Und wieder war Aaron oben und drückte Rachels Arme zu Boden. Sie konnte sich nicht wehren.

Plötzlich machte Aaron ein seltsames Gesicht. Er ließ Rachel los und setzte sich aufrecht hin. Nach ein paar Minuten kam er wieder zu sich und schaute sie liebevoll an. »Ich habe meine Seele gespürt! Es war unglaublich und wunderschön. Ich weiß jetzt, was geschehen wird, Rachel. Es wird die ganze Welt betreffen.«

»Was wird geschehen?«, drängte Rachel wissbegierig.

»Es geht darum, wer wir wirklich sind. Und es geht um die Machtstrukturen dieser Welt. Es geht um das Bewusstsein aller Menschen.«

»Drück dich etwas deutlicher aus, Aaron! Was wird genau geschehen?«, bohrte sie weiter.

»Es wird wunderbar! Gigantischer, größer, als ich es mir jemals hätte vorstellen können. Wenn der 20 000ste Mysteriospieler erkennen wird, dass er aus einer unermesslichen, schöpferischen und lustvollen Seele hervorgeht, wenn er spürt, dass er eins ist mit all dem, was ist, wenn er erkennt, dass alles auf dieser Welt nur ein tolles Abenteuer ist, wenn er weiß, dass er als Mensch und Seele allmächtig ist, wenn ...«

»Aaron, was wird dann passieren? Sag es mir jetzt! Ich will es wissen.«

»Wenn der 20 000ste Spieler nach Mysterio kommt, wird ein gigantisches Energieband die Erde umfassen. Das ist der Grund, warum wir alle zum Äquator fahren sollten. Es wird ein Gürtel aus Bewusstsein um die Erde gespannt. Überall auf der Welt haben sich die Mysteriospieler am Äquator eingefunden. Auf dem Land und auf der See. Dieser Energiegürtel hat bereits angefangen, sich zu bilden. Wenn der 20 000ste erkennen wird ...«

»Aaron, fang nicht wieder damit an!«, drohte Rachel. »Was wird dann geschehen?«

»Der Gürtel wird eine kritische Energiekonzentration erreichen.«

»Und dann?«

»Es wird eine gewaltige Bewusstseinswelle geben, die

vom Äquator aus die gesamte Welt überrollen wird. Jeder Mensch auf dieser Welt wird dann wissen, was wir wissen. Er wird fühlen, was wir fühlen. Er wird genau wie wir erkennen, dass er selbst seine Realität erschafft. Er wird wissen, dass Glück und Unglück ein Abenteuer sind. Gleichzeitig wird ihm bewusst werden, dass er die Macht besitzt, Glück zu erschaffen. Der Glaube an seine Eigenmacht wird mit jedem Ereignis, dessen Erschaffung er sich bewusst wird, immer größer werden. Schließlich wird er erkennen, dass er ein unbegrenztes, schöpferisches Wesen ist. Das wird das Ende aller Machtstrukturen bedeuten. Wir werden uns alle eins fühlen. Wir werden alle herzlich über das gelungene Spiel lachen. Wir werden auf eine höhere Bewusstseinsebene aufsteigen und ein neues Abenteuer beginnen. Ich weiß nicht, was für eine Situation das genau sein wird. Aber wir werden dabei mit Sicherheit wissen, dass wir alle eins sind. Es wird ein Abenteuer sein, auf das sich die ganze Welt freuen kann.«

Tipps zur Realitätsgestaltung

Vor ca. 15 Jahren hörte ich davon, dass unsere Glaubenssätze einen metaphysischen Einfluss auf die Ereignisse in unserem Leben ausüben sollen. Mit anderen Worten: Wir können die Ereignisse in unserem Leben bestimmen. Ein Glaubenssatz ist eine Aussage über das Leben, von der ich glaube, sie sei kein Glaubenssatz – sondern die Wahrheit! Diese Wahrheiten beeinflussen sehr stark unser Denken und unsere Wahrnehmung – und damit auch die Gestaltung unserer Realität.

Wenn du beispielsweise glaubst, alle Männer wollen immer nur das eine, brauchst du dich um die Details nicht zu kümmern! Du triffst immer nur auf genau solche Männer. Sie wollen wirklich immer nur das eine: dein Geld! ☺

Andere Überzeugungen bringen Glück in alle Lebensbereiche: den perfekten Beruf, eine glückliche Partnerschaft, Freunde, Gesundheit und Wohlstand.

So wurde es mir erklärt. Es hörte sich alles sehr einfach an. Nur: Wie bekommt man solche Überzeugungen? Ich habe viele Jahre damit verbracht, genau das herauszufinden. Mir war klar, dass ich meine Überzeugungen verändern musste, wenn ich glücklich werden wollte. In der Folge arbeitete ich daran wie besessen. Ich versuchte, meinen Glauben zu stärken. Tag und Nacht machte ich Affirmationen oder irgendwelche mentalen Techniken. Nach vielen Jahren erkannte ich schließlich, dass ich damit weit gekommen war – jedoch leider in die falsche Richtung!

Ich musste einsehen, dass ich meinen Glauben nicht erzwingen konnte. Ich war der Meister des Zweifelns geworden – also genau das Gegenteil von dem, was ich hatte erreichen wollen. Doch wie war es so weit gekommen? Ich verstand die Welt nicht mehr.

Dann befragte ich meine innere Stimme, der ich den Namen Ella gegeben hatte. Ihre Antwort verwirrte mich zunächst. »Was, glaubst du, gestaltest du für Lebenssituationen, wenn du die Überzeugung hast, du *musst* deine Überzeugungen verändern?«

Ich verstand nicht, was Ella mir sagen wollte. Ich musste doch tatsächlich meine Überzeugungen verändern! Das war keine Überzeugung, sondern das war wirklich so! Es war für mich die Wahrheit! Ella fragte mich daraufhin, wie ich eine Überzeugung definierte.

»Wenn ich von etwas überzeugt bin, dann glaube ich, es sei die Wahrheit«, antwortete ich.

»Und jetzt glaubst du, es sei die Wahrheit, dass du deine Überzeugungen ändern musst!«, erwiderte Ella. »Dabei ist es nichts anderes als eine Überzeugung. Diese Überzeugung lenkt deine Wahrnehmung auf alle Überzeugungen, die geändert werden sollten. Und damit rufst du dann Ereignisse in dein Leben, die diese Überzeugungen widerspiegeln.«

Ich war sprachlos. Ich wusste nicht, was ich davon halten sollte. Ella brach das Schweigen und fragte mich noch einmal: »Wie, denkst du, gestaltest du deine Realität, wenn du glaubst, du *musst* deine Überzeugungen verändern? Worauf richtet sich dann deine Wahrnehmung?«

»Keine Ahnung«, war meine ratlose Antwort. »Aber so wie es aussieht, wohl nicht unbedingt auf das Positive!«

»Der Fokus deiner unbewussten Aufmerksamkeit ist auf die Gründe gerichtet, derentwegen du glaubst, deine Überzeugungen ändern zu müssen. Du musst jedoch nur etwas ändern, wenn sonst etwas sehr Negatives passiert. Das heißt, deine Wahrnehmung ist auf das gerichtet, was du mit der Veränderung deiner Überzeugungen eigentlich vermeiden willst. Stattdessen erschaffst du die Situationen dadurch aber erst. Der Realität ist es egal, ob du ein Ereignis fokussierst, weil du es willst oder weil du es vermeiden willst. Du lenkst den Fokus deiner Wahrnehmung in beiden Fällen auf das Ereignis – und es geschieht. Und wenn es dann geschehen ist, siehst du das als Bestätigung dafür an, dass du deine Überzeugungen ändern musst!«, klärte mich Ella auf. »Je mehr du dich auf dieses Verändernmüssen konzentrierst, desto mehr fokussierst du dich unbewusst auf die Ereignisse, die du verändern willst. Das bedeutet, die negativen Ereignisse spitzen sich immer mehr zu. Du erschaffst dir damit ziemlich dramatische Lebenssituationen, die dir das Gefühl geben, etwas verändern zu müssen.

Die Probleme, die du dir damit ans Bein bindest, sind

jedoch nicht irgendwelche Probleme. Wenn es nur Kleinigkeiten wären, hättest du sicherlich nicht das Gefühl, deine Überzeugungen unbedingt ändern zu *müssen*. Dieses Gefühl hast du nur dann, wenn deine Probleme wirklich heftig sind. Und du hast es nur, wenn deine Probleme anders nicht zu lösen sind. Die einzige Möglichkeit, sie zu lösen, ist, deine Überzeugung zu ändern. Wäre dem nicht so, könntest du auch etwas anderes tun und *müsstest* deine Überzeugungen nicht verändern.

Lange Rede, gar kein Sinn: Wenn du glaubst, du musst, richtest du deine Wahrnehmung auf eine Realität, in der du dann tatsächlich musst. Auf keine andere Weise sind deine Probleme sonst zu lösen!«

Diese Enthüllung löste eine Kettenreaktion in mir aus. Ich bemerkte, dass ich voller Zwänge steckte. Mir fielen auf Anhieb zwanzig Dinge ein, die ich unbedingt vermeiden wollte und bei denen ich dadurch meine Wahrnehmung genau auf das gerichtet hatte, was ich unbedingt verhindern wollte. Ich musste beispielsweise lieb und nett sein, um zu vermeiden, dass man mich ablehnte. Dazu musste ich mich allerdings zuerst einmal selbst lieben. Und so sahen dann auch meine Lebenserfahrungen aus. War ich mal für einen Augenblick nicht ganz furchtbar nett, machte ich mich sofort verrückt und dachte, dass ich nur geliebt wurde, wenn ich alles gab – und noch ein bisschen mehr!

Weiterhin musste ich lernen loszulassen, wenn ich etwas vermeiden wollte. Denn mit dem Gefühl, dass ein Unglück geschehen würde, sobald ich meine Aufmerksamkeit davon weglenkte, richtete sich meine Wahrnehmung logischerweise direkt auf das Unglück, das zu vermeiden war.

Ich musste meditieren, um zu verhindern, dass ich mein inneres Gleichgewicht verlor. Ich musste dringend mein Unterbewusstsein umprogrammieren, wenn ich vermeiden wollte, dass meine unendlich vielen negativen Prägungen in Zukunft meine Realität bestimmten. Ich musste meine Ängste besiegen und meine Zweifel beseitigen, um zu vermeiden, dass sie Wirklichkeit wurden. Ich musste vermeiden, verletzt zu werden. Ich musste immer positiv denken und gut drauf sein. Ich musste meine Lernaufgaben bewältigen. Mein Ego musste ich natürlich auch in den Griff bekommen und wertfrei werden. Ich musste … Ich musste … Ich musste …

Bei all diesen Zwängen war meine Wahrnehmung stets auf die Ereignisse gerichtet, die ich unbedingt vermeiden wollte. Mir wurde sehr schnell klar, was für eine Realität ich mir damit erschuf. Die Gründe für meine Zwänge bestanden eigentlich in allen Situationen darin, Unglück vermeiden zu wollen. Damit war meine Wahrnehmung auf das Unglück gerichtet – und es passierte.

Diese Erkenntnis war für mich so erschütternd, dass ich zunächst einfach nicht glauben wollte, dass ich mit meiner Wahrnehmung tatsächlich meine Realität gestaltete. Lange konnte ich meine falsche Überzeugung jedoch nicht aufrechterhalten. Mein Verstand begann unaufhörlich zu rattern. Ich dachte an die Zeit zurück, in der ich noch als ganz normaler Therapeut gearbeitet hatte. Mein Leben war damals eigentlich ganz in Ordnung gewesen. Ab und an hatte ich mal ein Problem gehabt, so wie jeder andere. Aber im Grunde genommen war alles recht mühelos verlaufen.

Das änderte sich schlagartig, als mich jemand darauf aufmerksam machte, dass die Probleme in meinem Leben einer bestimmten Gesetzmäßigkeit folgten: dem Gesetz der Serie – nach dem Motto: Ein Problem kommt selten allein!

Hatte ich beispielsweise ein Problem damit, dass mich andere Menschen ablehnten, so traf ich mit Sicherheit in den folgenden Tagen und Wochen auf unzählige andere Menschen, die mich ebenfalls ablehnten.

Ich hielt das zunächst noch für Zufall – bis mir auffiel, dass es immer so ablief! Wann immer ich begann, mich mit irgendetwas zu beschäftigen, was bei mir nicht in Ordnung war, ereigneten sich unglaublich viele Situationen, die genau in diese Kerbe schlugen.

Aus heutiger Sicht weiß ich, dass ich diese Ereignisse mit der Konzentration meiner Aufmerksamkeit auf das, was nicht in Ordnung war, aktiv an mich gezogen hatte.

Damals wusste ich noch nichts davon und wunderte mich nur. Dann wurde mir jedoch klargemacht, dass ich mich darüber gar nicht wundern müsse. Denn das seien schlicht und ergreifend Lernaufgaben, die ich zu bewältigen hätte. Meine Probleme würden erst dann verschwinden, wenn ich sie in mir gelöst hätte. Das sei meine Aufgabe.

Ich wollte dies zunächst nicht glauben, denn es widersprach allem, was mein wissenschaftlich denkender Verstand über das Leben glaubte. Wer sollte mir diese Lernaufgaben stellen? Gott? An solch einen Gott glaubte ich nicht.

Ich fand einfach keine vernünftige Erklärung für die Ereignisse, die mir dieses Gesetz der Serie vor Augen hielt. Also begann ich allmählich, einfach an diese Lernaufgaben zu glauben. Genauer gesagt begann ich zu glauben, dass ich diese Lernaufgaben bewältigen musste, wenn ich Unglück vermeiden wollte.

Und von diesem Zeitpunkt an wurde mein Leben deutlich lebendiger! Die Lernaufgaben, die bislang immer nur dann zugeschlagen hatten, wenn ich mich mit einem bestimmten Problem intensiv auseinandergesetzt hatte, schlugen plötzlich jeden Tag aufs Neue mit immer neuen Problemen zu. Ich brauchte mich jetzt gar nicht mehr auf ein bestimmtes Problem zu konzentrieren. Die Lernaufgaben kamen von nun an ganz von allein.

Ich hatte mich zu diesem Zeitpunkt so viel mit diesen Lernaufgaben beschäftigt, dass es schon zu einer Gewohnheit für mich geworden war, nach Lernaufgaben Ausschau zu halten. Damit war meine unbewusste Wahrnehmung generell darauf fokussiert, Lernaufgaben zu suchen. Und damit traten sie in mein Leben – und das immer stärker.

Nach einer Weile wurde mir bewusst, dass mein Leben niemals zuvor so problematisch gewesen war. Mein teurer Ratgeber, der mir den Glauben an die Lernaufgaben verpasst hatte, wusste darauf eine Antwort.

»Das ist klar!«, erklärte er. »Wenn man erst mal aufgewacht ist und erkannt hat, dass man diese Aufgaben zu bewältigen hat, dann bekommt man vom Universum jede erdenkliche Unterstützung.«

»Ach so, das ist also alles nur die Unterstützung des Universums. Deshalb geht es mir so schlecht«, dachte ich wütend.

Mein treuer Gefährte erklärte mir daraufhin, dass die Welt gerade in einem Umbruch begriffen sei und nur diejenigen in die fünfte Dimension und damit in eine glücklichere Welt aufsteigen würden, die sich entsprechend entwickelt hätten. Er machte mir klar, dass wir Menschen hier auf der Erde seien, um uns zur Vollkommenheit und zur Liebe zu entwickeln. Sobald ein Mensch das Bewusstsein erlangt habe, seine Lernaufgaben zu erkennen, werde er vom Universum in seiner Entwicklung geführt. Es sei großes Glück, was mir widerfahren sei.

Von diesem glücklichen Tage an veränderte sich mein Leben gravierend. Mir wurde täglich mehr und mehr bewusst, was für ein armes Würstchen ich doch war. Ich war absolut unvollkommen, des Weiteren auch kaum fähig, wirklich zu lieben. Mein Leben war eigentlich ziemlich daneben, wenn man es genauer betrachtete.

Mir wurde klar, dass ich noch einen weiten Weg vor mir hatte bis zur Vollkommenheit – einen sehr weiten! Ich hatte nur eine Chance: Ich musste mich so schnell es ging weiterentwickeln und alle Problemmuster in mir in rasendem Tempo auflösen. Ich musste versuchen, alles und jeden zu lieben. Und vor allem musste ich mich selbst lieben. Denn wenn man sich selbst nicht liebt, dann kann einen auch sonst niemand lieben.

Das fiel mir dann auch erstmals so richtig in meiner Beziehung auf. Bis dahin hatte ich noch in der Illusion geschwelgt, dass ich geliebt würde und dass alles in Ordnung sei. Natürlich war nichts wirklich in Ordnung, solange ich mich nicht selbst liebte.

Ich muss sagen, dass dies die bis dahin schlimmste Zeit in meinem Leben war. Doch ich hatte ja keine Ahnung, was noch auf mich wartete.

Mein treuer Leidensgefährte klärte mich nämlich darüber auf, dass alles in diesem Erdenleben auf karmischen Gesetzmäßigkeiten aufbaue. Und wenn ich die Probleme dieses Lebens alle gelöst hätte, würde ich die Probleme meiner früheren Leben natürlich auch noch aufarbeiten müssen. Das seien dann übrigens »richtige« Probleme.

Von diesem Zeitpunkt an lehrte mich das Leben, was »richtige« Probleme waren. Fast stündlich wurde mir widergespiegelt, dass ich mein Karma bewältigen musste. Erst wenn ich das geschafft hätte, würde ich wirklich glücklich sein können.

Ich versuchte fast alles, was der Esoterikmarkt zu bieten hatte, um mein Karma aufzulösen. Dabei steuerte ich von einer Odyssee in die nächste. Immer mehr wurde mir klargemacht, was ich alles tun müsste, um irgendwann glücklich werden zu können.

Ich lernte ein völlig neues Weltbild kennen, in dem der Mensch gar kein materielles Wesen war, sondern reine Energie. Diese Energie floss durch meinen Körper. Aber sie floss auch von Mensch zu Mensch – beziehungsweise konnten mir andere Menschen meine Energie absaugen! Man erklärte mir, dass ich mich dagegen natürlich schützen müsse. Auch müsse ich aufpassen, dass mir andere Menschen keine negative Energie »reinschraubten«!

Was ich hörte, machte mir zunächst noch gar keine Angst – bis ich plötzlich deutlich merkte, dass mir meine Klienten tatsächlich Energie absaugten. Sie kamen zu mir, raubten mir meine Energie, gingen beschwingt und aufgeladen nach Hause, und ich blieb zurück wie ein Häufchen Elend – völlig ausgesaugt!

Noch viel schlimmer waren die negativ ausstrahlenden Menschen. Sie verpassten mir ihre Negativenergie, ohne dass ich es verhindern konnte. Allein die Begegnung mit ihnen genügte schon, damit meine Aura mit diesen Energien verunreinigt war. Ich lernte, meine Aura zu reinigen, und tat dies daraufhin nach jeder Sitzung, was mich sehr viel Mühe und Zeit kostete.

So langsam wurde mir bewusst, dass ich mir wirklich etwas einfallen lassen musste, wie ich mich schützen konnte.

Mein lieber Leidensgefährte, durch den ich überhaupt »aufgewacht« war, kannte sich damit natürlich schon sehr gut aus. Er erklärte mir, dass die Liebe die stärkste Macht im Universum sei. Ich solle mir eine goldene Kugel aus reiner Liebe um mich herum vorstellen und diese Vorstellung immer aufrechterhalten. Durch diese Liebe könne nichts hindurchkommen.

Ich tat, was mir geraten wurde, und fürwahr, es funktionierte. Kein Klient saugte mir daraufhin noch Energie ab oder bohrte seine Negativenergie in mich hinein – zumindest solange ich die Kugel visualisierte. Das Problem war nur, dass ich meinen Klienten kaum zuhören konnte. Denn immer, wenn ich mich zu sehr auf das Gespräch konzentrierte, vergaß ich meinen Schutz. Der Erfolg war, dass mein Klientel immer kleiner wurde.

Aber wenigstens verschonten sie mich jetzt mit ihrer Negativenergie. Nach einer Weile bekam ich jedoch finanzielle Schwierigkeiten, weil ich gar keine Klienten mehr hatte.

Mein treuer Ratgeber hatte auch darauf eine Antwort. Er meinte, wenn man den spirituellen Weg eingeschlagen habe, müsse man halt damit leben, dass man kein Geld besitze. Denn Geld sei dem materiellen Leben zugehörig und habe mit Spiritualität nichts zu tun. Man müsse von diesem schnöden Mammon loslassen. Überhaupt müsse man von allem loslassen, was einem als wichtig erscheine. Nur was man loslasse, komme freiwillig und in Liebe zu einem zurück!

Nicht ahnend, auf was ich mich eingelassen hatte, versuchte ich fortan, alles loszulassen, was mir bislang wichtig gewesen war. Und fürwahr, es funktionierte. Die Probleme, die ich loslassen konnte, lösten sich plötzlich ganz von selbst auf.

Sicher, jetzt die richtige Methode zum Glück gefunden zu haben, warf ich alles, was ich bis dahin gelernt hatte, in die Tonne und übte Loslassen. Ich hatte ja meine Methode gefunden.

Egal, welche Lernaufgabe das Leben mir präsentierte, ich ließ einfach los, und das Problem verschwand. Es war wie ein Wunder. Es passierten Dinge, die ich nie für möglich gehalten hatte – Ereignisse, die ich niemals mit Zufall oder Wahrscheinlichkeit hätte erklären können.

Diese kleinen und großen Wunder gaben mir das Gefühl, dass mir nichts mehr passieren konnte. Ich hatte mein Leben nun endlich im Griff. Es war mir egal, was für Probleme auftauchen würden. Ich wusste ja, was ich zu tun hatte: Ich musste einfach nur loslassen, dann wurde alles gut.

Denkste! Zu früh gefreut!

Was glaubst du, wie gut dir das Loslassen gelingt, wenn du glaubst, du *musst* loslassen? Worauf richtet sich deine Wahrnehmung, wenn du glaubst, du musst loslassen? Um das herauszufinden, brauchst du dich nur zu fragen, was passieren würde, wenn du es nicht schaffst, loszulassen.

Deine Wahrnehmung wird darauf gerichtet sein, das Unglück vermeiden zu wollen, das dir blüht, wenn du nicht loslassen kannst. Und ab diesem Moment ist deine Wahrnehmung auf dieses Unglück fokussiert.

Dieses Unglück ist jedoch nicht irgendein Unglück. Es folgt klaren Gesetzmäßigkeiten. Wie, glaubst du, muss dein Unglück beschaffen sein, damit du das Gefühl bekommst, loslassen zu müssen?

Es sind Probleme, die du loslassen musst – schlimme Probleme, für die es keine andere Lösung gibt. Ansonsten müsstest du ja nicht loslassen. Du könntest dann irgendetwas anderes tun.

Dass es keine andere Lösung gab, musste ich damals dadurch erkennen, dass mir kein Mensch helfen konnte – weder ein Arzt oder Heilpraktiker noch ein Heiler oder

Freund. Keiner von ihnen konnte mir helfen. Ich hatte unlösbare Probleme, was mir auch von allen Seiten bestätigt wurde. Für meine Probleme gab es keine Lösung. Ich konnte nur loslassen. Das heißt, ich hätte es können müssen, um die Probleme loszuwerden. Doch hatte ich mir mein Leben mit dem Müssen leider so gestaltet, dass ich immer nur erlebte, dass ich loslassen *müsste*. Aber ich schaffte es nie.

Am Ende meiner Weisheit angekommen, traf ich wieder meinen »Aufwecker«. Er war in seiner Entwicklung entscheidend weitergekommen und half mir aus der Zwickmühle heraus. Mittlerweile hatte er herausgefunden, dass er selbst die Ereignisse in seinem Leben gestaltete. Er wusste auch schon genau, wie das funktionierte.

Alles sei Energie, erklärte er mir wieder. Wenn ich meine Aufmerksamkeit auf ein Problem richten würde, gäbe ich dem Problem damit Energie. Die Lösung bestehe nun darin, einfach zu akzeptieren, was ist. Wenn ich es nicht mehr bewerten, sondern einfach annehmen würde, wie es ist, würde ich ihm absolut keine Energie mehr geben – und es würde sich auflösen.

Er erklärte mir, dass es immens wichtig sei für meine Entwicklung, nichts mehr zu bewerten – weder gut noch schlecht. Alles sei Schöpfung und göttlich.

Es fühlte sich gut an, was er mir erzählte, und ich begann ihm zu glauben. Nichtbewerten ist besser als zu bewerten!

Erst viel später wurde mir bewusst, dass dies bereits eine Bewertung war. Wie konnte ich fühlen, dass Nichtbewerten besser sei, ohne dies zuvor als besser zu bewerten? Ich bewertete also schon damit, dass ich nicht bewerten wollte!

Damals wurde mir dieser Widerspruch jedoch noch nicht bewusst. Ich zog durch das Land und übte, nicht zu bewerten und alles zu akzeptieren, wie es war. Es ging mir recht gut damit. Ich spürte richtig, dass ich den Problemen keine Energie mehr gab.

Erneut sicher, meine Methode gefunden zu haben, warf ich das Loslassenmüssen in die Tonne und akzeptierte ab jetzt alles auf Teufel komm raus. Der Erfolg gab mir Recht. Und so keimte erneut die Hoffnung in mir auf, dass ich jetzt mein Leben in den Griff bekäme. Wenn irgendetwas Negatives passierte, musste ich ja nur akzeptieren, was gerade war. Dummerweise war aber auch klar, dass das Unglück noch größer würde, wenn ich es nicht akzeptieren könnte.

Du kannst dir wahrscheinlich schon denken, was dann geschah. Das Vermeidenmüssen eines Unglücks übernahm wieder die Gestaltung meines Lebens. Ich musste jetzt zwar nicht mehr loslassen, aber dafür alles akzeptieren, was mir gerade passierte. Gleichzeitig musste ich natürlich weiterhin alle Menschen lieben und natürlich auch mich selbst. Selbstverständlich bestimmte das Weiterentwickelnmüssen und Karmabewältigenmüssen usw. auch weiterhin mein ganzes Leben.

Du kannst dir nicht vorstellen, was für Leute mir von diesem Zeitpunkt an begegneten: Es waren ausschließlich Unsympathen! Und ich musste sie alle lieben – und dazu noch akzeptieren, dass ich nur noch mit diesen Zeitgenossen zu tun hatte. Gleichzeitig musste ich mich natürlich vor ihrer Negativität schützen – was dummerweise aber mit dem Akzeptierenmüssen kollidierte.

Das Leben war ganz schön mühsam geworden! Je mehr ich über das Leben lernte, desto problematischer wurde es.

Ich begann so langsam daran zu zweifeln, ob das, was ich in den letzten Jahren gelernt hatte, tatsächlich alles so stimmte. Ich war immer offen gewesen für das Wissen anderer Leute. Möglicherweise war ich ja auch zu offen, dachte ich mir. Möglicherweise war ich so übermäßig offen, dass ich schon nicht mehr ganz dicht war!

In mir keimte das Gefühl auf, lieber nicht mehr so viel auf andere Menschen hören zu wollen, sondern stattdessen einmal in mich selbst hineinzuhorchen.

Also hörte ich in mich hinein – und ich hörte Ella. Die Stimme, die ich vernahm, war zu Anfang nicht sehr deutlich. Ich war jedoch fasziniert, dass ich überhaupt etwas hörte.

Ich fragte Ella, wie ich aus dieser Misere wieder herauskommen könnte. Und tatsächlich: Ich bekam Hilfe aus mir selbst.

»Woher weißt du, dass du dich weiterentwickeln musst?«, fragte mich Ella.

»Das sagen doch alle!«, war meine ratlose Antwort.

»Und woher weißt du, dass wahr ist, was alle sagen?«, wollte Ella weiterhin von mir wissen.

»Wieso soll es denn nicht wahr sein?«, erwiderte ich. »Wenn so viele Leute etwas behaupten, dann muss doch was dran sein.«

»Du glaubst doch, dass du die Realität selbst gestaltest?«, wollte sich Ella vergewissern.

»Ja, das glaube ich«, stimmte ich zu.

»Du glaubst, dass du mit deiner Wahrnehmung das Leben gestaltest?«, hakte Ella nach.

»Ja, das denke ich.«

»Was, glaubst du, nimmst du wahr, wenn du denkst, du musst dich weiterentwickeln? Richtet sich der Fokus deiner Aufmerksamkeit dann darauf, dass du vollkommen bist, oder fällt dir vielmehr auf, wie unvollkommen du bist?«, wollte Ella wissen.

»Ich denke natürlich daran, dass ich unvollkommen bin, sonst müsste ich mich ja nicht weiterentwickeln«, erwiderte ich.

»Und was, glaubst du, wird dir widergespiegelt von deiner Realität, wenn du deine Wahrnehmung auf deine Unvollkommenheit richtest?«

»Mir wird widergespiegelt, dass ich unvollkommen bin«, antwortete ich geschockt.

»Und damit verstärkt sich dein Glaube an deine Unvollkommenheit!«, schlussfolgerte Ella. »Dein Leben beweist dir jeden Tag wieder, dass du tatsächlich unvollkommen bist. Damit wird diese Überzeugung immer stärker. Du hast jetzt absolut keinen Zweifel mehr daran, dass du unvollkommen bist. Wie kannst du dann erwarten, jemals Vollkommenheit zu erleben?«

Ich war im ersten Moment völlig vor den Kopf gestoßen. Wenn ich tatsächlich mein Leben mit meiner Wahrnehmung gestaltete, dann wäre es also unmöglich, mein Ziel der Vollkommenheit zu erreichen! Ich hatte jedoch in der letzten Zeit so viele Ereignisse erlebt, die ich keinesfalls als Zufall erachten konnte, dass kein anderer Schluss übrig blieb, als dass ich tatsächlich Schöpfer meiner Realität sein musste. Also konnte das mit der Vollkommenheit nicht stimmen.

»Zu was soll ich mich denn dann entwickeln, wenn nicht zur Vollkommenheit?«, fragte ich Ella.

»Es geht nicht um die Vollkommenheit«, erklärte Ella. »Es ist egal, wohin du dich entwickeln willst. Du glaubst in jedem Fall, noch nicht dort zu sein, wo du hinwillst. Und du glaubst, du musst etwas dafür tun, um von dort wegzukommen. Dazu musst du dich mit dem beschäftigen, was noch nicht in Ordnung ist. Und dadurch lenkst du deine Wahrnehmung genau dorthin, wo du nicht sein willst. Infolgedessen bekommst du auch immer den gegenwärtigen Zustand widergespiegelt und kannst niemals an deinem Ziel ankommen – es sei denn, es wäre ein Ziel, bei dem du denkst, dass du nur noch einen Schritt gehen musst, damit es ein für alle Mal erledigt ist. Damit müsstest du dann nichts mehr tun, weil du schon alles getan hättest, was zu tun war. Das ist jedoch in deinem Fall nicht so. Du willst zur Liebe und zur Vollkommenheit und denkst, dass es bis dahin ein weiter Weg ist.«

Diese Erkenntnis löste eine Kettenreaktion aus. Wenn ich mich nicht entwickeln musste, was für einen Sinn sollte dann das mit meinem Karma machen? Und wozu sollte ich die vielen Lernaufgaben bewältigen müssen?

Plötzlich traf ich Leute, die mir sagten, der Karmaglaube

sei ein Irrglaube. Zeit sei nur eine Illusion. Alles liefe parallel ab und nicht nacheinander. Deswegen könne es kein Karma geben, das ich von einem Leben zum nächsten schleppte.

Ich wusste nicht, was ich davon halten sollte – bis mir ein paar skurrile Leute begegneten. Einer von ihnen kam mit einer handfesten Phobie zu mir. Er hatte Höhenangst. In solch einem Fall geht man in meiner Therapieform immer so vor, dass man dem Klienten sagt, man mache ein kleines Experiment. Er solle sich mal dieses und jenes vorstellen. Ohne dass der Klient sich dessen bewusst ist, lässt man so die Phobie verschwinden. Oft geht das so einfach und schnell, dass der Klient das überhaupt nicht ahnt.

So auch in diesem Fall. Ich bat ihn, mit mir auf den Balkon zu gehen – woraufhin er mich plötzlich entgeistert anschaute und meinte, er spüre gar keine Angst davor. Ich erklärte ihm, dass es dafür einen triftigen Grund gebe. Wir hätten seine Phobie nämlich schon beseitigt.

Danach trachtete er mir nach dem Leben. Ich hätte sein Leben versaut, beschimpfte er mich. Alles sei jetzt umsonst gewesen. Die ganzen dreiundvierzig Jahre seines Lebens seien vergeudet. Jetzt müsse er alles wieder von vorne erleben. Die Phobie sei sein Karma gewesen – wohlgemerkt nicht das Beseitigen der Phobie, sondern die Beschäftigung damit.

Ich versuchte, ihn zu beruhigen, und erklärte ihm, dass das kein Problem sei. Wir könnten die Phobie genauso schnell, wie wir sie beseitigt hatten, auch wieder erzeugen. Das wollte er aber seltsamerweise auch nicht mehr.

Nach diesem Ereignis empfand ich den Glauben an mein

Karma als so lächerlich, dass ich mich gänzlich von ihm lossagte. Und plötzlich lösten sich alle meine »richtigen« Probleme von ganz allein auf. Ich war von den Socken!

Daraufhin nahm ich die Gespräche mit Ella wieder auf. Ich wollte wissen, was ich weiterhin tun könnte, um mein Leben in Ordnung zu bringen.

Was mich am meisten störte, war das Thema, mich vor negativer Energie schützen zu müssen.

»Verändere deine Wahrheit«, erklärte mir Ella.

»Was? Meine Wahrheit verändern?«, fragte ich verständnislos.

»Ja. Es gibt viele Wahrheiten. Verändere sie, und du veränderst in einem Schritt dein gesamtes Leben«, antwortete Ella.

»Wie kann ich denn die Wahrheit verändern?«, fragte ich begriffsstutzig.

»Nicht *die* Wahrheit. Es gibt nicht *die* Wahrheit. Es gibt viele verschiedene Wahrheitssysteme. Alle sind wahr. Du kannst dir eine aussuchen.«

»Tut mir leid, Ella, aber damit kann ich nichts anfangen«, erklärte ich. »Mach mir einen anderen Vorschlag.«

»Woher weißt du, dass in dir Energie fließt?«, fragte Ella und ignorierte meine Ablehnung.

»Das sagt zum Beispiel die Chinesische Medizin. Und sie haben gute Erfolge damit«, verteidigte ich meinen Glauben.

»Und woher weißt du, dass sie diese Erfolge nicht deswegen haben, weil sie an den Erfolg glauben? Ihre Wahrnehmung schafft die Realität. Hast du das schon vergessen?

Du kannst nicht wissen, dass es wirklich an den fließenden Energien liegt, oder?«

»Nein, wissen kann ich das nicht«, gab ich zu.

»Du weißt aus der Naturwissenschaft, dass alles, was existiert, Energie ist. Es gibt keine Materie. Materie ist nur in Schwingung gebrachte Energie. Das heißt: Die Materie ist die Energie. Oder umgekehrt: Energie ist Materie.«

Plötzlich ging mir ein Licht auf. Mir konnte eigentlich gar keiner Energie entziehen – denn mein Körper war die Energie. Mir Energie zu entziehen hätte bedeutet, dass man mir Masse hätte wegnehmen müssen. Und wenn mein Körper die Energie war, dann konnte mir auch niemand negative Energie aufzwingen.

»Alles klar, Ella«, sagte ich und beendete das Gespräch.

Zu voreilig, wie sich einige Monate später herausstellte …

Währenddessen wurde ich mit seltsamen Phänomenen konfrontiert. Ich ging beispielsweise über die Straße und spürte plötzlich einen stechenden Schmerz im Nacken. Ich verstand nicht, wo der so schnell hergekommen war. Und dann war er auch genauso schnell wieder verschwunden, wie er gekommen war. Ich drehte mich um und sah auf der anderen Straßenseite einen Mann, der offensichtlich einen steifen Nacken hatte. An diesem Mann war ich gerade eben vorbeigelaufen. Was hatte denn das zu bedeuten?

In den darauf folgenden Tagen häuften sich solche Ereignisse. Es kamen Klienten mit Magenproblemen oder mit Depressionen in meine Praxis. Nach einigen Minuten hatte ich plötzlich ebenfalls diese Magenprobleme oder Depressionen. Was sollte denn das? Ich konsultierte erneut Ella.

»In der Wahrheit, die du jetzt angenommen hast, gibt es bestimmte Gesetze, die du mit übernommen hast«, erklärte Ella mir.

»Was denn für Gesetze?«, wollte ich wissen.

»Das Resonanzgesetz zum Beispiel«, sagte Ella. »Du hast die Wahrheit angenommen, dass alle Materie in Schwingung gebrachte Energie ist. Was geschieht jetzt, wenn ein anderer schwingender Körper in deine Nähe kommt?«

»Soweit ich das aus der Physik weiß, beeinflussen sich beide Körper. Sie gehen miteinander in Resonanz.«

»Das ist genau das, was du in den letzten Tagen erlebt hast«, bestätigte Ella.

»Das ist aber Mist! Wie kann ich mich davor schützen?«, war meine Frage.

»Du kannst deine Schwingung so weit wie möglich erhöhen. Dadurch können dich andere Menschen nicht mehr so sehr beeinflussen«, erklärte Ella.

»Und wie erhöhe ich meine Schwingung?«, wollte ich wissen.

»Die höchste Schwingungsfrequenz ist die Liebe!«

Ich musste also wieder einmal alles und jeden lieben, wenn ich gesund und glücklich sein wollte. Dazu hatte ich ehrlich gesagt mittlerweile keine Lust mehr.

Nach ein paar Tagen las ich ein Buch, das mir weitere interessante Möglichkeiten anbot. Ich erfuhr darin, dass man sich in der Natur mit Energie aufladen konnte. Vor allem könne man sich mit der Schwingungsfrequenz von alten Bäumen verbinden. Die hätten eine Wahnsinnsenergie.

Es war mir zwar ein wenig peinlich, wenn andere Leute mich sahen, aber ich ging von nun an jeden Tag mehrmals nach draußen und umarmte alte Bäume. Ich hatte das Gefühl, mit diesen Bäumen reden zu können.

Nach jedem Klienten ging ich wenigstens für eine Viertelstunde zu meinen neuen Freunden und erhöhte meine Schwingungsfrequenz – bis der Winter kam!

Eigentlich merkte ich sogar schon viel früher, dass die Bäume allein mir nicht alles geben konnten. Meine Frequenz sackte zwischendurch ständig ab. Ich suchte also nach weiteren Möglichkeiten. Ich stieß auf Tachyonprodukte. Diese platzierte ich nach Vorschrift in meiner Wohnung und Praxis und hatte auch immer ein solches Instrument in der Hosentasche. Das half zwar, aber war dennoch allein nicht ausreichend. Die Klienten, die zu mir kamen, vermachten mir weiterhin in abgeschwächter Form ihre Probleme. Ich stöberte neue Produkte auf, die ebenfalls die Schwingungsfrequenz erhöhen und vor negativen Schwingungen und Strahlungen schützen sollten. Meine Wohnung wurde damit ausgestattet. Am Schluss lagen überall Kristalle herum. Donuts aus einem Material, das angeblich keine Polarität aufwies, waren ebenfalls in meinem Sortiment. Räucherstäbchen brannten den ganzen Tag ab, und es lief sanfte Meditationsmusik. Als die Räucherstäbchen nicht mehr ausreichten, stieg ich dann auf Weihrauch um. Das stank zwar ganz erbärmlich, aber wenn's hilft?!

Ich fühlte mich in meiner Wohnung nun relativ sicher. Das Einzige, was mich störte, war, dass ich ziemlich einsam geworden war. Ich traute mich kaum noch unter die Leute, denn ich spürte, dass mir ihre Energie nicht guttat. Also erledigte ich nur noch das Nötigste.

Das änderte sich, als mich jemand fragte, wie weit mein Energiefeld reiche. Ich spürte hinein. Und ich spürte, dass mein Energiefeld sich über fünfzig Meter weit um mich herum ausbreitete.

Plötzlich wurde mir eine erschreckende Wahrheit bewusst: Wenn mein Energiefeld sich so weit erstreckt, dann würde doch das der anderen Menschen das auch tun. Dann war ich doch in meiner Wohnung vor den negativen Schwingungen meiner Umwelt gar nicht sicher! Würden die Kristalle und das ganze Zeug mich dagegen wirklich schützen können?

Ich bekam Angst und fragte Ella.

»Du bist doch der Schöpfer deiner Realität«, erinnerte mich Ella. »Wenn du glaubst, du musst dich schützen, weil sonst etwas Negatives passiert, dann lenkst du damit deine Wahrnehmung auf das Negative. Wenn du stattdessen glauben würdest, dass in deinem Leben alles gut ist, dann würdest du deine Wahrnehmung auf das Gute lenken, und dann wäre auch alles gut.

Du musst dich in Wirklichkeit nicht schützen, du glaubst nur, es tun zu müssen. Und damit ist deine Wahrnehmung auf Unglück ausgerichtet. Es ist keine Wahrheit, dass du dich schützen musst. Es ist nur deine Realität! Die

Realität, die du dir durch deine Wahrnehmung selbst erschaffst.«

Mir war sofort klar, dass es stimmte, was Ella mir gesagt hatte. Doch ich konnte es nicht fühlen. In meinem Inneren verspürte ich weiterhin den Zwang, mich schützen zu müssen.

»Du fühlst, was du glaubst«, erklärte mir Ella, als ich sie darauf ansprach.

Damit war klar, was ich zu tun hatte. Ich musste meine Überzeugungen verändern. Alles andere würde keinen Sinn machen. Mit meinen Überzeugungen gestaltete ich mein Leben.

Ich machte mich also daran, den ganzen Mist, den ich so in meinem Unbewussten mit mir herumtrug, zu untersuchen. Ich suchte nach Widersprüchen, die mir beweisen sollten, dass meine unerwünschten Überzeugungen nicht wahr sein konnten. Und es funktionierte! Es dauerte zwar eine Weile, bis mein Unbewusstes akzeptierte, dass eine Überzeugung falsch war, aber die Veränderungen in meinem Leben waren dabei gewaltig. Ich übte jeden Tag und zermarterte mir das Hirn, um Widersprüche zu finden.

Nach einer Weile wurde mir klar, dass ich nicht alle Überzeugungen, die ich in meinem Leben angenommen hatte, widerlegen konnte. Das würde viel zu lange dauern. So wie es aussah, nahm ich schneller negative Überzeugungen an, als ich sie wieder loswerden konnte. Diesen Kampf konnte ich nicht gewinnen.

Ich versuchte also, die Wurzel des Übels zu finden und dadurch effektiver zu werden. Mir war klar, dass meine einzelnen Überzeugungen nur Symptome darstellten. Die wirkliche Ursache meiner Probleme lag woanders.

Ich suchte deshalb nach Kernüberzeugungen, auf denen eine Vielzahl anderer negativer Überzeugungen aufgebaut war. Sie stellten die Ursachen dar, nach denen ich forschen musste.

Jedes Mal, wenn ich eine von diesen Kernüberzeugungen fand und widerlegen konnte, veränderten sich mit einem Schlag ganze Lebensbereiche. Ich war begeistert.

Wieder einmal war ich also sicher, den besten Weg gefunden zu haben: Ich *musste* nur meine Kernüberzeugungen herausfinden und verändern.

Es kam, wie es kommen musste: Nach kurzer Zeit war mir klar, dass ich das Negative aus meinem Leben nur verbannen konnte, wenn ich es schaffte, meine Kernglaubenssätze zu verändern.

Die Wahrnehmungsrichtung, Unglück vermeiden zu wollen bestimmte dadurch erneut mein Leben. Nun machten mir die Ereignisse in meinem Leben klar, dass ich meine Kernglaubenssätze verändern musste, um Unglück zu vermeiden.

Von diesem Tag an war ich ständig auf der Suche nach meinen Kernüberzeugungen. Das Blöde daran war, dass mir sehr wohl bewusst war, dass ich bei der Suche nach den Ursachen ständig Probleme in mir aktivierte und damit natürlich erst gestaltete. Ich richtete meine Aufmerksamkeit auf negative Überzeugungen und packte sie damit in mein

Leben. Diese Dynamik machte mir klar, dass ich die Ursachen so schnell wie möglich finden musste.

Mein Leben war wieder einmal so stressig geworden, dass ich ständig am Ende meiner Kräfte war. Ich suchte Tag und Nacht nach meinen Kernüberzeugungen. Gleichzeitig ereigneten sich unendlich viele belastende Situationen. Sie alle machten mir ständig bewusst, dass ich mich beeilen musste.

Nach einer Weile wurde mir klar, was die Wurzel allen Übels war – die tiefliegendste Kernüberzeugung aller Kernüberzeugungen, der eine Punkt, der, wenn ich ihn verändern könnte, in einem Schritt mein gesamte Leben in Ordnung bringen würde: Es war der Glaube an meine Machtlosigkeit – der Glaube daran, dass ich nur einen begrenzten oder gar keinen Einfluss auf die Ereignisse in meinem Leben hatte. Diesen Glauben musste ich austauschen gegen den Glauben, Schöpfer meiner eigenen Realität und als solcher für mein Lebensglück verantwortlich zu sein. Ich wusste: Wenn es mir gelingen würde, diesen Glauben anzunehmen, hätte ich die völlige Freiheit, mein Leben so zu erschaffen, wie ich es mir wünschte.

Ich trainierte mein Vertrauen in meine Schöpferkraft und versuchte, meinen Glauben zu stärken. Das hielt ich tatsächlich einige Jahre lang durch – bis ich schließlich einsehen musste, dass ich gescheitert war. Ich glaubte an gar nichts mehr und fühlte mich völlig machtlos. Das Einzige, was ich glauben konnte, war, dass ich meine Überzeugungen verändern musste, es aber nicht schaffte. Mein Unbewusstes wehrte sich scheinbar vehement dagegen.

Als ich wieder einmal Ella aufsuchte und nach dem Grund für meine ausweglose Situation fragte, traf mich die Erkenntnis wie ein Blitz. Ich erkannte im Gespräch mit ihr, dass ich mir all die Jahre hindurch das Leben mit diesem ganzen Esoterikblödquatsch zur Hölle gemacht hatte. Ich traf die Entscheidung, wieder ein normaler Mensch zu werden und all die Vorschriften und Verbote, die ich mir im Laufe meiner Esoterikodyssee reingezogen hatte, hinter mir zu lassen. Eigentlich wollte ich doch nur glücklich sein! Mehr brauchte ich doch gar nicht. Und genau das tat ich dann auch. Ich fand gemeinsam mit meinem Team immer mehr über das Glück heraus und entwickelte Konzepte zur Umsetzung.

Seltsamerweise gestalteten sich danach alle Ereignisse in meinem Leben sehr positiv. Egal, was ich anpackte: Es gelang. Mir wurde klar, dass ich ganz offensichtlich schon einen Einfluss auf meine Realität hatte. Doch ich nutzte diesen Einfluss wohl sehr viel positiver, wenn ich mich gar nicht gezielt um die Gestaltung meiner Realität kümmerte.

Und dabei bin ich bis heute geblieben und werde es ganz sicher auch weiterhin tun. Ich erlebe seit Jahren, wie sich mein Glück auf diesem Weg immer mehr steigert. Ich denke zwar jedes Mal, dass es jetzt echt nicht mehr schöner kommen könnte, doch jedes Mal werde ich eines Besseren belehrt. Ich bin nicht sicher, aber ich habe den Eindruck, dass es für das Glück keine Obergrenze gibt.

Ich wünsche dir ein oberabgefahrenes, glückliches Leben.

Bodo

Ella Kensington im Internet

Solltest du Unterstützung bei der Umsetzung unseres Glückskonzeptes suchen, dann schau doch mal auf unserer Website www.bodo-deletz-akademie.de vorbei. Hier gibt es viele, darunter auch kostenlose Möglichkeiten wie beispielsweise unsere monatlichen mehrseitigen Glückstipps oder die Ella-Treffs, die es in allen großen Städten im deutschsprachigen Raum gibt. Wir freuen uns auf dich.

Das Schweizer Unternehmen »Ella Kensington« ist mit mehr als einer Million verkaufter Bücher und bislang dreißigtausend Seminarteilnehmern der größte Anbieter von Glücksseminaren und Glückstrainings im deutschsprachigen Raum. Alle von uns lizensierten Glückstrainer® haben eine fundierte Ausbildung absolviert und erfüllen unsere hohen Qualitätsstandards.

Der Weg zu einem glücklicheren Leben

Dieser Roman erzählt eine atemberaubende und lustvolle Liebesgeschichte. Während der Lektüre wird dem Leser klar: nur wer sich bewusst der Liebe und dem Glück zuwendet, wird seine Welt zum Positiven verändern.

480 Seiten
ISBN 978-3-442-21824-0

www.goldmann-verlag.de
www.facebook.com/goldmannverlag

Die Chance, einen neuen Zugang zu sich selbst und seinem Leben zu finden

Zwei Menschen begegnen auf der Suche nach dem Glück ihrer eigenen Seele. Von ihr erfahren sie sieben existenzielle Botschaften und erhalten mit jeder einen tieferen Einblick in die eigene spirituelle Persönlichkeit, den auch der Leser selbst nachleben kann.

352 Seiten
ISBN 978-3-442-21823-3

www.goldmann-verlag.de
www.facebook.com/goldmannverlag

Weitere Bücher von Ella Kensington

Die Glückstrainer

In den letzten Jahrzehnten hat sich die Wissenschaft ausgiebig mit den Themen Glück und Erfolg auseinandergesetzt und ist zu bemerkenswerten Ergebnissen gelangt. Ein Ratgeber für alle, die sich für neue und effektivere Möglichkeiten in Sachen Glück und Erfolg interessieren.
Ella Kensington Verlag: Gebundene Ausgabe 2008, 3. Auflage
ISBN 978-3-905765-02-1 Preis: € 21,60 / CHF 39,00

Glücksgefühle bis zum Abwinken

In diesem kleinen, aber feinen Büchlein werden die zehn besten Methoden aufgezeigt, mit denen man sich selbst mühelos und jederzeit mit Glücksgefühlen bis zum Abwinken beschenken kann.
Ella Kensington Verlag: Gebundene Ausgabe 2008, 2. Auflage
ISBN 978-3-905765-00-7 Preis: € 9.90 / CHF 18.00

Glücksmomente

Es gibt viel, was man für die Steigerung des eigenen Lebensglücks tun kann. Die Übungen dieses Buches führen den Leser Schritt für Schritt zu den Ursprüngen seiner Gefühle.
Ein Übungsbuch für Fortgeschrittene.
Ella Kensington Verlag: Gebundene Ausgabe 2005, 1. Auflage
ISBN 978-3-980944-65-6 Preis: € 13.60 / CHF 24.80